Hinter dem Sachregister befindet sich ein ausführliches Verzeichnis der

Guttentag'schen Sammlung

Deutscher Reichs- und Preußischer Gesetze

— Textausgaben mit Anmerkungen; Taschenformat —

die alle wichtigeren Gesetze in unbedingt zuverlässigem Abdruck und mit mustergültiger Erläuterung wiedergibt.

Guttentag'sche Sammlung
Nr. 63. Deutscher Reichsgesetze. Nr. 63.
Text-Ausgaben mit Anmerkungen.

Gesetzestafel des Deutschen Reichsrechts.

Systematisch geordnete Nachweisung
des zur Zeit geltenden Reichsrechts.

Herausgegeben
von
Rat Hugo Bruhns
Bürgermeister.

Zweite Auflage.

Berlin 1913.
J. Guttentag, Verlagsbuchhandlung,
G. m. b. H.

Vorwort zur 2. Auflage.

Die Anordnung der 2. Auflage ist bis auf Änderungen in der systematischen Gliederung des Stoffes dieselbe geblieben wie die der 1. Auflage. Die zurzeit in Kraft befindlichen Gesetze usw., soweit sie im Reichsgesetzblatt veröffentlicht sind, werden vollständig nachgewiesen, von den im Zentralblatt des Deutschen Reichs enthaltenen gesetzlichen Bestimmungen nur die von allgemeinerem Interesse. Letztere sind als Anmerkungen zu den verwandten Bestimmungen des Reichsgesetzblatts gebracht. Bei den Gesetzen usw., die in der Guttentagschen Sammlung deutscher Reichsgesetze, Textausgaben mit Anmerkungen, bearbeitet sind, ist die Nummer der Sammlung vermerkt. Die Gesetzestafel schließt mit dem Jahre 1912 ab.

Um die Gesetzestafel ihrer Bestimmung, die jeweilig geltende Gesetzgebung nachzuweisen, möglichst entsprechend zu erhalten, wird beabsichtigt, in Zwischenräumen von einem bis zwei Jahren Nachträge herauszugeben.

Inhaltsverzeichnis.

Zweiter Teil:

Beziehungen des Reichs zum Auslande.

Erklärung der Abkürzungen.

Abs. = Absatz.
Anl. = Anlage.
Anm. = Anmerkung.
Art. = Artikel.
Bek. = Bekanntmachung.
betr. = betreffend.
BGB. = Bürgerliches Gesetzbuch.
BGBl. = Bundesgesetzblatt.
E. = Erlaß.
G. = Gesetz.
Gutt. Samml. = Guttentagsche Sammlung deutscher Reichsgesetze.
GVG. = Gerichtsverfassungsgesetz.
HGB. = Handelsgesetzbuch.
KO. = Konkursordnung.
Nr. = Nummer.
O. = Order.
RGBl. = Reichsgesetzblatt.
RVO. = Reichsversicherungsordnung.
s. = siehe.
S. = Seite.
StGB. = Strafgesetzbuch.
StPO. = Strafprozeßordnung.
V. = Verordnung.
vgl. = vergleiche.
ZBl. = Zentralblatt für das Deutsche Reich.
ZPO. = Zivilprozeßordnung.

Klammer ( ) enthält Bemerkungen des Verfassers, Klammer [ ] aufgehobene Bestimmungen des Reichsrechts.

Erster Teil:
Das Reich und die Reichsangehörigen.

A. Organisation des Reichs.

I. Reichsverfassung.

Verfassung — Arndt, Kommentar; Gutt. Samml. Nr. 1, Rönne.

G. betr. die Verfassung des Deutschen Reichs. Vom 16. April 1871 BGBl. S. 63. 1

Art. 4 Nr. 9 Zusatz: G. v. 3. März 1873 RGBl. S. 47.
Art. 4 Nr. 13 ersetzt: G. v. 20. Dez. 1873 RGBl. S. 379.
Art. 6a eingefügt: G. über die Verfassung Elsaß-Lothringens. Vom 31. Mai 1911 Art. I RGBl. S. 225.
Art. 24 geändert (5 Jahre): G. v. 19. März 1888 RGBl. S. 110.
Art. 28 Abs. 2 aufgehoben: G. v. 24. Febr. 1873 RGBl. S. 45.
Art. 32 ersetzt: G. v. 21. Mai 1906 RGBl. S. 467.
Art. 38 Abs. 2 Ziff. 3d geändert: G. betr. die Ordnung des Reichshaushalts und die Tilgung der Reichsschuld. Vom 3. Juni 1906 § 5 RGBl. S. 621.
Art. 53 letzter Abs. gestrichen: G. betr. die Ersatzverteilung. Vom 26. Mai 1893 Art. 1 RGBl. S. 185.
Art. 54 Abs. 3 Satz 2 gestrichen, Abs. 4 durch Absätze 4—7 ersetzt: G. betr. den Ausbau der deutschen Wasserstraßen und die Erhebung von Schiffahrtsabgaben. Vom 24. Dez. 1911 Art. I RGBl. S. 1137.

Art. 59 Abs. 1 ersetzt: G. betr. Änderung der Wehrpflicht. Vom 15. April 1905 Art. I RGBl. S. 249.

Art. 70 ersetzt: G. betr. Änderungen im Finanzwesen des Reichs. Vom 14. Mai 1904 RGBl. S. 169.

Art. 70 Zusatz: G. betr. die Ordnung des Reichshaushalts und die Tilgung der Reichsschuld. Vom 3. Juni 1906 § 3 RGBl. S. 621.

Art. 75 aufgehoben: GVG. § 136 RGBl. v. 1898 S. 397.

2 **Besondere Vereinbarungen bezüglich der Verfassung:**

Protokoll betr. die Vereinbarung zwischen dem Norddeutschen Bunde, Baden und Hessen über Gründung des Deutschen Bundes und Annahme der Bundesverfassung. Vom 15. Nov. 1870 BGBl. S. 650.

Verhandlung v. 25. Nov. 1870 mit Württemberg. BGBl. v. 1870 S. 657.

Schlußprotokoll des Vertrages mit Bayern v. 23. Nov. 1870 BGBl. v. 1871 S. 23.

3 **G. betr. die Einführung der Verfassung des Deutschen Reichs in Elsaß-Lothringen. Vom 25. Juni 1873 RGBl. S. 161.**

Änderungen siehe bei Nr. 46.

4 **G. betr. die Vereinigung von Helgoland mit dem Deutschen Reich. Vom 15. Dez. 1890 RGBl. S. 207.**

Geltungsgebiet der Gesetze — Gutt. Samml. Nr. 1, Rönne.

Einführung von Gesetzen usw. des Norddeutschen Bundes bzw. des Deutschen Reiches, die vor

Vereinigung der betreffenden Staaten und Gebietsteile zum bzw. mit dem Deutschen Reich erlassen sind,

in Bayern:

III § 8 des Vertrages v. 23. Nov. 1870 (nur des Wahlgesetzes für den Reichstag v. 31. Mai 1869): BGBl. v. 1871 S. 21. 5

G. betr. die Einführung Norddeutscher Bundesgesetze in Bayern. Vom 22. April 1871 BGBl. S. 87. 6

In § 3 Zusatzbestimmung aufgehoben: G. über die Konsulargerichtsbarkeit. Vom 10. Juli 1879 § 48 RGBl. S. 205.

G. über die Einführung des G. des Norddeutschen Bundes betr. die Verpflichtung zum Kriegsdienste v. 9. Nov. 1867 in Bayern. Vom 24. Nov. 1871 RGBl. S. 398. 7

G. betr. die Einführung der Gewerbeordnung [des Norddeutschen Bundes v. 21. Juni 1869] in Bayern. Vom 12. Juni 1872 RGBl. S. 170 (§ 1). 8

§ 1 Abs. 2 geändert: G. v. 23. Juli 1879 Art. 3 Abs. 2 RGBl. S. 268.

G. betr. die Einführung des G. des Norddeutschen Bundes über die Quartierleistung für die bewaffnete Macht während des Friedenszustandes v. 25. Juni 1868 im Königreich Bayern. Vom 9. Febr. 1875 RGBl. S. 41. 9

Anlage ersetzt: (Siehe Nr. 477).

in Bayern und Württemberg:

G. über die Einführung des Norddeutschen Bundesgesetzes, Maßregeln gegen die Rinderpest betr. v. 7. April 1869 in Bayern und Württemberg. Vom 2. Nov. 1871 RGBl. S. 372. 10

G. betr. die Einführung des G. über die Portofreiheiten v. 5. Juni 1869 im Verkehr mit Bayern und Württemberg. Vom 29. Mai 1872 RGBl. S. 167. 11

in Württemberg:

12 Art. 2 Nr. 6 des Vertrages v. 25. Nov. 1870 BGBl. S. 656.

13 G. betr. die Einführung des G. über die Quartierleistung für die bewaffnete Macht während des Friedenszustandes v. 25. Juni 1868 in Württemberg. Vom 9. Febr. 1875 RGBl. S. 48.
Anlage ersetzt: (Siehe Nr. 477).

in Württemberg und Baden:

14 G. betr. die Einführung des G. des Norddeutschen Bundes v. 6. Juni 1870 über den Unterstützungswohnsitz in Württemberg und Baden. Vom 8. Nov. 1871 RGBl. S. 391.

in Baden und Südhessen:

15 Art. 80 der Verfassung des Deutschen Bundes. BGBl. v. 1870 S. 647.

in Baden:

16 G. betr. die Einführung des G. des Norddeutschen Bundes über die Quartierleistung für die bewaffnete Macht während des Friedenszustandes v. 25. Juni 1868 in Baden. Vom 23. Nov. 1871 RGBl. S. 400.
Anlage ersetzt: (Siehe Nr. 477).

in Südhessen:

17 G. betr. die Einführung des G. über die Portofreiheiten v. 5. Juni 1869 in Südhessen. Vom 20. Dez. 1875 RGBl. S. 323.

in Elsaß-Lothringen:

18 G. betr. die Ausdehnung der Wirksamkeit des G. über die Gewährung der Rechtshilfe v. 21. Juni 1869 auf Elsaß-Lothringen. Vom 11. Dez. 1871 RGBl. S. 445.

G. wegen Einführung des RG. v. 7. April 1869, Maßregeln gegen die Rinderpest betr., in Elsaß-Lothringen. Vom 11. Dez. 1871 RGBl. S. 471. 19

G. betr. die Einführung von Bestimmungen über das Reichskriegswesen in Elsaß-Lothringen. Vom 23. Jan. 1872 RGBl. S. 31. 20

G. wegen Einführung des RG. betr. Beschränkungen des Grundeigentums in der Umgebung von Festungen v. 21. Dez. 1871 in Elsaß-Lothringen. Vom 21. Febr. 1872 RGBl. S. 56. 21

G. betr. die Einführung des RG. über das Urheberrecht an Schriftwerken usw. v. 11. Juni 1870 in Elsaß-Lothringen. Vom 27. Jan. 1873 RGBl. S. 42. 22

G. betr. die Einführung des RG. über die Freizügigkeit und des RG. über die Erwerbung und den Verlust der Bundes- und Staatsangehörigkeit (in Elsaß-Lothringen). Vom 8. Jan. 1873 RGBl. S. 51. 23

G. wegen Einführung der Reichs-Münzgesetze in Elsaß-Lothringen. Vom 15. Nov. 1874 RGBl. S. 131. 24

G. betr. die Einführung von Reichsgesetzen in Elsaß-Lothringen. Vom 8. Febr. 1875 RGBl. S. 69. 25

G. betr. die Einführung der Gewerbeordnung in Elsaß-Lothringen. Vom 27. Febr. 1888 RGBl. S. 57. 26

G. betr. die — Einführung des G. über den Unterstützungswohnsitz in Elsaß-Lothringen. Vom 30. Mai 1908 Art. 5 RGBl. S. 377. 27

in Helgoland:

V. betr. die Einführung von Reichsgesetzen in Helgoland. Vom 22. März 1891 RGBl. S. 21. 28

Desgl. V. v. 24. Juli 1893 RGBl. S. 236. 29

G. betr. die Geltung des GVG. in Helgoland. Vom 4. Juni 1893 RGBl. S. 193. 30

V. betr. die Einführung der Strandungsordnung in Helgoland. Vom 20. Juli 1895 RGBl. S. 421. 31

32 V. betr. Einführung des G. über die Beurkundung des Personenstandes und die Eheschließung v. 6. Febr. 1875 in Helgoland. Vom 25. Nov. 1899 RGBl. S. 675.

33 G. — zur Einführung des Vogelschutzgesetzes in Helgoland. Vom 30. Mai 1908 Art. 3 RGBl. S. 314.

34 V. betr. die Einführung des G. über die Freizügigkeit u. des G. über den Unterstützungswohnsitz in Helgoland. Vom 29. März 1909 RGBl. S. 335.

35 V. betr. Anwendung der Vorschriften in den §§ 2, 3, 4, 7, 8 des G., betr. die Reichskriegshäfen, vom 19. Juni 1883 für die Insel Helgoland u. ihre Gewässer. Vom 28. Juni 1909 RGBl. S. 925.

Reichsgesetzblatt, Reichsflagge, Kaiserliches Wappen — Gutt. Samml. Nr. **1**, Rönne u. Nr. **19**, Knitschky.

36 **V. betr. die Einführung des Reichs- [Bundes-] Gesetzblattes [für den Norddeutschen Bund]. Vom 26. Juli 1867 BGBl. S. 24.**

37 **V. über die Führung der Reichsflagge. Vom 8. Nov. 1892 RGBl. S. 1050[1][2].**

§ 3 Ziff. 1 ersetzt: V. v. 9. Okt. 1907 RGBl. S. 753. (Wegen Flaggenrecht der Seeschiffe s. unten unter Schiffahrt Nr. 394 fg.)

38 **E. betr. die Bezeichnung der Behörden und Beamten des Deutschen Reichs, sowie die Feststellung**

---

1) Bek. betr. die Reichsdienstflagge (Muster derselben). Vom 20. Jan. 1893 ZBl. S. 9.

2) Bestimmungen über die Führung der deutschen Kriegsflagge und der Reichsdienstflagge der Marine. Vom 29. Okt. 1904 ZBl. S. 449.

des Kaiserlichen Wappens und der Kaiserlichen Standarte. Vom 3. Aug. 1871 RGBl. S. 318.

Berichtigung: Nr. 3 ersetzt RGBl. v. 1871 S. 458.

(Wegen Gebrauch des Kaiserlichen Adlers zur Bezeichnung von Waren oder Etiketten s. Nr. 319.)

Reichstag — Gutt. Samml. Nr. 1, Rönne.

Wahlgesetz für den Deutschen Reichstag. Vom 31. Mai 1869 BGBl. S. 145 (s. dazu RGBl. v. 1873 S. 163). 39

§§ 1 u. 4: s. RGBl. v. 1873 S. 163.

§ 5 Abs. 2 ergänzt: Reichsverfassung Art. 20 RGBl. v. 1871 S. 70 u. G. betr. die Einführung der Verfassung des Deutschen Reichs in Elsaß-Lothringen. Vom 25. Juni 1873 § 3 RGBl. S. 161.

§ 17 Abs. 2 aufgehoben: Vereinsgesetz v. 19. April 1908 § 23 RGBl. S. 156.

Reglement zur Ausführung des Wahlgesetzes für den Reichstag v. 31. Mai 1869. Vom 28. Mai 1870 BGBl. S. 275. 40

(Berichtigung: Anlage C, Ig 9. Wahlkreis ersetzt, BGBl. v. 1870 S. 488.)

§§ 9, 11—13, 15—21, 27 u. 34 ersetzt, Anlage B ersetzt: Bek. v. 28. April 1903 RGBl. S. 202.

Anlage C geändert und ergänzt:

G. betr. die Abänderung der Reichstagswahlkreise 5 und 6 des Regierungsbezirks Oppeln im Königreich Preußen. Vom 20. Juni 1873 RGBl. S. 144.

G. betr. die Abänderung mehrerer Reichstagswahlkreise. Vom 25. Dez. 1876 RGBl. S. 275.

Nachtrag zur Anlage C (Süddeutschland): Bek. v. 27. Febr. 1871 BGBl. S. 35.

Großherzogtum Baden 12. u. 13. Wahlkreis, Großherzogtum Hessen 7. Wahlkreis geändert: G. v. 18. Febr. 1906 RGBl. S. 317.

V. betr. die Feststellung der Wahlkreise in Elsaß-Lothringen für die Wahlen zum Deutschen Reichstage. Vom 1. Dez. 1873 RGBl. S. 373.

13. u. 14. Wahlkreis geändert: Bek. v. 29. Juni 1906 RGBl. S. 852.

(Wegen Zuteilung Helgolands zu einem Wahlkreise s. Nr. 54.)

Anlage D ersetzt[1]):

41 **G. betr. die Gewährung einer Entschädigung an die Mitglieder des Reichstags.** Vom 21. Mai 1906 RGBl. S. 468.

42 **Bek. betr. die freie Fahrt der Mitglieder des Reichstags auf den deutschen Eisenbahnen.** Vom 27. Juni 1906 RGBl. S. 850.

Einzelne verfassungsrechtliche Bestimmungen.

43 **G. betr. die Rechtsstellung des Herzoglich Holsteinischen Fürstenhauses.** Vom 25. März 1904 RGBl. S. 149.

44 **G. betr. die Zuständigkeit des Reichsgerichts für Streitfragen zwischen dem Senat und der Bürgerschaft der freien und Hansestadt Hamburg.** Vom 14. März 1881 RGBl. S. 37.

---

1) Anlage D des Reglements zur Ausführung des Wahlgesetzes für den Reichstag v. 28. Mai 1870 ersetzt: Bek. v. 8. Sept. 1898 ZBl. S. 393.

II. Erweiterungen des Reichsgebiets, Änderungen der Reichsgrenze.

Elsaß-Lothringen — Gutt. Samml. Nr. 1, Rönne.

G. betr. die Vereinigung von Elsaß-Lothringen mit dem Deutschen Reiche. Vom 9. Juni 1871 RGBl. S. 212. 45

§ 2 geändert: G. betr. den Termin für die Wirksamkeit der Verfassung des Deutschen Reichs in Elsaß-Lothringen. Vom 20. Juni 1872 RGBl. S. 208.

§§ 3 u. 4 aufgehoben: G. über die Verfassung Elsaß-Lothringens. Vom 31. Mai 1911 § 27 RGBl. S. 232.

G. betr. die Einführung der Verfassung des Deutschen Reiches in Elsaß-Lothringen. Vom 25. Juni 1873 RGBl. S. 161. 46

§ 5 geändert: G. wegen Änderung des Brausteuergesetzes. Vom 15. Juli 1909 Art. VII Abs. 3 RGBl. S. 704.

§ 8 aufgehoben: G. über die Verfassung Elsaß-Lothringens. Vom 31. Mai 1911 § 27 RGBl. S. 232.

(Wegen Einführung von Reichsgesetzen in Elsaß-Lothringen s. Nr. 18fg., wegen Feststellung der Reichstagswahlkreise in Elsaß-Lothringen s. Nr. 40.)

G. über die Verfassung Elsaß-Lothringens. Vom 31. Mai 1911 RGBl. S. 225. 47

V. über die Inkraftsetzung des Gesetzes. Vom 21. Aug. 1911 RGBl. S. 885.

G. über die Wahlen zur zweiten Kammer des Landtags für Elsaß-Lothringen. Vom 31. Mai 1911 RGBl. S. 234. 48

49 **V. über die Einteilung der Landtagswahlkreise für Elsaß-Lothringen. Vom 3. Juli 1911 RGBl. S. 267.**

(Berichtigung zu Nr. 46 u. 47 auf S. 272 „Hollingen" RGBl. v. 1911 S. 862.)

50 **G. betr. die Verfassung und die Verwaltung Elsaß-Lothringens. Vom 4. Juli 1879 RGBl. S. 165. (In Kraft gesetzt durch V. v. 23. Juli 1879 RGBl. S. 281.)**

§§ 1, 2, 4, 7, 9, 10, 12—21, 22 Satz 2 aufgehoben: G. über die Verfassung Elsaß-Lothringens. Vom 31. Mai 1911 § 27 RGBl. S. 232.

51 **G. betr. den Anspruch des Statthalters in Elsaß-Lothringen auf Gewährung von Pension und Wartegeld. Vom 28. April 1886 RGBl. S. 129.**

52 **G. über die Auslegung des Artikels II des G. v. 30. Aug. 1871 betr. die Einführung des StGBs. für das Deutsche Reich in Elsaß-Lothringen. Vom 29. März 1888 RGBl. S. 127.**

(Wegen Geschäftssprache gerichtlicher Behörden in Elsaß-Lothringen s. Nr. 194, Generaldirektion der Eisenbahnen in Elsaß-Lothringen s. Nr. 392, Vorbereitung des Kriegszustandes in Elsaß-Lothringen s. Nr. 492.)

Helgoland — Gutt. Samml. Nr. 1, Rönne.

53 **G. betr. die Vereinigung von Helgoland mit dem Deutschen Reich. Vom 15. Dez. 1890 RGBl. S. 207.**

(Wegen Einführung von Reichsgesetzen in Helgoland s. Nr. 28 fg.)

Bek. betr. die Zuteilung der Insel Helgoland zu dem 5. Wahlkreise der preußischen Provinz Schleswig-Holstein. Vom 16. Mai 1891 RGBl. S. 111. 54

E. betr. die Zuteilung der Insel Helgoland in bezug auf die Verwaltung des Post- und Telegraphenwesens zu dem Bezirk der Kaiserlichen Oberpostdirektion in Hamburg. Vom 7. März 1891 RGBl. S. 19. 55

Änderungen der Reichsgrenze — Gutt. Samml. Nr. 1, Rönne.

Bek. über die mit Schweden am 20. Juni 1903 wegen Erledigung der Ansprüche aus dem zwischen Mecklenburg-Schwerin und Schweden am 26. Juni 1803 in Malmö unterzeichneten Vertrag über die Stadt und die Herrschaft Wismar und die Ämter Poel und Neukloster nebst Zubehör getroffene Vereinbarung. Vom 6. Juli 1904 RGBl. S. 295. 56

Bek. über die Verlegung der deutsch-dänischen Grenze an der Norderau und der Kjärmühlenau. Vom 13. Febr. 1902 RGBl. S. 49, dazu G. v. 22. Jan. 1902 RGBl. S. 32. 57

Bek. über die Verlegung der deutsch-österreichischen Grenze längs des Przemsa-Flusses. Vom 7. Juni 1902 RGBl. S. 228, dazu G. v. 22. Jan. 1902 RGBl. S. 31. 58

Vereinbarung zwischen dem Deutschen Reich und der Schweiz wegen Regulierung der Grenze bei Konstanz. Vom 24. Juni 1879 RGBl. S. 307. 59

60 **Bek. betr. die Vereinbarung mit der Schweiz vom 29. Okt. 1907, durch welche den Bestimmungen des badisch-schweizerischen Staatsvertrags vom 21. Dez. 1906 über die Verlegung der Landesgrenze bei Leopoldshöhe rechtliche Wirksamkeit für das Reich verliehen wird. Vom 12. Aug. 1908 RGBl. S. 493, dazu G. v. 31. Juli 1908 RGBl. S. 497.**

III. Reichsbehörden, Verkehr zwischen Behörden verschiedener Bundesstaaten, Reichsbeamte.

Reichsbehörden — Gutt. Samml. Nr. 1, Rönne.

61 **E. betr. die Bezeichnung der Behörden und Beamten des Deutschen Reiches, sowie usw. Vom 3. Aug. 1871 Ziff. 1 RGBl. S. 318.**

62 Bek. betr. die Bezeichnung der Hauptzollämter in Lübeck, Bremen und Hamburg. Vom 26. Aug. 1872 RGBl. S. 376.

E. betr. die Bezeichnung des Hauptzollamts in Hamburg. Vom 12. März 1884 RGBl. S. 24.

63 **G. betr. die Stellvertretung des Reichskanzlers. Vom 17. März 1878 RGBl. S. 7.**

Gutt. Samml. Nr. 1, Rönne.

64 **E. betr. die Errichtung des Bundes(Reichs)kanzler-Amts. Vom 12. Aug. 1867 BGBl. S. 29.**

E. betr. die Benennung des Reichskanzleramts (Reichsamt des Innern) und den Titel des Vorstandes dieser Behörde. Vom 24. Dez. 1879 RGBl. S. 321.

Wegen anderer (Post-, Eisenbahn- usw.) Reichsbehörden s. unter den betreffenden Titeln!

Verkehr zwischen Behörden verschiedener Bundesstaaten — Gutt. Samml. Nr. 1, Rönne.

G. über den Beistand bei Einziehung von Abgaben und Vollstreckung von Vermögensstrafen. Vom 9. Juni 1895 RGBl. S. 256. 65

(Wegen Beistand bei Einziehung von Gerichtskosten s. Anm. zu Nr. 216.)

(Portopflichtige Korrespondenz zwischen Behörden verschiedener Bundesstaaten s. Nr. 365.)

Reichsbeamte.

Reichsbeamtengesetz. Vom 31. März 1873. In der Fassung v. 18. Mai 1907 RGBl. S. 245 (Übergangsbestimmungen: Art. 2 des G. betr. Änderungen des Reichsbeamtengesetzes vom 31. März 1873. Vom 17. Mai 1907 RGBl. S. 206). Gutt. Samml. Nr. 82, Arndt. 66

Zum Reichsbeamtengesetz erlassene Vorschriften.

Zu § 3:

V. betr. den Diensteid der unmittelbaren Reichsbeamten. Vom 29. Juni 1871 RGBl. S. 303. 67

V. betr. Diensteid der Senatspräsidenten, Räte und Mitglieder der Militäranwaltschaft beim Reichsmilitärgerichte. Vom 6. Dez. 1900 RGBl. S. 1035. 68

Zu § 5[1]):

---

1) Verzeichnis der Reichsbeamten, an welche vierteljährliche Gehaltszahlung stattfindet: Bek. v. 5. Juli 1873 ZBl. S. 211.

Ergänzt durch Bek. v. 27. Dez. 1875 ZBl. S. 819, Bek. v. 19. Nov. 1877 ZBl. S. 558, Bek. v. 20. Mai 1885 ZBl. S. 205, Bek. v. 24. März 1887 ZBl. S. 83, Bek. v. 21. Mai

Zu § 14:

69 **V. über den Urlaub der Reichsbeamten und deren Stellvertretung. Vom 2. Nov. 1874 RGBl. S. 129.**

§ 6 Abs. 3 aufgehoben: V. v. 4. Jan. 1904 RGBl. S. 1.

70 V. betr. den Urlaub der gesandtschaftlichen und Konsularbeamten und deren Stellvertretung. Vom 23. April 1879 RGBl. S. 134.

§ 2 Abs. 1 Zusatz: V. v. 17. Aug. 1894 RGBl. S. 518.

§ 10 aufgehoben: V. v. 4. Jan. 1904 RGBl. S. 1.

Zu § 18:

71 **V. betr. die Tagegelder, die Fuhrkosten und die Umzugskosten der Reichsbeamten. In der Fassung vom 8. Sept. 1910 RGBl. S. 933**[2] [3]).

72 V. betr. die Tagegelder und Fuhrkosten von Beamten der Reichs-Post- und Telegraphenverwaltung. In der Fassung vom 8. Sept. 1910 RGBl. S. 1006.

73 V. betr. die Tagegelder, Fuhr- und Umzugskosten von Beamten [der Reichs-Eisenbahnverwaltung und] der Postverwaltung. Vom 5. Juli 1875 RGBl. S. 253.

1890 ZBl. S. 140, Bek. v. 30. Nov. 1895 ZBl. S. 497, Bek. v. 12. Okt. 1900 ZBl. S. 540, Bek. v. 5. März 1908 ZBl. S. 114.

2) Verzeichnis der unter die Nummern III bis VII des § 1 und die Nummern II bis VII des § 17 der V. v. 8. Sept. 1910 betr. die Tagegelder, die Fuhrkosten und die Umzugskosten der Reichsbeamten fallenden Reichsbeamten. Bek. v. 23. Juli 1910 ZBl. S. 416.

Geändert: Bek. v. 23. März 1912 ZBl. S. 255, v. 10. Okt. 1912 ZBl. S. 789.

3) Erstattung des Mietszinses an versetzte Beamte: ZBl. v. 1900 S. 415.

Für Beamte der Reichs-Eisenbahnverwaltung aufgehoben: V. v. 10. Juli 1901 § 9 RGBl. S. 274.

V. betr. die Tagegelder, die Fuhrkosten und die Umzugskosten von Beamten der Betriebsverwaltung der Reichseisenbahnen. In der Fassung vom 8. Sept. 1910 RGBl. S. 1002. 74

V. betr. die Tagegelder und Fuhrkosten von Beamten im Geschäftsbereiche des Reichsamts des Innern. In der Fassung vom 8. Sept. 1910 RGBl. S. 1000. 75

V. betr. die Tagegelder, die Fuhrkosten und die Umzugskosten der gesandtschaftlichen und Konsularbeamten. In der Fassung vom 8. Sept. 1910 RGBl. 1008. 76

[4])

Ausführungsbestimmungen zu den Verordnungen über die Tagegelder und Fuhrkosten der Reichsbeamten. Vom 29. Sept. 1910 RGBl. S. 1071. 77

E. des Reichskanzlers über die Fuhrkosten bei Dienstreisen mit Kraftwagen. Vom 30. Dez. 1911 RGBl. v. 1912 S. 145. 78

Bestimmung des Reichskanzlers über die Festsetzung von Pauschvergütungen für Dienstreisen nach nahegelegenen Orten. Vom 30. Nov. 1911 RGBl. S. 967. 79

Ausführungsbestimmungen zu den Verordnungen über die Umzugskosten der Reichsbeamten. Vom 4. März 1906 RGBl. S. 388. 80

Zu § 49:

Ah. Orders betr. Anrechnung von Kriegsjahren s. Nr. 484!

---

4) E. des Reichskanzlers betr. die Tagegelder und Fuhrkosten der nicht zu den unmittelbaren Reichsbeamten gehörigen Personen. Vom 13. Mai 1912 ZBl. S. 427.

Zu §§ 87 und 88:

81 **V. betr. die Abgrenzung der Bezirke der Disziplinarkammern. Vom 11. Juli 1873 RGBl. S. 293.**

V. betr. die Errichtung einer Disziplinarkammer in Straßburg im Elsaß. Vom 7. Jan. 1874 RGBl. S. 3.

82 **G. betr. die Disziplinarkammer (Straßburg i. Els.) für die Beamten der Reichseisenbahnverwaltung, welche im Auslande ihren dienstlichen Wohnsitz haben. Vom 5. Nov. 1874 RGBl. S. 128.**

Zu § 92[5]):

Zu § 159:

83 **V. betr. die Zuständigkeit der Reichsbehörden zur Ausführung des G. v. 31. März 1873 und die Anstellung der Reichsbeamten. Vom 23. Nov. 1874 RGBl. S. 135.**

§ 1 nebst Verzeichnis ersetzt, soweit sie nicht die Zuständigkeit im Dienstbereiche des Auswärtigen Amtes regeln: V. v. 27. Dez. 1899 RGBl. S. 730.

Das der V. v. 27. Dez. 1899 beigegebene Verzeichnis geändert durch a) V. v. 14. Mai 1901 RGBl. S. 173, b) V. v. 10. Febr. 1904 RGBl. S. 57, c) V. v. 1. Juni 1906 RGBl. S. 732, d) V. v. 24. April 1908 RGBl. S. 159, e) V. v. 14. Juli 1911 RGBl. S. 505:

I. Nr. 10 gestrichen: 1911 S. 505.

Nr. 13 (zugefügt 1901 S. 173) neue Fassung: 1911 S. 505.

Nr. 14 zugefügt: 1908 S. 159.

---

5) Geschäftsordnung für die Disziplinarbehörden. Vom 18. April 1880 ZBl. S. 203.

II A Nr. 10 zugefügt: 1904 S. 57.
Nr. 11 zugefügt: 1906 S. 732.
Ba Nr. 5a zugefügt: 1911 S. 505.
Nr. 7 gestrichen
Nr. 10a zugefügt } 1904 S. 57.
Nr. 11 gestrichen: 1911 S. 505.
Nr. 14a zugefügt: 1904 S. 57.
Nr. 15 ersetzt
Nr. 16 gestrichen } 1906 S. 732.
Nr. 19a zugefügt: 1904 S. 57.
Nr. 21 (gestrichen: 1901 S. 173) ersetzt: 1904 S. 57.
Nr. 24 ersetzt: 1906 S. 732.
Bb Nr. 1a zugefügt: 1911 S. 505.
Nr. 2a zugefügt: 1904 S. 57.
Nr. 3 gestrichen: 1911 S. 505.
Nr. 4 ersetzt: 1906 S. 732.
Ca Nr. 2fg. ersetzt: 1904 S. 57.
Nr. 16 ersetzt: 1911 S. 505.
Nr. 17 zugefügt: 1906 S. 732.
Nr. 18 und 19 zugefügt: 1911 S. 505.
Cb Nr. 1—3 ersetzt: 1904 S. 57.
Nr. 3 ersetzt: 1911 S. 505.
DI zugefügt: 1908 S. 159.
Ea Nr. 3—7 zugefügt: 1904 S. 57.
Nr. 8 zugefügt: 1908 S. 159.
Eb Nr. 2—4 gestrichen: 1904 S. 57.
III Ca Nr. 3 ersetzt
Nr. 3a zugefügt } 1911 S. 505.
Nr. 9a zugefügt: 1908 S. 159.
Nr. 13 berichtigt
Nr. 14 u. 15 gestrichen } 1904 S. 57.
Cb Nr. 2a zugefügt
Nr. 3, 4, 5 gestrichen } 1911 S. 505.

Nr. 7 gestrichen }
Nr. 8 ersetzt } 1908 S. 159.
E I zugefügt: 1908 S. 159.
IV Ab Nr. 1 ersetzt: 1906 S. 732.
Nr. 3 (zugefügt 1901 S. 173) neue Fassung: 1911 S. 507.
B a und b ersetzt: 1904 S. 57.
b Nr. 2 geändert: 1911 S. 508.

84 **Besoldungsgesetz.** Vom 15. Juli 1909 RGBl. S. 573[1][2].

Geändert durch a) Ergänzung des Besoldungsgesetzes. Vom 21. März 1910 RGBl. S. 524; b) Zweite Ergänzung des Besoldungsgesetzes. Vom 10. April 1911 RGBl. S. 182; c) G. zur Ergänzung — des Besoldungsgesetzes. Vom 14. Juni 1912 Art. II RGBl. S. 390:

Überschrift Ziff. I Nr. 2 vor § 14, § 28 geändert: 1910 S. 524.

Besoldungsordnung I Abschnitt A Klasse 3a, Kl. 8b Ziff. 1, Kl. 4b Ziff. 1, Kl. 7 Ziff. 1, Kl. 9 Ziff. 3, Kl. 11a Ziff. 2 u. 4, Kl. 12 Ziff. 1 u. 2, Kl. 13 Ziff. 9 u. 12, Kl. 14 Ziff. 3 u. 5, Kl. 15 Ziff. 3, Kl. 20 Ziff. 2 u. 3, Kl. 21 Ziff. 4, 8, 13, Kl. 27 Ziff. 2, Kl. 28 Ziff. 2, Kl. 35a Ziff. 6 u. 11,

---

1) Bek. betr. Einreihung einzelner Orte oder Ortsteile in eine andere Ortsklasse auf Grund des § 30 Abs. 4 des Besoldungsgesetzes v. 15. Juli 1909. Vom 25. Jan. 1911 ZBl. S. 26.

2) Gehaltsvorschriften. Vom 24. Juli 1909 ZBl. S. 597.

Ziff. 61 ersetzt, Ziff. 63 Abs. 2 geändert: E. v. 7. Aug. 1911 ZBl. S. 459.

Ziff. 72 ergänzt: E. v. 3. Sept. 1910 ZBl. S. 480.

Ergänzung der Gehaltsvorschriften: E. v. 3. Sept. 1910 ZBl. S. 480.

Kl. 35b Ziff. 6, Kl. 39 Ziff. 1, Kl. 41 Ziff. 3 u. 5, Kl. 43a Ziff. 3, Kl. 43b Ziff. 6, Kl. 49 Ziff. 2, Kl. 51 Ziff. 3, Kl. 52 Ziff. 1, Kl. 53 Ziff. 4, Kl. 57 Ziff. 9 u. 11 geändert, Kl. 57 Ziff. 11 u. 12 zu Ziff. 11 vereinigt, Kl. 58 Ziff. 4 u. 5, Kl. 59 Ziff. 11, Kl. 65 Ziff. 2 geändert: 1911 S. 182.

Besoldungsordnung III Ziff. A 2, A 7, A 8, A 9 geändert: 1910 S. 524. Ziff. A 9a geändert und Zusatz: 1912 S. 390. Ziff. A 11a, A 15 geändert, A 18a zugefügt: 1911 S. 182.

Besoldungsordnung IV Ziff. A 7 geändert, A 8 gestrichen: 1910 S. 524. Ziff. A 10 geändert: 1911 S. 182.

Beilage VI, Klasseneinteilung der Orte, geändert: Bek. über die Einreihung von Orten in die Wohnungsgeldzuschußklassen. Vom 28. Jan. 1912 RGBl. S. 157.

G. betr. die Besteuerung der Dienstwohnungen der Reichsbeamten. Vom 31. Mai 1881 RGBl. S. 99. 85

[1] [2]

---

1) E. betr. die Vorschriften über die Dienstwohnungen der Reichsbeamten. Vom 16. Febr. 1903 ZBl. S. 63.

Geändert durch Erlasse

a) vom 6. Okt. 1909 ZBl. S. 1348,

b) vom 28. Dez. 1910 ZBl. v. 1911 S. 7:

§ 1 Abs. 2 geändert: 1909 S. 1348.

§ 15 Ziff. 8 Abs. 5 ersetzt: 1911 S. 7.

§ 15 Absatz zugefügt, § 18 Abs. 2 u. 3 ersetzt durch neuen Abs. 2, Abs. 3 (bisher Abs. 4) geändert, § 19 geändert, § 20 Abs. 2 zwischengeschoben, Abs. 3 (bisher Abs. 2) ersetzt, bisheriger Abs. 3 gestrichen, § 21 gestrichen: 1909 S. 1348.

§ 26 Abs. 1 letzter Satz gestrichen: 1911 S. 7.

§ 29 letzter Abs. ersetzt: 1909 S. 1348.

86 **G. wegen Aufhebung der Kautionspflicht der Reichsbeamten. Vom 20. Febr. 1898 RGBl. S. 29.**
(Gilt nicht für Reichsbankbeamte.)

87 **G. über die Haftung des Reichs für seine Beamten. Vom 22. Mai 1910 RGBl. S. 798.**
Gutt. Samml. Nr. **94**, Delius.

(Unfallfürsorge für Beamte s. Nr. 457.)

88 **Beamtenhinterbliebenengesetz. Vom 17. Mai 1907 RGBl. S. 208.**

89 **G. betr. die Zurückbeförderung der Hinterbliebenen im Auslande angestellter Reichsbeamten und Personen des Soldatenstandes. Vom 1. April 1888 RGBl. S. 131.**
(Wegen Militär- und Marinebeamten s. auch unter Militärwesen, wegen Kolonialbeamten s. unter Schutzgebiete, wegen Reichsbankbeamten s. Nr. 349ff.)

IV. Die Reichsangehörigen in öffentlich-rechtlichen Beziehungen.

Reichsbürgerrecht — Gutt. Samml. Nr. 8, Krech.

90 **G. über die Erwerbung und den Verlust der**

---

2) E. über die von Dienstwohnungsinhabern bei gemeinsamer Benutzung von Gebäuden zu Dienstwohnungen und Geschäftsräumen zu entrichtenden Kostenbeiträge für Wasser, Gas- und elektrische Beleuchtung, sowie für Zentralheizung. Vom 30. April 1905 ZBl. S. 116.
III A 1 Abs. 2 aufgehoben: E. v. 11. Sept. 1909 ZBl. S. 1298.

Bundes- und Staatsangehörigkeit. Vom 1. Juni 1870 BGBl. S. 355[1–3]).

Geändert durch a) G. betr. die Einführung Norddeutscher Bundesgesetze in Bayern. Vom 22. April 1871 BGBl. S. 87 (§§ 12, 9), b) Einführungsgesetz zum BGB. Vom 18. Aug. 1896 Art. 41 RGBl. S. 615:

§ 1 Abs. 2 } aufgehoben: 1871
§ 8 Abs. 3 } S. 87.
§ 11 ersetzt: 1896 S. 615.
§ 14a zugefügt: 1896 S. 615.
§ 16 aufgehoben: 1871 S. 87.
§ 19 }
§ 21 Abs. 2 } ersetzt: 1896 S. 615.

G. betr. die Gleichberechtigung der Konfessionen in bürgerlicher und staatsbürgerlicher Beziehung. Vom 3. Juli 1869 BGBl. S. 292. 91

G. betr. die Einwirkung von Armenunterstützung auf öffentliche Rechte. Vom 15. März 1909 RGBl. S. 319. 92

G. betr. die Naturalisation von Ausländern, welche im Reichsdienste angestellt sind. Vom 20. Dez. 1875 RGBl. S. 324. 93

---

1) Bundesratsbeschl. betr. das (zur Benutzung im Reichsausland bestimmte) Formular zu Heimatscheinen. Vom 20. Jan. 1881 ZBl. S. 22.

Ziff. 1 geändert, Formular der Heimatscheine ersetzt: Bundesratsbeschl. v. 24. Jan. 1907 ZBl. S. 20.

2) Bundesratsbeschl. betr. Festsetzung eines Formulars für (zur Benutzung innerhalb des Reichsgebiets bestimmte) Staatsangehörigkeitsausweise. Vom 3. März 1883 ZBl. S. 66.

3) Bestimmungen betr. die Statistik über die Erwerbung und den Verlust der Reichs- und Staatsangehörigkeit. Vom 19. Dez. 1882 ZBl. v. 1883 S. 20.

Personenstand und Eheschließung — Gutt. Samml. Nr. 59, Fidler.

94 **G. über die Beurkundung des Personenstandes und die Eheschließung. Vom 6. Febr. 1875 RGBl. S. 23.**

Geändert durch a) G. betr. die Einführung der ZPO. Vom 30. Jan. 1877 § 13 RGBl. S. 246, b) Einführungsgesetz zum BGB. Vom 18. Aug. 1896 Art. 46 RGBl. S. 618, c) G. über die Angelegenheiten der freiwilligen Gerichtsbarkeit §§ 186 u. 197 RGBl. v. 1898 S. 807 u. 809, d) G. v. 14. April 1905 RGBl. S. 251:

§ 11 geändert: 1898 S. 807.
§ 14 Zusatz: 1898 S. 809.
§ 23 geändert: 1905 S. 251.
§§ 28—40 aufgehoben: 1896 S. 618.
§ 41 ersetzt
§§ 42 u. 43 aufgehoben
§ 44 ersetzt
§ 50 ersetzt
§§ 51—53 aufgehoben
} 1896 S. 618.
§ 55 ersetzt: 1896 S. 618.
§ 66 geändert: 1898 S. 807.
§ 67 Abs. 2 zugefügt
§ 69 geändert
§ 75 Abs. 1 geändert
} 1896 S. 618.
§ 78 Abs. 3 aufgehoben: 1877 S. 246.

Bek. betr. Vorschriften zur Ausführung des G. über die Beurkundung des Personenstandes und die Eheschließung. Vom 25. März 1899 RGBl. S. 225.

95 **V. betr. die Verrichtungen der Standesbeamten in bezug auf solche Militärpersonen, welche ihr Standquartier nach eingetretener Mo-**

bilmachung verlassen haben. Vom 20. Jan. 1879 RGBl. S. 5.

B. betr. die Verrichtungen der Standesbeamten in bezug auf solche Militärpersonen der Kaiserlichen Marine, welche ihr Standquartier nicht innerhalb des Deutschen Reiches haben oder dasselbe nach eingetretener Mobilmachung verlassen haben, sowie in bezug auf alle Militärpersonen, welche sich auf den in Dienst gestellten Schiffen oder anderen Fahrzeugen der Kaiserlichen Marine befinden. Vom 20. Februar 1906 RGBl. S. 359. 96

G. betr. die Eheschließung und die Beurkundung des Personenstandes von Bundesangehörigen im Auslande. Vom 4. Mai 1870 BGBl. S. 599. 97

§ 3 Abs. 1 Satz 1 geändert, §§ 7 u. 8 ersetzt, §§ 7a u. 8a zugefügt, § 9, § 11 Abs. 2, § 12 Abs. 1 Satz 2 geändert („soll" statt „muß"): Einführungsgesetz zum BGB. Vom 18. Aug. 1896 Art. 40 RGBl. S. 614.

G. über die Aufhebung der polizeilichen Beschränkungen der Eheschließung. Vom 4. Mai 1868 BGBl. S. 149. 98

Freizügigkeit, Paßwesen — Gutt. Samml. Nr. 8, Krech.

G. über die Freizügigkeit. Vom 1. Nov. 1867 BGBl. S. 55. 99

§ 2 neue Fassung: Einführungsgesetz zum BGB. Vom 18. Aug. 1896 Art. 37 RGBl. S. 613.

§ 7 geändert (Geltungsbereich eingeschränkt): G. über den Unterstützungswohnsitz. Vom 30. Mai 1908 § 1 RGBl. S. 381.

100 **G. über das Paßwesen.** Vom 12. Okt. 1867 BGBl. S. 33.

Bek. betr. die Ausstellung von Auslandspässen durch das Reichskolonialamt. Vom 30. Juni 1910 RGBl. S. 914.

V. betr. die Paßpflichtigkeit der aus Rußland kommenden Reisenden. Vom 14. Juni 1879 RGBl. S. 155.

Geändert (Pflicht zur Paßvisierung aufgehoben): V. v. 30. Juni 1894 RGBl. S. 501.

101 **G. betr. den Orden der Gesellschaft Jesu.** Vom 4. Juli 1872 RGBl. S. 253.

§ 2 aufgehoben: G. v. 8. März 1904 RGBl. S. 139.

Bek. betr. die Ausführung des Gesetzes. Vom 5. Juli 1872 RGBl. S. 254.

Bek. desgl. Vom 28. Nov. 1912 RGBl. S. 553.

Bestimmung der dem Jesuitenorden verwandten Genossenschaften:

Bek. v. 20. Mai 1873 RGBl. S. 109.

Geändert: Bek. v. 18. Juli 1894 RGBl. S. 503.

Unterstützungswohnsitz — Gutt. Samml. Nr. 8, Krech.

102 **G. über den Unterstützungswohnsitz.** Vom 30. Mai 1908 RGBl. S. 381. (Siehe dazu G. betr. die Änderung des G. über den Unterstützungswohnsitz und —. Vom 30. Mai 1908 Art. 2 und 3 RGBl. S. 379.)[1])

Zu § 11 Abs. 2, § 23 Abs. 2: RVO. Vom 19. Juli 1911 § 607 Abs. 2, § 1277 Abs. 2 RGBl. S. 626, 747. Versicherungsgesetz für Angestellte. Vom 20. Dez. 1911 § 44 Abs. 2 RGBl. S. 997.

---

1) Regulativ zur Ordnung des Geschäftsganges bei dem Bundesamte für das Heimatswesen: Bek. v. 6. Jan. 1873 ZBl. S. 4.

Vereinswesen — Gutt. Samml. Nr. **33**, Ball.

Vereinsgesetz. Vom 19. April 1908 RGBl. S. 151. 103
Gutt. Samml. Nr. **88**, Romen.

G. betr. das Vereinswesen. Vom 11. Dez. 1899 RGBl. S. 699. 104

B. Finanzwesen des Reichs, Steuer- und Zollwesen.

Finanzverwaltung, Etat — Gutt. Samml. Nr. **26**, Koch.

E. betr. die Errichtung des Reichsschatzamts. Vom 14. Juli 1879 RGBl. S. 196. 105

E. betr. die Errichtung der Kaiserlichen Technischen Prüfungsstelle. Vom 5. April 1908 RGBl. S. 148. 106

[1] [2] [3]

G. betr. die Ordnung des Reichshaushalts und die Tilgung der Reichsschuld. Vom 3. Juni 1906 RGBl. S. 620. 107

§ 2 Abs. 2 geändert, §§ 3 u. 4 außer Kraft gesetzt: G. betr. Änderungen im Finanzwesen. Vom 15. Juli 1909 Art. I § 1, § 3 letzter Abs., § 5 RGBl. S. 743 u. 744.

---

1) Bek. betr. die Reichs-Hauptkasse. Vom 29. Dez. 1875 ZBl. S. 821.

2) Bestimmungen zur Regelung der Abrechnungen zwischen der Reichshauptkasse und den Landeskassen: Bek. v. 29. Juni 1910 ZBl. S. 351.

3) Bek. betr. die Eröffnung eines Reichsbankgirokontos für die Reichshauptkasse. Vom 20. April 1898 ZBl. S. 229.

108 **G. betr. Änderungen im Finanzwesen.** Vom 15. Juli 1909 RGBl. S. 743 (Art. I, II u. VI).

(Druckfehlerberichtigung in der Überschrift: RGBl. v. 1909 S. 893.)

Art. I § 6 aufgehoben: Einführungsgesetz zur RVO. Vom 19. Juli 1911 Art. 55 RGBl. S. 849.

109 **G. betr. das Etatsjahr für den Reichshaushalt.** Vom 29. Febr. 1876 RGBl. S. 121.

110 **G. betr. die Feststellung des Reichshaushaltsetats für das Rechnungsjahr 1912.** Vom 28. Mai 1912 RGBl. S. 319[1]).

(Etat für die Schutzgebiete s. Nr. 519.)

111 **Reichskontrollgesetz.** Vom 21. März 1910 RGBl. S. 521.

Reichsvermögen — Gutt. Samml. Nr. 26, Koch.

112 **G. über die Rechtsverhältnisse der zum dienstlichen Gebrauche einer Reichsverwaltung bestimmten Gegenstände.** Vom 25. Mai 1873 RGBl. S. 113.

§ 1 Abs. 2 geändert: Reichsbesteuerungsgesetz. Vom 15. April 1911 § 12 RGBl. S. 190.

113 **G. betr. die Erwerbung der Königlich preußischen Staatsdruckerei für das Reich.** Vom 15. Mai 1879 RGBl. S. 139.

1) Übersicht über die nach der Verfassung und den Gesetzen festzustellenden Bevölkerungszahlen (des Reichsgebiets, Zollgebiets, des Gebiets der Steuergemeinschaften für die einzelnen Reichssteuern) nach der Volkszählung vom 1. Dez. 1910. ZBl. v. 1912 S. 197.

G. betr. die Errichtung zweier Stiftungen aus dem Vermögen, welches dem Reiche aus dem Nachlasse des am 2. Juni 1901 verstorbenen Malers Professor Gustav Müller zugeflossen ist. Vom 7. Jan. 1908 RGBl. S. 131. 114

Bek. betr. die Stiftungsurkunden für die Gustav-Müller-Kunststiftung und die Gustav-Müller-Hospitalstiftung. Vom 12. Mai 1908 RGBl. S. 245.

G. betr. die Gewährung eines Darlehns an das Schutzgebiet Togo. Vom 23. Juli 1904 RGBl. S. 329. 115

§ 2 Zusatz: G. v. 18. Mai 1908 RGBl. S. 206.

G. betr. die Gewährung eines Darlehns an das Südwestafrikanische Schutzgebiet. Vom 16. März 1907 RGBl. S. 73. 116

§ 1 geändert: G. v. 18. Mai 1908 RGBl. S. 206.

(Wegen Reichskriegsschatz s. unter Militärwesen.)

Reichsschuldenwesen — Gutt. Samml. Nr. **26**, Koch.

Reichsschuldenordnung. Vom 19. März 1900 RGBl. S. 129. 117

§ 1 Abs. 1 Satz zwischengeschoben, § 7 Abs. 2 ersetzt: G. v. 22. Febr. 1904 RGBl. S. 66.

Wegen früher aufgenommener Anleihen:

G. betr. die Verwaltung der nach Maßgabe des G. — aufzunehmenden Bundesanleihe. Vom 19. Juni 1868 BGBl. S. 339.

G. betr. die Aufnahme einer Anleihe —. Vom 27. Jan. 1875 RGBl. S. 18 (§§ 2—5).

§ 2 geändert (§ 6 des G. betr. den außerordentlichen Geldbedarf des Norddeutschen Bundes zum Zwecke — v. 9. Nov. 1867 BGBl. S. 157 und G. v. 12. Mai 1873 RGBl. S. 91 sind aufgehoben): Reichsschuldenordnung. Vom 19. März 1900 § 20 RGBl. S. 133.

118 **Reichsschuldbuchgesetz.** In der Fassung vom 31. Mai 1910 RGBl. S. 840[1] [2]).

V. über die Inkraftsetzung des G. zur Änderung des G., betr. das Reichsschuldbuch, vom 6. Mai 1910. Vom 30. Mai 1910 RGBl. S. 839.

119 G. betr. die Kündigung und **Umwandlung der vierprozentigen Reichsanleihe.** Vom 8. März 1897 RGBl. S. 21.

120 G. betr. die **Bürgschaft des Reichs** für die Zinsen usw. einer **egyptischen Staatsanleihe.** Vom 14. Nov. 1886 RGBl. S. 301.

121 G. betr. die Übernahme einer **Garantie des Reichs** in bezug auf eine Eisenbahn von **Daressalam nach Mrogoro.** Vom 31. Juli 1904 RGBl. S. 330.

G. desgl. in bezug auf eine Eisenbahn von **Duala nach den Manengubabergen.** Vom 4. Mai 1906 RGBl. S. 525.

---

1) **Ausführungsbestimmungen** zum **Reichsschuldbuchgesetz.** Bek. v. 2. Juni 1910 ZBl. S. 217.

2) Bek. betr. die **Auszahlung der Zinsen** von im **Reichsschuldbuch** eingetragenen Forderungen. Vom 2. März 1911 ZBl. S. 62.

Steuer- und Zollwesen im allgemeinen — Gutt. Samml. Nr. 1, Rönne.

Vertrag zwischen dem Norddeutschen Bunde, Bayern, Württemberg, Baden und Hessen, die Fortdauer des Zoll- und Handelsvereins betr. Vom 8. Juli 1867 BGBl. S. 81. 122

Geändert und teilweise ersetzt, insbesondere Art. 1, 7, 8, 9 durch die Reichsverfassung: Reichsverfassung Art. 40 RGBl. v. 1871 S. 74,

ferner

Art. 5 Ziff. I geändert: Zolltarifgesetz vom 25. Dez. 1902 § 13 RGBl. S. 311 und G. v. 27. Mai 1885 RGBl. S. 109.

Art. 5 Ziff. II § 2 Abs. 2 geändert (in Ansehung des Bieres aufgehoben): G. wegen Änderung des Brausteuergesetzes. Vom 15. Juli 1909 Art. IV RGBl. S. 703.

Art. 5 Ziff. II § 4 litt. d aufgehoben: G. betr. die Steuerfreiheit des Branntweins zu gewerblichen Zwecken. Vom 19. Juli 1879 § 5 RGBl. S. 260.

Art. 5 Ziff. II § 7 geändert: Zolltarifgesetz vom 25. Dez. 1902 § 13 RGBl. S. 311, G. wegen Änderung des Brausteuergesetzes. Vom 15. Juli 1909 Art. IV RGBl. S. 703, Brausteuergesetz vom 15. Juli 1909 § 58 RGBl. S. 791.

Art. 6 Abs. 1 Ziff. 1 ersetzt (auf Grund des Art. 6 Abs. 2): Bek. betr. die Ausführung des Art. 6 des Zollvereinigungsvertrages v. 8. Juli 1867. Vom 18. Nov. 1868 BGBl. S. 518.

Anlage B (zu Nr. 5 des Schlußprotokolls) ersetzt: Bek. betr. die Übersicht der Übergangsabgaben und Ausfuhrvergütungen, welche im gegenseitigen Verkehre zwischen den zum Zollgebiete gehörigen Staaten, in denen innere Steuern auf die Hervorbringung oder Zubereitung gewisser Erzeugnisse gelegt sind, erhoben bzw. bewilligt werden. Vom 9. Juli 1897 RGBl. S. 597[1]).

Gemeinschaft der Übergangsabgabe von Bier zwischen den zur norddeutschen Brausteuergemeinschaft gehörigen Staaten und dem Großherzogtume Luxemburg, desgleichen der freie Bierverkehr zwischen dem norddeutschen Brausteuergebiete und Luxemburg aufgehoben: Bek. betr. das Ausscheiden des Großherzogtums Luxemburg aus der norddeutschen Brausteuergemeinschaft. Vom 29. Sept. 1909 RGBl. S. 933.

123 **G. betr. die Ausführung des Anschlusses der freien und Hansestadt Hamburg an das deutsche Zollgebiet. Vom 16. Febr. 1882 RGBl. S. 39.**

G. betr. den Beitrag des Reichs zu den Kosten des Anschlusses der freien Hansestadt Bremen an das deutsche Zollgebiet. Vom 31. März 1885 RGBl. S. 79.

[2]) [3])

124 **Reichsbesteuerungsgesetz. Vom 15. April 1911 RGBl. S. 187[4]).**

---

1) Regelung der Übergangssteuerfrage für die deutschen Brausteuergebiete. Bek. v. 28. Juni 1911 ZBl. S. 397.

2) Bestimmungen für die Nacherhebung und Erstattung von Zöllen, Reichssteuern, Gebühren usw. Bek. v. 11. April 1912 ZBl. S. 291.

3) Bestimmungen über die Behandlung der gestundeten Zölle und Reichssteuern bei Kriegsgefahr. Bek. v. 20. Nov. 1910 ZBl. S. 658.

4) Ausführungsbestimmungen zu § 6 des Reichsbesteuerungsgesetzes. Bek. v. 23. Mai 1911 ZBl. S. 231. Erläuterung derselben (Höhe des Reichszuschusses zu Gemeindeausgaben): ZBl. v. 1911 S. 414.

Doppelsteuergesetz. Vom 22. März 1909 RGBl. S. 332. 125

(Siehe dazu G. zur Abänderung des Reichsgesetzes wegen Beseitigung der Doppelbesteuerung vom 13. Mai 1870. Vom 22. März 1909 Art. II und III RGBl. S. 331.)

(Wegen Besteuerung der Dienstwohnungen der Reichsbeamten s. Nr. 85, wegen Kommunalsteuerpflicht der Militärpersonen Nr. 490.)

Verbrauchssteuern.

G. betr. die Erhebung einer Abgabe von Salz. Vom 12. Okt. 1867 BGBl. S. 41[1] [2]). 126

Zuckersteuergesetz. Vom 27. Mai 1896 RGBl. S. 117[3]). 127

---

1) Ausführungsbestimmungen betr. das G. über die Erhebung einer Abgabe von Salz. Bek. v. 18. Juli 1888 ZBl. S. 613.

Geändert durch Bundesratsbeschlüsse vom a) 27. Nov. 1890 ZBl. S. 387, b) 12. März 1891 ZBl. S. 62, c) 13. Juli 1893 ZBl. S. 235, d) 20. Dez. 1894 ZBl. v. 1895 S. 10, e) 31. Jan. 1895 ZBl. S. 36, f) 9. Mai 1895 ZBl. S. 167, g) 16. Mai 1895 ZBl. S. 176, h) 14. Juni 1895 ZBl. S. 265, i) 13. Febr. 1896 ZBl. S. 68, k) 26. Nov. 1896 ZBl. S. 625, l) 21. Okt. 1897 ZBl. S. 314, m) 26. April 1898 ZBl. S. 246, n) 16. März 1899 ZBl. S. 105 und Bekanntmachungen vom o) 10. Jan. 1900 ZBl. S. 12, p) 11. Dez. 1902 ZBl. S. 422, q) 23. Juli 1904 ZBl. S. 274, r) 30. März 1905 ZBl. S. 80, s) 17. Febr. 1906 ZBl. S. 406 und 410, t) 1. Mai 1907 ZBl. S. 217, u) 30. Dez. 1907 ZBl. v. 1908 S. 16, v) 10. Febr. 1909 ZBl. S. 39, w) 24. März 1910 ZBl. S. 93.

2) Bek. betr. Verwendung abgabenfreien Salzes zum Einsalzen von Fischen. Vom 18. Juni 1899 ZBl. S. 197.

§ 2 Abs. 1 ersetzt: G. v. 6. Jan. 1903 RGBl. S. 1.
Geändert: G. v. 19. Febr. 1908 RGBl. S. 27, dazu G. über die Deckung der Kosten der Verstärkung von Heer und Flotte. Vom 14. Juni 1912 RGBl. S. 393.
§ 3 ersetzt, §§ 65 bis 79 aufgehoben: G. v. 6. Jan. 1903 RGBl. S. 1, dessen Art. 5 Übergangsvorschriften enthält.
§ 80 aufgehoben: Zolltarifgesetz. Vom 25. Dez. 1902 § 16 RGBl. S. 312.
§ 80 (auch nach Aufhebung des § 80 geltender) Zusatz, § 81 aufgehoben: G. v. 6. Jan. 1903 RGBl. S. 1.

128 **Branntweinsteuergesetz.** Vom 15. Juli 1909 RGBl. S. 661[4]). Gutt. Samml. Nr. 96, Nay.

Geändert im ganzen, speziell § 2 geändert, § 15 Abs. 3 zugefügt, § 25, § 44, § 48 Abs. 1 Ziff. 2 geändert, § 54, § 55 Abs. 1, § 56, § 57 ersetzt, § 58 Abs. 2, § 69

---

3) Zuckersteuer-Ausführungsbestimmungen. Bek. v. 25. Juni 1903 ZBl. S. 283.
(Berichtigung § 6 Abs. 1, Anl. A S. 307, Anl. B S. 318: ZBl. v. 1903 S. 624.)
Geändert durch Bek. a) v. 20. Jan. 1906 ZBl. S. 17, b) v. 30. März 1907 ZBl. S. 77, c) v. 31. Juli 1907 ZBl. S. 407, d) v. 26. Juni 1908 ZBl. S. 248, e) v. 6. Febr. 1909 ZBl. S. 33, f) v. 7. März 1910 ZBl. S. 68, g) v. 15. Jan. 1911 ZBl. S. 16, h) v. 25. Mai 1911 ZBl. S. 243, i) v. 29. Juni 1911 ZBl. S. 404, k) v. 9. Mai 1912 ZBl. S. 378, l) v. 13. Dez. 1912 ZBl. S. 897.

4) Branntweinsteuer-Ausführungsbestimmungen.
Branntweinsteuer-Grundbestimmungen. Bek. v. 9. Sept. 1909 ZBl. S. 946.
Geändert: Bek. v. 19. Juli 1912 ZBl. S. 599 und 600.
Brennereiordnung. Bek. v. 9. Sept. 1909 ZBl. S. 969.
(Druckfehlerberichtigungen a) im § 174 Abs. 1c Ziff. 2 und Muster 24b: ZBl. v. 1910 S. 25, b) im Muster 17: ZBl. v. 1910 S. 71.)

Abs. 2 zugefügt, § 72, § 107 Abs. 2 ersetzt, § 109 Satz zugefügt, § 143 Abs. 2 geändert, § 129 aufgehoben durch

G. betr. Beseitigung des Branntweinkontingents. Vom 14. Juni 1912 RGBl. S. 378. 129

Geändert durch Bek. a) v. 14. März 1911 ZBl. S. 70, b) v. 15. April 1911 ZBl. S. 165 (Berichtigung: ZBl. v. 1911 S. 177), c) v. 19. Juli 1912 ZBl. S. 599 und 603.

Meßuhrordnung. Bek. v. 28. Nov. 1909 ZBl. S. 1411.

Branntwein-Begleitscheinordnung. Bek. v. 10. Juli 1900 ZBl. S. 473, Beilage S. 289*.

Geändert: Bek. v. 9. Sept. 1909 ZBl. S. 945 und 1283 und v. 19. Juli 1912 ZBl. S. 599 und 629.

Branntwein-Lagerordnung. Bek. v. 10. Juli 1900 ZBl. S. 473, Beilage S. 317*.

Geändert durch Bek. a) v. 11. Juli 1906 ZBl. S. 947, b) v. 6. Juli 1907 ZBl. S. 354, c) v. 9. Sept. 1909 ZBl. S. 945 und 1284, d) v. 12. März 1911 ZBl. S. 70, e) v. 19. Juli 1912 ZBl. S. 599 und 631.

Branntwein-Reinigungsordnung. Bek. v. 10. Juli 1900 ZBl. S. 473, Beilage S. 349*.

Geändert durch Bek. a) v. 6. Juli 1907 ZBl. S. 354, b) v. 9. Sept. 1909 ZBl. S. 945 und 1286, c) v. 19. Juli 1912 ZBl. S. 599 und 633.

Alkoholermittelungsordnung. Bek. v. 10. Juli 1900 ZBl. S. 473, Beilage S. 377*.

Geändert durch Bek. a) v. 18. Sept. 1902 ZBl. S. 315 und 324, b) v. 9. Sept. 1909 ZBl. S. 945 und 1288, c) v. 19. Juli 1912 ZBl. S. 599 und 635.

Branntweinsteuer-Befreiungsordnung. Bek. v. 9. Sept. 1909 ZBl. S. 1091.

130 **Brausteuergesetz.** Vom 15. Juli 1909 RGBl. S. 773[1]). Gutt. Samml. Nr. 25, Düsse.

(Siehe dazu G. wegen Änderung des Brausteuergesetzes. Vom 15. Juli 1909 Art. VII RGBl. S. 704. Übergangsvorschriften in Art. IV Abs. 2 und Art. VI Abs. 4 ebenda S. 703.)

131 **Schaumweinsteuergesetz.** Vom 9. Mai 1902 RGBl. S. 155[2]).

§ 2 Ziff. b ersetzt, § 3a eingefügt: G. v. 15. Juli 1909 RGBl. S. 714 (Übergangsvorschrift in Art. 4 des Gesetzes).

(Wegen Schaumweinsteuergemeinschaft mit Luxemburg s. Nr. 581.)

(Druckfehlerberichtigung in § 23 Abs. 2: ZBl. v. 1910 S. 25.)

Geändert: Bek. v. 19. Jan. 1911 ZBl. S. 21 und v. 19. Juli 1912 ZBl. S. 599 und 636.

Bestimmungen über Art und Anbringung des Verschlusses an Behältnissen des zum Kleinhandel bestimmten vollständig vergällten Branntweins. Bek. v. 18. März 1910 ZBl. S. 91.

Bestimmungen über die Branntweinstatistik. Bek. v. 29. Okt. 1910 ZBl. S. 549.

Essigsäure-Ordnung. Bek. v. 9. Sept. 1909 ZBl. S. 1173. Geändert: Bek. v. 16. Juli 1912 ZBl. S. 596.

1) Brausteuer-Ausführungsbestimmungen. Vom 24. Juli 1909 ZBl. S. 413.

Muster 2, 3, 11, 12, 13, 18, 21 und 22, Anlage B Ziff. 3 geändert: Bek. v. 13. Febr. 1912 ZBl. S. 218.

2) Schaumweinsteuer-Ausführungsbestimmungen. Vom 24. Juli 1909 ZBl. S. 365.

§ 6 Abs. 2 Satz 2 ersetzt, Satz 3 geändert: Bek. v. 9. Juli 1911 ZBl. S. 414.

Tabaksteuergesetz. Vom 15. Juli 1909 RGBl. S. 793[1]). 132

(Siehe dazu G. wegen Änderung des Tabaksteuergesetzes. Vom 15. Juli 1909 Art. III RGBl. S. 713.)

Zigarettensteuergesetz. Vom 3. Juni 1906 RGBl. S. 631[2]). Gutt. Samml Nr. 78, Cuno. 133

§ 1 Abs. 1 aufgehoben, § 2 Abs. 1 Eingang geändert, Ziff. 1 ersetzt, Ziff. 2a geändert, Ziff. 3 ersetzt: G. wegen Änderung des Tabaksteuergesetzes. Vom 15. Juli 1909 Art. III a RGBl. S. 713.

§ 33 fällt fort: Tabaksteuergesetz. Vom 15. Juli 1909 RGBl. S. 793.

Zündwarensteuergesetz. Vom 15. Juli 1909 RGBl. S. 814[3]) [4]). 134

---

1) Tabaksteuerordnung. Vom 23. Mai 1912 ZBl. S. 433.

Tabakzollordnung. Bek. v. 14. Dez. 1912 ZBl. S. 867.

Bek. betr. Errichtung eines Prüfungsamts für Tabakbewertung. Vom 2. Aug. 1909 ZBl. S. 677.

Vergütungsordnung für Tabak. Bek. v. 29. Juni 1910 ZBl. S. 285.

2) Zigarettensteuer-Ausführungsbestimmungen. Bek. v. 17. Nov. 1911 ZBl. S. 617.

3) Zündwarensteuer-Ausführungsbestimmungen. Bek. v. 30. Aug. 1909 ZBl. S. 863.

Geändert durch Bekanntmachungen vom a) 14. Mai 1910 ZBl. S. 204, b) 19. Jan. 1911 ZBl. S. 21, c) 2. Febr. 1911 ZBl. S. 28, d) 14. Juni 1911 ZBl. S. 257, e) 14. Juni 1911 ZBl. S. 260, f) 21. Mai 1912 ZBl. S. 423.

4) Bek. betr. Steuerpflichtigkeit der Scherzzündhölzer. Vom 9. Aug. 1911 ZBl. S. 453.

§ 3 Abs. 1 Eingang und Ziff. 2 geändert: G. v. 6. Juni 1911 RGBl. S. 241.

135 **Leuchtmittelsteuergesetz.** Vom 15. Juli 1909 RGBl. S. 880[1]).

Stempelsteuern.

136 **Wechselstempelgesetz.** Vom 15. Juli 1909 RGBl. S. 825[2]). Gutt. Samml. Nr. 5a, Loeck.

(Siehe dazu G. wegen Änderung des Wechselstempelgesetzes. Vom 15. Juli 1909 Art. II RGBl. S. 742.)

137 **G. betr. den Spielkartenstempel.** Vom 3. Juli 1878 RGBl. S. 133[3]).

---

1) Leuchtmittelsteuer-Ausführungsbestimmungen. Bek. v. 16. Juni 1911 ZBl. S. 317.

2) Ausführungsbestimmungen zum Wechselstempelgesetz vom 15. Juli 1909. In der Fassung vom 26. Juli 1909 ZBl. S. 402.

§ 3 Abs. 1 und 2 geändert: Bek. v. 4. Juni 1910 Ziff. 5 ZBl. S. 234.

§ 6 Abs. 1 Satz 1 geändert: Bek. v. 16. Dez. 1912 ZBl. S. 897.

3) Bek. zur Ausführung des G. betr. den Spielkartenstempel. Vom 6. Juli 1878 ZBl. S. 403.

Anl. A § 4 ergänzt: Bek. v. 7. Aug. 1879 ZBl. S. 516 und v. 16. März 1886 ZBl. S. 59.

Anl. A Zusatz: Bek. v. 15. April 1879 ZBl. S. 286.

Bek. zur Ausführung des G. betr. den Spielkartenstempel. Vom 2. Nov. 1878 ZBl. S. 614.

(Die auf Grund der Ziff. III 6 der Bek. erlassenen ergänzenden Bestimmungen sind nicht hier aufgeführt. Anlage zu Ziff. V, Verzeichnis der Stempelstellen, mehrfach ergänzt und geändert.)

Reichsstempelgesetz. Vom 15. Juli 1909 RGBl. S. 833[1] [2]). Gutt. Samml. Nr. 18, Loeck. 138

(Siehe dazu G. wegen Änderung des Reichsstempelgesetzes. Vom 15. Juli 1909 Art. 6 RGBl. S. 739.)

§ 85 Abs. 3, § 89, § 90, Tarifnummer 11 Befreiungsvorschrift am Schlusse der Nummer, Anm. zu Tarifnummer 11 Abs. 1 ersetzt: Zuwachssteuergesetz. Vom 14. Febr. 1911 §§ 67—71 RGBl. S. 53.

G. betr. die Stempelabgabe von Erlaubniskarten für Kraftfahrzeuge ausländischer Besitzer. Vom 18. Mai 1908 RGBl. S. 210. 139

Weitere indirekte Steuern.

Erbschaftssteuergesetz. Vom 3. Juni 1906 RGBl. S. 654[3—7]). Gutt. Samml. Nr. 77, Hoffmann. 140

---

1) Ausführungsbestimmungen zum Reichsstempelgesetze v. 15. Juli 1909. Bek. v. 5. Febr. 1912 ZBl. S. 35.

2) Bek. betr. Notierung von Terminpreisen oder Preisen für Zeitgeschäfte für Waren an inländischen Börsen. Vom 11. Sept. 1912 ZBl. S. 730.

3) Ausführungsbestimmungen zum Erbschaftssteuergesetze vom 3. Juni 1906. Vom 16. Juni 1906 ZBl. S. 829.

§ 7 Abs. 2 Satz 1 ersetzt: Bek. v. 31. Okt. 1911 ZBl. S. 574.

§§ 10 und 33 Absatz zugefügt: Bek. v. 15. April 1911 ZBl. S. 165.

4) Heranziehung des beweglichen Vermögens eines belgischen Staatsangehörigen zur Erbschaftssteuer: Bek. v. 1. Dez. 1910 ZBl. S. 673.

Desgl. eines britischen Staatsangehörigen: Bek. v. 26. Febr. 1908 ZBl. S. 106.

141 **Zuwachssteuergesetz. Vom 14. Febr. 1911 RGBl. S. 33**[1]). Gutt. Samml. Nr. **101**, Cuno.

(Wegen Einführung einer allgemeinen Besitzsteuer s. G. über die Deckung der Kosten der Verstärkung von Heer und Flotte. Vom 14. Juni 1912 RGBl. S. 393.)

Heranziehung des Nachlasses eines dänischen Staatsangehörigen zur Erbschaftssteuer: Bek. v. 8. Dez. 1908 ZBl. S. 516.

Desgl. eines französischen Erblassers: Bek. v. 8. Dez. 1908 ZBl. S. 516.

Heranziehung des beweglichen Vermögens eines niederländischen Staatsangehörigen zur Erbschaftssteuer: Bek. v. 14. April 1908 ZBl. S. 157.

Heranziehung des im Inlande befindlichen beweglichen Vermögens eines russischen Staatsangehörigen: Bek. v. 2. Nov. 1907 ZBl. S. 550.

5) Versteuerung von nicht auf bestimmte Teile des Nachlasses angewiesenen Geldvermächtnissen. Bundesratsbeschluß v. 26. Mai 1911 ZBl. S. 387.

6) Verzeichnis der Erbschaftssteuerämter und Oberbehörden unter Angabe ihrer Geschäftsbezirke: Bek. v. 11. Aug. 1906 ZBl. S. 1103.

Vielfach geändert.

7) Bestimmungen über die Erbschaftssteuerstatistik. Bek. v. 6. Juni 1907 ZBl. S. 239.

Ziff. 6 geändert: Bek. v. 28. Dez. 1909 ZBl. S. 1499.

1) Zuwachssteuer-Ausführungsbestimmungen. Vom 27. März 1911 ZBl. S. 79.

Verzeichnis der Oberbehörden für die Zuwachssteuer unter Angabe ihrer Verwaltungsbezirke. Bek. v. 1. Nov. 1911 ZBl. S. 577.

Muster für einen Auszug aus den Vorschriften des Zuwachssteuergesetzes und Muster A und B zu einer Zuwachssteuererklärung. Bek. v. 12. Mai 1911 ZBl. S. 199.

Zollwesen.

Vereinszollgesetz. Vom 1. Juli 1869 BGBl. S. 317 1–4). 142

(Berichtigungen. § 105 Abs. 2 Zeile 3 („§ 103"), § 108 Abs. 2 Zeile 4 („§ 103"): BGBl. v. 1869 S. 634. § 136 Ziff. 7 Zeile 2 („§ 124"): BGBl. v. 1870 S. 516.)

§ 108 Abs. 2 Satz 1 neue Fassung: G. v. 18. April 1889 RGBl. S. 53.

G. betr. die Sicherung der Zollvereinsgrenze in den vom Zollgebiete ausgeschlossenen hamburgischen Gebietsteilen. Vom 1. Juli 1869 BGBl. S. 370. 143

G. betr. die Sicherung der gemeinschaftlichen Zollgrenze in den vom Zollgebiete ausgeschlossenen bremischen Gebietsteilen. Vom 28. Juni 1879 RGBl. S. 159.

---

1) Zollgebührenordnung. Vom 28. Juni 1905 ZBl. S. 170.
§ 19 Abs. 2 Satz 1 geändert, Satz 2 gestrichen: Bek. v. 20. März 1910 ZBl. S. 87.
Bestimmungen über die Tragung der Untersuchungskosten im Zollverkehr. Bek. v. 15. Febr. 1910 ZBl. S. 38.

2) Eisenbahn-Zollordnung. Bek. v. 23. Dez. 1912 ZBl. v. 1913 S. 31.

3) Post-Zollordnung. Bek. v. 10. Febr. 1909 ZBl. S. 39.
§ 1 Abs. 2 Ziff. a geändert: Bek. v. 29. April 1910 ZBl. S. 137 und 190.
§ 8 Abs. 2 Zusatz: Bek. v. 11. Mai 1912 ZBl. S. 379.

4) Veredelungsordnung. Bek. v. 7. April 1906 ZBl. S. 536.
§ 10 Abs. 1 Satz 2 ersetzt: Bek. v. 4. Nov. 1909 ZBl. S. 1387.

144 **Zolltarifgesetz.** Vom 25. Dez. 1902 RGBl. S. 303[1–8]).

(V. betr. die Inkraftsetzung des Gesetzes. Vom 27. Febr. 1905 RGBl. S. 155).

---

1) Bestimmungen betr. die Erteilung amtlicher Auskunft in Zolltarifangelegenheiten: Bek. v. 17. Febr. 1906 ZBl. S. 241 u. 243.

2) Taraordnung: Bek. v. 17. Febr. 1906 ZBl. S. 241 u. 250.

§ 4 Abs. 3 ergänzt: Bek. v. 13. Febr. 1907 ZBl. S. 37.

3) Taratarif: Bek. v. 23. Jan. 1906 ZBl. S. 31 (vielfach geändert).

4) Zollfreie Einfuhr von Erbschaftsgut im Auslande verstorbener Deutscher usw. Bundesratsbeschl. vom 13. Nov. 1902 ZBl. S. 411. Verleihung der Befugnis an Hauptzoll- und Hauptsteuerämter, die Genehmigung zur zollfreien Einfuhr von Erbschaftsgut in den deutschen Schutzgebieten verstorbener Deutscher zu erteilen. Bundesratsbeschl. v. 18. April 1907 ZBl. S. 217.

5) Erklärung und Nachweis des Herstellungslandes. Bek. v. 17. Febr. 1906 ZBl. S. 241 u. 294.

6) Zoll-Stundungsordnung. Bek. v. 23. Jan. 1906 ZBl. S. 31 u. 128.

§ 11 aufgehoben: Bek. v. 11. April 1912 Ziff. 6 ZBl. S. 291.

7) Bewilligungen von Vergünstigungen auf Grund des Zolltarifs. Bek. v. 26. Febr. 1906 ZBl. S. 441.

Erweitert: Bek. v. 27. Juli 1906 ZBl. S. 1092, v. 19. Febr. 1908 ZBl. S. 52, v. 3. Juni 1909 ZBl. S. 246, v. 6. Febr. 1912 ZBl. S. 34, v. 30. Okt. 1912 ZBl. S. 811.

8) Feststellung und Herausgabe eines neuen Warenverzeichnisses zum Zolltarife und einer Anleitung für die Zollabfertigung: Bek. v. 23. Jan. 1906 ZBl. S. 31 (vielfach geändert).

§ 5, § 6 Ziff. 7 Zusatz: Zigarettensteuergesetz. Vom 3. Juni 1906 § 1 RGBl. S. 631.

§ 15 aufgehoben: Einführungsgesetz zur RVO. Vom 19. Juli 1911 Art. 2 RGBl. S. 839.

Zu § 16: G. betr. Änderungen im Finanzwesen des Reichs. Vom 14. Mai 1904 § 1 RGBl. S. 169.

Zolltarif geändert durch a) Branntweinsteuergesetz. Vom 15. Juli 1909 § 106 RGBl. S. 684, b) G. zur Abänderung des Schaumweinsteuergesetzes. Vom 15. Juli 1909 Art. 3 RGBl. S. 715, c) G. betr. Änderungen im Finanzwesen. Vom 15. Juli 1909 Art II RGBl. S. 746, d) Brausteuergesetz. Vom 15. Juli 1909 § 61 RGBl. S. 792, e) Tabaksteuergesetz. Vom 15. Juli 1909 §§ 1, 2, 9 RGBl. S. 793, f) Zündwarensteuergesetz. Vom 15. Juli 1909 § 40 RGBl. S. 823:

Nr. 61 ersetzt, Nr. 65 geändert: 1909 S. 746.
Nr. 178, 179 ersetzt: 1909 S. 684.
Nr. 181 geändert: 1909 S. 715.
Nr. 186 ersetzt: 1909 S. 792.
Nr. 220 ersetzt: 1909 S. 793.
Nr. 277, 347, 356 ersetzt: 1909 S. 684.
Nr. 367 ersetzt: 1909 S. 823.

G. betr. die Vergütung des Kakaozolles bei der Ausfuhr von Kakaowaren. Vom 22. April 1892 RGBl. S. 601[1]). 145

1) Ausführungsbestimmungen zum G. betr. die Vergütung des Kakaozolles bei der Ausfuhr von Kakaowaren v. 22. April 1892. Bek. v. 25. Juni 1903 ZBl. S. 429.

(Berichtigungen zu § 12, § 14, Anl. 2 Ziff. 4 Abs. 1, Ziff. 4c, Ziff. 7 Abs. 2: 1903 S. 624).

§ 1 Ziff. e und f, § 3 Abs. 1 Ziff. e und f zugefügt: Bek. v. 1. Nov. 1912 ZBl. S. 808.

146 **G. betr. die zollwidrige Verwendung von Gerste. Vom 3. Aug. 1909 RGBl. S. 899.**

147 **G. betr. die Statistik des Warenverkehrs mit dem Auslande. Vom 7. Febr. 1906 RGBl. S. 109[1] [2]).**

(Wegen Elbzölle s. Nr. 424, wegen Zollverträge mit dem Auslande unter Beziehungen zum Ausland Nr. 551 ff.)

---

1) Ausführungsbestimmungen und Dienstvorschriften zu dem G. betr. die Statistik des Warenverkehrs mit dem Auslande v. 7. Febr. 1906: Bek. v. 9. Febr. 1906 ZBl. S. 137.

A. Ausführungsbestimmungen
- § 20 Ziff. 2 zugefügt: Bek. v. 5. April 1909 ZBl. S. 141.
- § 26 ersetzt: Bek. v. 11. Febr. 1911 ZBl. S. 41.
- § 44 Ziff. 1t bis x, Ziff. 3 zugefügt: Bek. v. 18. März 1909 ZBl. S. 80.
- § 45 Ziff. 7 zugefügt: Bek. v. 11. Febr. 1911 ZBl. S. 41.
- Anlage 1 neu herausgegeben: Bek. v. 17. Nov. 1911 ZBl. S. 680.

B. Dienstvorschriften, § 22 Ziff. 13 zugefügt, § 27 Ziff. 1 Zusatz, Ziff. 2 fällt fort, Ziff. 3 wird 2, § 45 Satz 3 ersetzt, § 49 Ziff. 1 Zusatz, § 57 Satz 1 ersetzt, Ziff. 3 fällt fort: Bek. v. 11. Febr. 1911 ZBl. S. 41.

2) Inkraftsetzung eines neuen Statistischen Warenverzeichnisses und eines neuen Verzeichnisses der Länder der Herkunft und der Bestimmung. Bek. v. 17. Nov. 1911 ZBl. S. 680.

C. Justizwesen.

I. Zivilrecht.

Bürgerliches Gesetzbuch.

Bürgerliches Gesetzbuch. Vom 18. Aug. 1896 RGBl. S. 195. 148

§ 72 ersetzt: Vereinsgesetz. Vom 19. April 1908 § 22 RGBl. S. 156.

§ 833 Satz 2 zugefügt: G. v. 30. Mai 1908 RGBl. S. 313.

Einführungsgesetz zum BGB. Vom 18. Aug. 1896 RGBl. S. 604.

Gutt. Samml. Nr. **38/39**, Achilles Nr. **45**, Koll und Nr. **58**, Jastrow.

V. betr. die Hauptmängel und Gewährfristen beim Viehhandel. Vom 27. März 1899 RGBl. S. 219. 149

Gutt. Samml. Nr. **50**, Stölzle, Weiskopf.

Bek. betr. Ausführungsbestimmungen zu den §§ 980, 981, 983 des BGB. (Vorschriften über die in Fundsachen usw. von Reichsbehörden und Reichsanstalten zu erlassenden Bekanntmachungen). Vom 16. Juni 1898 RGBl. S. 912. 150

Bek. betr. die Anlegung von Mündelgeld in verbrieften Forderungen gegen eine inländische kommunale Körperschaft usw. Vom 7. Juli 1901 RGBl. S. 263. 151

Bek. betr. die Mündelsicherheit von Schuldverschreibungen der evangelischen Kirchengemeinde Mainz. Vom 22. März 1901 RGBl. S. 37.

Bek. betr. die Anlegung von Mündelgeld in Kur- und Neumärkischen Ritterschaftlichen Kommunalschuldverschreibungen. Vom 28. Dez. 1901 RGBl. v. 1902 S. 3.

Bek. betr. die Mündelsicherheit von Schuldverschreibungen der Deutsch-Ostafrikanischen Gesellschaft. Vom 24. Aug. 1903 RGBl. S. 275.

Bek. betr. die Anlegung von Mündelgeld in Schuldverschreibungen des Fürstlich Waldeckischen Domaniums. Vom 18. März 1905 RGBl. S. 180.

Bek. desgl. in Schuldverschreibungen der Zivilhospizien der Stadt Straßburg im Elsaß. Vom 16. Jan. 1909 RGBl. S. 260.

Bek. desgl. in Schuldverschreibungen der Emscher Genossenschaft. Vom 14. Aug. 1910 RGBl. S. 963.

152 **G. betr. die Überleitung von Hypotheken des früheren Rechts.** Vom 17. März 1906 RGBl. S. 429.

Handels- und Wechselrecht.

153 **Handelsgesetzbuch.** Vom 10. Mai 1897 RGBl. S. 219. Gutt. Samml. Nr. 4, Mosse u. Nr. 19, Knitschky.

Geändert durch a) G. betr. Abänderung seerechtlicher Vorschriften des HGB. Vom 2. Juni 1902 RGBl. S. 218, b) G. v. 12. Mai 1904 Art. 3 RGBl. S. 168, c) G. betr. Änderung der Vorschriften des HGB. über die Seeversicherung. Vom 30. Mai 1908 RGBl. S. 307:

§§ 481, 547, 548, 549 ersetzt: 1902 S. 218.

§ 553 ersetzt: 1902 S. 218.

Abs. 1 u. 2 ersetzt, Abs. 4 letzter Satz gestrichen: 1904 S. 168.

§§ 553a, 553b zugefügt, § 749 ersetzt: 1902 S. 218.

§ 782 fällt fort, §§ 787 bis 789 ersetzt, §§ 790 u.

791 fallen fort, §§ 796 u. 797, § 807 Abs. 3, §§ 808 bis 811 ersetzt, §§ 811a, 811b zugefügt, § 812 Abs. 3 fällt fort, § 821 Nr. 4 ersetzt, Nr. 5 zugefügt, § 824 Abs. 2 geändert, § 830 Abs. 1 ersetzt, § 883 geändert, §§ 886, 887, 890 ersetzt, §§ 895, 898 geändert, § 899 ersetzt: 1908 S. 307.

Einführungsgesetz zum HGB. Vom 10. Mai 1897 RGBl. S. 437.

Zu Buch 2 Abschnitt 3 u. 4 des HGB.: s. G. betr. die Kommanditgesellschaften auf Aktien und die Aktiengesellschaften. Vom 11. Juni 1870, §§ 2 bis 5 BGBl. S. 385 und G. v. 18. Juli 1884 §§ 2 bis 7 RGBl. S. 169 (Übergangsbestimmungen).

Gutt. Samml. Nr. 24, Keyßner.

Wechselordnung. In der Fassung vom 3. Juni 1908 RGBl. S. 326. Gutt. Samml. Nr. 5, Stranz. 154

G. betr. die **Erleichterung des Wechselprotestes.** Vom 30. Mai 1908 §§ 3 bis 6 RGBl. S. 321. 155

Bek. betr. die Erhebung von **Wechsel- und Scheckprotesten durch Postbeamte.** Vom 5. Aug. 1908 RGBl. S. 482. 156

Bek. betr. **benachbarte Orte im Wechsel- und Scheckverkehre.** Vom 9. Jan. 1909 RGBl. S. 249. 157

(Wechselstempelsteuer s. Nr. 136.)

Erwerbs- und Wirtschaftsgenossenschaften, Gesellschaften.

G. betr. die **Erwerbs- und Wirtschaftsgenossenschaften.** Vom 1. Mai 1889. In der Fassung vom 20. Mai 1898 RGBl. S. 810. (Die in den §§ 153 bis 170 des G. v. 1. Mai 1889 RGBl. 158

S. 90ff. enthaltenen Schluß- und Übergangsbestimmungen sind nicht mit abgedruckt: Bek. v. 20. Mai 1898 RGBl. S. 370). Gutt. Samml. Nr. **29**, Crüger.

Wegen Bayern s. Einführungsgesetz zum BGB. v. 18. Aug. 1896 Art. 165 RGBl. S. 640 und G. v. 23. Juni 1873 RGBl. S. 146.

Bek. betr. die Führung des Genossenschaftsregisters und die Anmeldungen zu demselben. Vom 1. Juli 1899 RGBl. S. 347 (vgl. Bek. v. 11. Juli 1889 §§ 1 u. 2 RGBl. S. 150).

G. betr. — den Geschäftsbetrieb von Konsumanstalten. Vom 12. Aug. 1896 RGBl. S. 695.

159 **G. betr. die Gesellschaften mit beschränkter Haftung. Vom 20. April 1892. In der Fassung v. 20. Mai 1898 RGBl. S. 846.** Gutt. Samml. Nr. **32**, Parisius-Crüger.

Urheberrecht.

160 **G. betr. das Urheberrecht an Werken der Literatur und der Tonkunst. Vom 19. Juni 1901 RGBl. S. 227. (Wegen Außerkraftsetzung des G. betr. das Urheberrecht an Schriftwerken usw. v. 11. Juni 1870 BGBl. S. 339 s. § 64 des G. v. 19. Juni 1901 RGBl. S. 239[1])[2]).** Gutt. Samml. Nr. **60**, Lindemann.

§ 1 Abs. 2, § 2 Abs. 2, § 12 Abs. 2 Ziff. 5 u. 6, § 14 Ziff. 4 u. 5 zugefügt, § 18 Abs. 1 geändert, § 20 Abs. 3

1) Bestimmungen über die Führung der Eintragsrolle für Werke der Literatur, der Tonkunst und der bildenden Künste. Vom 13. Sept. 1901 ZBl. S. 335.

2) Bestimmungen über die Zusammensetzung und den Geschäftsbetrieb der Sachverständigenkammern für Werke der Literatur und der Tonkunst. Vom 13. Sept. 1901 ZBl. S. 337.

zugefügt, § 22 ersetzt, §§ 22a, 22b, 22c zugefügt, § 24 Satz 2, § 26 geändert, § 37 Zusatz, § 38 Abs. 1 Nr. 2, § 41, § 49 Abs. 2 geändert, § 55 Abs. 1 Satz 2, § 63a zugefügt: G. zur Ausführung der revidierten Berner Übereinkunft zum Schutze von Werken der Literatur und Kunst v. 13. Nov. 1908. Vom 22. Mai 1910 Art. I RGBl. S. 793.

Zu § 57 Abs. 2: Bek. betr. die von dem Stadtrate zu Leipzig geführte Eintragsrolle. Vom 28. April 1903 RGBl. S. 211.

G. über das Verlagsrecht. Vom 19. Juni 1901 RGBl. S. 217. Gutt. Samml. Nr. 61, Heinitz. 161

§ 2 Abs. 2 Ziff. 4 u. 5 zugefügt: G. zur Ausführung der revidierten Berner Übereinkunft zum Schutze von Werken der Literatur und Kunst vom 13. Nov. 1908. Vom 22. Mai 1910 Art. II RGBl. S. 796.

G. betr. das Urheberrecht an Werken der bildenden Künste und der Photographie. Vom 9. Jan. 1907 RGBl. S. 7. (Vom G. betr. das Urheberrecht an Werken der bildenden Künste v. 9. Jan. 1876 RGBl. S. 4 sind die §§ 17—19 in Kraft geblieben: § 55 des G. v. 9. Jan. 1907 RGBl. S. 18).[1] Gutt. Samml. Nr. 81, Fuld. 162

§ 15a, § 31 Satz 2, § 32 Abs. 1 Satz 2 zugefügt: G. zur Ausführung der revidierten Berner Übereinkunft zum Schutze von Werken der Literatur und Kunst vom 13. Nov. 1908. Vom 22. Mai 1910 Art. III RGBl. S. 797.

---

1) Bestimmungen über die Zusammensetzung und den Geschäftsbetrieb der Sachverständigenkammern für Werke der bildenden Künste und der Photographie. Vom 10. Mai 1907 ZBl. S. 214.

163 **G. betr. das Urheberrecht an Mustern und Modellen. Vom 11. Jan. 1876 RGBl. S. 11[1] [2]).**

Gutt. Samml. Nr. **102**, Neuberg.

164 **Patentgesetz. Vom 7. April 1891 RGBl. S. 79. (Übergangsbestimmungen sind im Patentgesetz vom 25. Mai 1877 §§ 41—44 RGBl. S. 509 enthalten.)**

Gutt. Samml. Nr. **22**, Lutter.

§ 11 ersetzt, § 30 Abs. 3 aufgehoben: G. betr. den Patentausführungszwang. Vom 6. Juni 1911 RGBl. S. 243.

V. zur Ausführung des Patentgesetzes v. 7. April 1891 —. Vom 11. Juli 1891 RGBl. S. 349.

§ 1 Abs. 1 u. § 2 Abs. 2 u. 3 Zusätze (weitere Anmeldeabteilungen, V bis XII, gebildet): Verordnungen v. 5. Juni 1897 RGBl. S. 473, v. 6. Mai 1899 RGBl. S. 283, v. 2. Mai 1900 RGBl. S. 232, v. 26. Mai 1902 RGBl. S. 169, v. 14. Mai 1908 RGBl. S. 213, v. 11. Mai 1911 RGBl. S. 217.

§ 4 ersetzt: V. v. 25. Okt. 1899 RGBl. S. 661.

§ 7 Abs. 2 Zusatz: V. v. 29. April 1904 RGBl. S. 157.

V. betr. das Berufungsverfahren beim Reichsgericht in Patentsachen. Vom 6. Dez. 1891 RGBl. S. 389.

---

1) Bestimmungen über die Zusammensetzung und den Geschäftsbetrieb der gewerblichen Sachverständigenvereine. Vom 10. Mai 1907 ZBl. S. 215.

2) Bestimmungen über die Führung des Musterregisters. Vom 29. Febr. 1876 ZBl. S. 123.

§ 12 ersetzt: Bek. v. 12. Nov. 1883 ZBl. S. 325.

Abänderung der Bestimmungen: Bek. v. 23. Dez. 1886 ZBl. S. 418.

G. betr. die Beschäftigung von Hilfsmitgliedern im Kaiserlichen Patentamt. Vom 18. Mai 1908 RGBl. S. 211.
Geändert (Frist bis 31. März 1914 erstreckt): G. v. 10. März 1911 RGBl. S. 67.

G. betr. die **Patentanwälte**. Vom 21. Mai 1900 RGBl. S. 233[1]). 165

G. betr. den **Schutz von Gebrauchsmustern**. Vom 1. Juni 1891 RGBl. S. 290. 166

Gutt. Samml. Nr. **102**, Neuberg.

V. zur Ausführung — des G. betr. den Schutz von Gebrauchsmustern v. 1. Juni 1891. Vom 11. Juli 1891 RGBl. S. 349.

V. desgl. v. 30. Juni 1894 RGBl. S. 495, § 9.

G. zum **Schutze der Warenbezeichnungen**. Vom 12. Mai 1894 RGBl. S. 441. 167

Gutt. Samml. Nr. **87**, Freund-Magnus.

§ 16 Abs. 2 eingeschränkt: Weingesetz. Vom 7. April 1909 § 6 RGBl. S. 394.

V. zur Ausführung des Gesetzes. Vom 30. Juni 1894 RGBl. S. 495.

§ 1 Abs. 1 Zusatz (weitere Abteilungen für Warenzeichen, II und III, gebildet): V. v. 10. Mai 1903 RGBl. S. 218 u. V. v. 17. Mai 1906 RGBl. S. 474.

G. betr. den **Schutz von Erfindungen, Mustern und Warenzeichen auf Ausstellungen**. Vom 18. März 1904 RGBl. S. 141. 168

1) Prüfungsordnung für Patentanwälte. Vom 25. Juli 1900 ZBl. S. 475.

(Verträge mit dem Auslande wegen gegenseitigen Schutzes des Urheberrechts an Werken der Literatur usw., wegen gegenseitigen Patent-, Muster- und Markenschutzes s. unter Nr. 629 u. fgd.)

Kleinere Gesetze zivilrechtlichen Inhalts.

Konkursrecht s. unter Prozeßrecht.

169 **G. betr. die Anfechtung von Rechtshandlungen eines Schuldners außerhalb des Konkursverfahrens. Vom 21. Juli 1879. In der Fassung v. 20. Mai 1898 RGBl. S. 709. (Der die Übergangsbestimmungen enthaltende § 14 des G. v. 21. Juli 1879 RGBl. S. 280 ist nicht mitabgedruckt: Bek. v. 20. Mai 1898 RGBl. S. 370.)**

Gutt. Samml. Nr. **13**, Sydow-Busch.

170 **G. betr. die Verbindlichkeit zum Schadensersatze für die bei dem Betriebe von Eisenbahnen, Bergwerken usw. herbeigeführten Tötungen und Körperverletzungen. Vom 7. Juni 1871 RGBl. S. 207.**

Gutt. Samml. Nr. **70**, Eger.

§ 3 ersetzt, § 3a zugefügt, § 5 geändert: Einführungsgesetz zum BGB. Vom 18. Aug. 1896 Art. 42 RGBl. S. 616.

§ 6 aufgehoben: G. betr. die Einführung der ZPO. Vom 30. Jan. 1877 § 13 RGBl. S. 246.

§§ 7, 8, 9 ersetzt: Einführungsgesetz zum BGB. Vom 18. Aug. 1896 Art. 42 RGBl. S. 616.

171 **G. über den Verkehr mit Kraftfahrzeugen (II, Haftpflicht). Vom 3. Mai 1909 RGBl. S. 437.**

G. betr. die Abzahlungsgeschäfte. Vom 16. Mai 1894 RGBl. S. 450. 172
Gutt. Samml. Nr. 34, Wilke.

G. betr. die Inhaberpapiere mit Prämien. Vom 8. Juni 1871 RGBl. S. 210. 173

Bek. betr. die Vorschriften zur Ausführung des Gesetzes. Vom 19. Juni 1871 RGBl. S. 255.

Bek. betr. die Ergänzung der Vorschriften v. 19. Juni 1871. Vom 1. Juli 1871 RGBl. S. 304.

Ziff. 4 u. 5 geändert: Bek. betr. die Abänderung der unterm 1. Juli 1871 erlassenen ergänzenden Vorschriften. Vom 4. Dez. 1871 RGBl. S. 408.

Bek. betr. die zweite Ergänzung der Vorschriften v. 19. Juni 1871. Vom 10. Juli 1871 RGBl. S. 314.

G. betr. die gemeinsamen Rechte der Besitzer von Schuldverschreibungen. Vom 4. Dez. 1899 RGBl. S. 691. 174
Gutt. Samml. Nr. 52, Göppert.

G. betr. die Pflichten der Kaufleute bei Aufbewahrung fremder Wertpapiere. Vom 5. Juli 1896 RGBl. S. 183. 175
Gutt. Samml. Nr. 40, Lusensky.

(Berichtigungen. § 1 Abs. 1 Zeile 4 („Banknoten und Papiergeld“), § 1 Abs. 2 Zeile 1 („Etwaige Rechte und Pflichten“), Zeile 3 („werden“), § 3 Abs. 1 Zeile 6 („einen Dritten“): RGBl. v. 1896 S. 194.)

Scheckgesetz. Vom 11. März 1908 RGBl. S. 71. 176
Gutt. Samml. Nr. 85, Apt.

V. betr. die Vorlegungsfrist für Schecks in den Schutzgebieten. Vom 10. April 1911 RGBl. S. 191.

Bek. betr. die Vorlegungsfristen für Auslandschecks. Vom 19. März 1908 RGBl. S. 85.

Bek. betr. Abrechnungsstellen im Scheckverkehre. Vom 19. März 1908 RGBl. S. 86.

Ergänzt durch Bek. a) v. 1. Juli 1908 RGBl. S. 467 (Reichsbank in Mannheim, Bank des Berliner Kassenvereins zu Berlin); b) v. 21. Jan. 1909 RGBl. S. 262 (Reichsbank in Karlsruhe); c) v. 4. Febr. 1909 RGBl. S. 274 (Preußische Zentralgenossenschaftskasse zu Berlin); d) v. 24. März 1909 RGBl. S. 334 (Reichsbank in Düsseldorf); e) v. 4. Dez. 1909 RGBl. S. 969 (Reichsbank in Essen); f) v. 9. Mai 1911 RGBl. S. 215 (Reichsbank in Halle); g) v. 12. Juni 1912 RGBl. S. 376 (Reichsbank in Straßburg); h) v. 27. Nov. 1912 RGBl. S. 560 (Reichsbank in Magdeburg).

(Wegen Erhebung von Scheckprotesten durch Postbeamte s. Nr. 156, wegen benachbarter Orte im Scheckverkehre s. Nr. 157.)

177 **G. über den Versicherungsvertrag. Vom 30. Mai 1908 RGBl. S. 263.**

Gutt. Samml. Nr. 88, Hager-Bruck.

§ 190 geändert: G. betr. die Aufhebung des Hilfskassengesetzes. Vom 20. Dez. 1911 § 10 RGBl. S. 988.

Einführungsgesetz zu dem G. über den Versicherungsvertrag. Vom 30. Mai 1908 RGBl. S. 305.

(Wegen beschränkter Geltung des G. über den Versicherungsvertrag s. G. betr. die Aufhebung des Hilfskassengesetzes. Vom 20. Dez. 1911 § 10 RGBl. S. 988, V. v. 13. Mai 1912 RGBl. S. 309.)

178 **G. über die Sicherung der Bauforderungen. Vom 1. Juni 1909 RGBl. S. 449.**

Gutt. Samml. Nr. 93, Harnier.

G. betr. die privatrechtlichen Verhältnisse der Binnenschiffahrt. Vom 15. Juni 1895. In der Fassung vom 20. Mai 1898 RGBl. S. 868. 179
Gutt. Samml. Nr. 36, Löwe.

G. betr. die privatrechtlichen Verhältnisse der Flößerei. Vom 15. Juni 1895 RGBl. S. 341. 180
Gutt. Samml. Nr. 36, Löwe.

(Wegen Beschränkungen des Grundeigentums in Umgebung von Festungen s. Nr. 496, wegen Beschlagnahme des Arbeits- und Dienstlohnes s. Nr. 205.)

II. Strafrecht.

Strafgesetzbuch für das Deutsche Reich. Vom 15. Mai 1871. In der Fassung v. 26. Febr. 1876 RGBl. S. 40. 181
Gutt. Samml. Nr. 2, Rüdorff.

Geändert durch a) G. betr. die Einführung der Konkursordnung. Vom 10. Febr. 1877 RGBl. S. 390; b) G. betr. den Wucher. Vom 24. Mai 1880 Art. 1 u. 2 RGBl. S. 109; c) G. v. 13. Mai 1891 RGBl. S. 107; d) G. v. 26. März 1893 RGBl. S. 133; e) G. betr. Ergänzung der Bestimmungen über den Wucher. Vom 19. Juni 1893 Art. I RGBl. S. 197; f) G. betr. den Verrat militärischer Geheimnisse. Vom 3. Juli 1893 § 11 RGBl. S. 207; g) G. v. 12. März 1894 Art. 2 RGBl. S. 261; h) Einführungsgesetz zum BGB. Vom 18. Aug. 1896 Art. 34 RGBl. S. 610; i) G. v. 27. Dez. 1899 RGBl. S. 729; k) G. v. 25. Juni 1900 RGBl. S. 301; l) G. betr. die Bestrafung der Majestätsbeleidigung. Vom 17. Febr. 1908 RGBl. S. 25; m) Maß- und Gewichtsordnung. Vom 30. Mai 1908

§ 23 RGBl. S. 355; n) G. v. 19. Juni 1912 RGBl. S. 395:

§ 34 Nr. 6 geändert
§ 55 ersetzt } 1896 S. 610.
§ 65 ersetzt
§ 69 ersetzt: 1893 S. 133.
§§ 89 u. 90 ersetzt: 1893 S. 207.
§§ 95, 97, 99, 101 geändert: 1908 S. 25.
§ 114 Abs. 2 geändert,
§ 123 ersetzt, § 136, § 137 geändert: 1912 S. 395.
§ 145a zugefügt: 1896 S. 610.
§ 171 Abs. 1 u. 3 geändert: 1896 S. 610.
§§ 180, 181 ersetzt
§ 181a zugefügt
§ 184 ersetzt } 1900 S. 301.
§§ 184a, 184b zugefügt
§ 195 ersetzt: 1896 S. 610.
§ 223a Abs. 2 zugefügt, § 235 ersetzt: 1912 S. 395.
§§ 237, 238 geändert: 1896 S. 610.
§ 239 Abs. 1 geändert, § 248a, § 264a zugefügt: 1912 S. 395.
§ 276 Abs. 2 zugefügt: 1891 S. 107.
§§ 281—283 aufgehoben: 1877 S. 390.
§ 288 Abs. 1 geändert: 1912 S. 395.
§ 302a zugefügt: 1893 S. 197.
§§ 302b, 302c zugefügt: 1880 S. 109.
§§ 302d, 302e zugefügt: 1893 S. 197.
§ 316 Abs. 1 geändert: 1899 S. 729.
§§ 317, 318 ersetzt: 1891 S. 107.
§ 318a zugefügt: 1891 S. 108.
§ 327 Abs. 1, § 328 Abs. 1 geändert, § 355 ersetzt: 1912 S. 395.
§ 360 Nr. 4 ersetzt: 1891 S. 108.
§ 360 Nr. 12 ersetzt: 1880 S. 110.
§ 361 Nr. 10 zugefügt: 1894 S. 261.

§ 361 letzter Abs. Zeile 2 von unten Zusatz: 1894 S. 261.

§ 362 ersetzt: 1900 S. 301.

§ 364 Abs. 2 zugefügt } 1891 S. 108.
§ 367 Nr. 5a zugefügt }

§ 367 Nr. 16 zugefügt: 1893 S. 198.

§ 369 Nr. 1 geändert: 1912 S. 395.

§ 369 Abs. 1 Nr. 2 u. Abs. 2 aufgehoben: 1908 S. 355.

§ 370 Nr. 5 ersetzt: 1912 S. 395.

Einführungsgesetz zum StGB. Vom 31. Mai 1870 BGBl. S. 195.

§ 2 Abs. 2 geändert: Vereinsgesetz. Vom 19. April 1908 § 23 RGBl. S. 156.

G. gegen den Verrat militärischer Geheimnisse. Vom 3. Juli 1893 RGBl. S. 205. 182

Gutt. Samml. Nr. 2, Rüdorff.

G. betr. die Bestrafung der Majestätsbeleidigung. Vom 17. Febr. 1908 RGBl. S. 25. 183

G. gegen den verbrecherischen und gemeingefährlichen Gebrauch von Sprengstoffen. Vom 9. Juni 1884 RGBl. S. 61. (Weiteres s. bei Nr. 343.) 184

Gutt. Samml. Nr. 2, Rüdorff.

G. betr. die Bestrafung des Sklavenraubes und des Sklavenhandels. Vom 28. Juli 1895 RGBl. S. 425. 185

G. betr. die Bestrafung der Entziehung elektrischer Arbeit. Vom 9. April 1900 RGBl. S. 228. 186

187 **G. gegen den unlauteren Wettbewerb. Vom 7. Juni 1909 RGBl. S. 499. (Weiteres s. bei Nr. 318.)**

Gutt. Samml. Nr. **37**, Stephan.

(Militärstrafgesetzbuch für das Deutsche Reich s. Nr. 469).

III. Gerichtsverfassung. Prozeßrecht. Freiwillige Gerichtsbarkeit.

(Militärgerichtsbarkeit s. Nr. 469 ff., Konsulargerichtsbarkeit Nr. 537, Prisengerichtsbarkeit Nr. 493.)

Gerichtsverfassung — Gutt. Samml. Nr **14**, Sydow-Busch u. Nr. **12**, Hellweg.

188 **Gerichtsverfassungsgesetz. Vom 27. Jan. 1877. In der Fassung v. 20. Mai 1898 RGBl. S. 371**[1]**).**

Geändert durch a) G. betr. das Flaggenrecht der Kauffahrteischiffe. Vom 22. Juni 1899 § 29 RGBl. S. 325, b) G. v. 20. März 1905 RGBl. S. 179, c) G. vom 5. Juni 1905 RGBl. S. 533, d) G. v. 1. Juni 1909 Art. 1 RGBl. S. 475, e) G. betr. die Zuständigkeit des Reichsgerichts. Vom 22. Mai 1910 RGBl. S. 767:

§ 23 Nr. 1 geändert: 1909 S. 475.
§§ 27, 28 ersetzt: 1905 S. 533.
§ 58 Abs. 2 zugefügt, § 71 geändert: 1909 S. 475.
§ 74 Nr. 2 aufgehoben: 1899 S. 325.
§ 75 ersetzt: 1905 S. 533.

---

1) Geschäftsordnung des Reichsgerichts: Bek. v. 8. April 1880 ZBl. S. 190.

§ 1 geändert, § 13 ersetzt, § 23 Abs. 2 u. 5 geändert, § 30 fällt fort, §§ 31 u. 32 werden §§ 30 u. 31: Bek. vom 25. Juli 1886 ZBl. S. 300.

§ 100a zugefügt, § 101 Eingang u. Nr. 3e geändert, Nr. 4 bis 6 zugefügt, § 105a zugefügt, § 108 geändert, § 108a zugefügt, § 109 Abs. 3 geändert: 1909 S. 475.

§ 113 Abs. 1 ersetzt: 1905 S. 179.

§ 130 Abs. 1 Satz 2 zugefügt, § 135 ersetzt: 1910 S. 767.

§ 202 Abs. 2 Nr. 4a am Schluß geändert, § 202 Abs. 2 Nr. 4b eingefügt, Abs. 3 ersetzt, § 204 Eingang geändert: 1909 S. 475.

Einführungsgesetz zum GVG. Vom 27. Jan. 1877 RGBl. S. 77.

§ 5 Zusatz: G. v. 17. Mai 1898 Art. II RGBl. S. 254.

§ 8 Abs. 1 geändert: G. betr. die Zuständigkeit des Reichsgerichts. Vom 22. Mai 1910 Art. II RGBl. S. 767.

§ 8 Abs. 1 Zusatz: G. über den Sitz des Reichsgerichts. Vom 11. April 1877 RGBl. S. 415.

§ 8 Abs. 2 Zusatz: G. betr. die bei einem obersten Landesgericht einzulegenden Revisionen in bürgerlichen Rechtsstreitigkeiten. Vom 20. Febr. 1911 RGBl. S. 59.

§ 9, § 10 ersetzt: G. v. 17. Mai 1898 Art. III RGBl. S. 254.

§ 12 aufgehoben: G. betr. die Geschäftssprache der gerichtlichen Behörden in Elsaß-Lothringen. Vom 12. Juni 1889 RGBl. S. 95.

G. betr. den **Sitz des Reichsgerichts**. Vom 11. April 1877 RGBl. S. 415. 189

V. betr. die Übertragung preußischer Rechtssachen auf das Reichsgericht. Vom 26. Sept. 1879 RGBl. S. 287. 190

Desgl. hessischer: V. v. 26. Sept. 1879 RGBl. S. 289.

Desgl. sachsen-weimarischer und sachsen-meiningischer: V. vom 26. Sept. 1879 RGBl. S. 291.

Desgl. anhaltischer: V. v. 26. Sept. 1879 RGBl. S. 292.

Desgl. schwarzburg-sondershausenscher: V. v. 26. Sept. 1879 RGBl. S. 293.

Desgl. schwarzburg-rudolstädtischer: V. v. 26. Sept. 1879 RGBl. S. 294.

Desgl. waldeckscher: V. v. 26. Sept. 1879 RGBl. S. 295.

Desgl. schaumburg-lippescher: V. v. 26. Sept. 1879 RGBl. S. 296.

Desgl. coburgischer: V. v. 30. Okt. 1907 RGBl. S. 741.

191 **V. betr. die Zuständigkeit des Reichsgerichts in Streitigkeiten über die Zulässigkeit des Rechtsweges in bremischen Sachen.** Vom 26. Sept. 1879 RGBl. S. 298.

192 **G. betr. die Gewährung der Rechtshilfe.** Vom 21. Juni 1869 BGBl. S. 305. (Vgl. GVG. §§ 157 bis 169 RGBl. v. 1898 S. 401.)

Gutt. Samml. Nr. **76**, Friedländer.

§§ 13 bis 18 aufgehoben: G. betr. die Einführung der KO. Vom 10. Febr. 1877 RGBl. S. 390.

(Verträge mit dem Auslande betr. gegenseitige Rechtshilfe s. Anm. nach Nr. 645.)

193 **G. betr. die unter Ausschluß der Öffentlichkeit stattfindenden Gerichtsverhandlungen.** Vom 5. April 1888 RGBl. S. 133 (Art. II u. III).

194 **G. betr. die Geschäftssprache der gerichtlichen Behörden in Elsaß-Lothringen.** Vom 12. Juni 1889 RGBl. S. 95.

Gewerbegerichtsgesetz. Vom 29. Juli 1890/30. Juni 1901. In der Fassung vom 29. Sept. 1901 RGBl. S. 353. 195

Gutt. Samml. Nr. **31**, Mugdan-Cuno.

§ 4 Abs. 1 Nr. 5 gestrichen: Einführungsgesetz zur RVO. Vom 19. Juli 1911 Art. 101 RGBl. S. 858.

G. betr. Kaufmannsgerichte. Vom 6. Juli 1904 RGBl. S. 266. Gutt. Samml. Nr. **74**, Apt. 196

§ 5 Nr. 5 gestrichen: Einführungsgesetz zur RVO. Vom 19. Juli 1911 Art. 101 RGBl. S. 858.

Rechtsanwaltsordnung — Gutt. Samml. Nr. **16**, Sydow-Jacobsohn.

Rechtsanwaltsordnung. Vom 1. Juli 1878 RGBl. S. 177. 197

§ 32a, § 41a zugefügt, § 90 ersetzt: G. v. 22. Mai 1910 RGBl. S. 772.

§ 114 Zusatz: Einführungsgesetz zu dem G. betr. Änderungen der ZPO. Vom 17. Mai 1898 Art. X RGBl. S. 341.

Zivilprozeß — Gutt. Samml. Nr. **11**, Sydow-Busch u. Nr. **45**, Koll.

Zivilprozeßordnung. Vom 30. Jan. 1877. In der Fassung v. 20. Mai 1898 RGBl. S. 410[1][2]). 198

Geändert durch a) G. v. 5. Juni 1905 RGBl. S. 536, b) G. v. 1. Juni 1909 Art. II RGBl. S. 477 (Über-

---

1) Bestimmungen betr. die Feststellung des Begriffs „Militärbehörde" im Sinne der bezüglichen Vorschriften der ZPO. und der StPO. ZBl. v. 1880 S. 480.

2) Nachweisung der zur Vertretung des Militärfiskus bei Pfändung des Diensteinkommens von

gangsvorschrift in Art. IX des Gesetzes RGBl. S. 498), c) G. betr. die Zuständigkeit des Reichsgerichts. Vom 22. Mai 1910 Art. III u. V RGBl. S. 768 u. 770:

§ 36 Zusatz: 1910 S. 770.

§ 91 Abs. 1 u. 2 geändert: 1909 S. 477.

§ 97 Abs. 3 geändert: 1910 S. 768.

§§ 103 bis 106 ersetzt, § 107 Abs. 1 Satz 2, Abs. 2 Satz 1 geändert, Abs. 3 ersetzt, § 141 Abs. 2 zugefügt, § 157 ersetzt, § 179 gestrichen, § 210a zugefügt, § 218 ersetzt: 1909 S. 477.

§ 233 Abs. 1 geändert: 1910 S. 768.

§ 235 Abs. 2 gestrichen, Abs. 3 ersetzt, § 236 Abs. 1 u. 2 ersetzt, § 238 Abs. 4 zugefügt, § 296 Abs. 2 Zusatz, § 297 Abs. 4 zwischengeschoben, § 313 Abs. 3, § 316 Abs. 3, § 317 Abs. 4 zugefügt, § 340 ersetzt, § 310a zugefügt, § 391 Abs. 1, § 392, § 393 Abs. 1 Nr. 4 ersetzt, § 393 Abs. 2 geändert, § 408 Abs. 3 zugefügt, § 410 Abs. 1, § 481 ersetzt, § 482 Abs. 1 u. 2 gestrichen, zweites Buch zweiter Abschnitt §§ 495 bis 510 ersetzt, §§ 510a, 510b, 510c zugefügt, § 516 Abs. 2 geändert, § 518, § 520 ersetzt, § 544 Abs. 1 geändert: 1909 S. 477.

§ 545 Abs. 2 zugefügt: 1910 S. 768.

Militärpersonen berufenen Militärbehörden usw. im Geschäftsbereiche der Kgl. Preußischen Militärverwaltung. ZBl. v. 1906 S. 1083.

Desgl. im Geschäftsbereiche der Kgl. Bayerischen Militärverwaltung. ZBl. v. 1906 S. 1242.

Desgl. im Geschäftsbereiche der Kgl. Sächsischen Militärverwaltung. ZBl. v. 1906 S. 1245.

Desgl. im Geschäftsbereiche der Kgl. Württembergischen Militärverwaltung. ZBl. v. 1906 S. 1247.

Vertretung des Reichsmarinefiskus und des Fiskus des Schutzgebiets Kiautschou bei der Pfändung von Diensteinkommen usw. ZBl. v. 1907 S. 368.

§ 546 Abs. 1, § 547 Ziff. 1 geändert: 1910 S. 768 (1905 S. 536).

§ 548 geändert: 1910 S. 768.

§ 549 Abs. 2 zugefügt, § 552 Abs. 2, §§ 553 bis 556 ersetzt, wobei §§ 553a u. 554a zugefügt: 1905 S. 536.

§ 554 Abs. 2 Satz 2 Halbsatz 2 u. Abs. 3 ersetzt, Schlußabsatz zugefügt: 1910 S. 768.

§ 559 ersetzt: 1905 S. 536.

§ 561 ersetzt: 1910 S. 768.

§ 566 geändert: 1905 S. 536.

§ 567 Abs. 2 ersetzt: 1905 S. 536.
Geändert: 1910 S. 768.

§ 568 Abs. 3 u. 4 ersetzt: 1905 S. 536.
Abs. 4 gestrichen: 1910 S. 768.

§ 569 Abs. 2 ersetzt: 1905 S. 536.
Abs. 2 Satz 2 Halbsatz 2 gestrichen: 1910 S. 768.

§ 576 Abs. 3 ersetzt: 1910 S. 768.

§ 577 Abs. 3 ersetzt, § 584 Abs. 2 geändert, § 604 Abs. 2 Satz 1 u. Abs. 3 ersetzt, § 609 Abs. 1, § 610 Abs. 2 Satz 1 geändert: 1909 S. 477.

§ 650 Abs. 3 Zusatz: 1910 S. 770.

§ 689 Abs. 2, § 691 Abs. 2 ersetzt, § 692 geändert, §§ 693, 696, 697 ersetzt, § 698 Abs. 2 gestrichen, § 699 Abs. 1 geändert u. Zusätze, § 699 Abs. 2 ersetzt, § 700 ersetzt, § 706 Abs. 2 geändert, Abs. 3 gestrichen: 1909 S. 477.

§ 708 Nr. 3 ersetzt: 1905 S. 536.

§ 708 Nr. 7 zugefügt, § 711 gestrichen, § 712 Abs. 2 zugefügt, § 713 Abs. 1 Zusatz, § 717 Abs. 3 zugefügt, § 719 geändert u. Abs. 2 eingefügt: 1910 S. 768.

§ 759 geändert, § 788 Abs. 1 Satz 2, § 794 Nr. 2a zugefügt, § 795 geändert, § 795a zugefügt, § 796

Abs. 3 Satz 1, § 797 Abs. 1 geändert, § 798, § 866 Abs. 3 ersetzt, § 888a zugefügt, § 900 Abs. 1, § 915 Abs. 2 u. 3 ersetzt, § 924 Abs. 2 Satz 2 zugefügt, § 929 Abs. 2 geändert: 1909 S. 477.

G. betr. die Einführung der ZPO. Vom 30. Jan. 1877 RGBl. S. 244.

§ 5 Abs. 2 zugefügt: G. v. 17. Mai 1898 Art. II RGBl. S. 332.

§ 7 Abs. 5 gestrichen: G. betr. die Zuständigkeit des Reichsgerichts. Vom 22. Mai 1910 Art. IV RGBl. S. 770.

§ 7 Abs. zugefügt: G. betr. die bei einem obersten Landesgericht einzulegenden Revisionen in bürgerlichen Rechtsstreitigkeiten. Vom 20. Febr. 1911 RGBl. S. 59.

§ 11, § 15 Abs. 1 Nr. 2 bis 5 ersetzt, § 15 Abs. 2 gestrichen, § 16 ersetzt, § 24 zugefügt: G. v. 17. Mai 1898 Art. II RGBl. S. 332.

Einführungsgesetz zu dem G. betr. Änderungen der ZPO. Vom 17. Mai 1898 RGBl. S. 332 (Art. I, VIII bis X).

199 **Bek. betr. den Gerichtsstand für Deutsche, die keinem Bundesstaat angehören.** Vom 21. April 1906 RGBl. S. 463.

200 **Bek. betr. den Gerichtsstand für die Reichsbehörden in Berlin und Charlottenburg.** Vom 21. April 1906 RGBl. S. 464.

(Wegen Befreiung von Ausländern von der Verpflichtung zur Sicherheitsleistung für die Prozeßkosten usw. und wegen Zulassung von Ausländern zum Armenrecht siehe Nr. 646 ff.).

Bek. betr. die Orte, die im Sinne der §§ 499, 604 der ZPO. als Ein Ort anzusehen sind. Vom 11. März 1910 RGBl. S. 474. 201

(Berichtigung der Nr. 140: RGBl. v. 1910 S. 602.)

V. betr. die Begründung der Revision in bürgerlichen Rechtsstreitigkeiten. Vom 28. Sept. 1879 RGBl. S. 299. (Notiz: § 3 vom Reichstag nicht genehmigt, Bek. v. 11. April 1880 RGBl. S. 102.) 202

Berichtigung: § 8 Ziff. 2 Zeile 2 u. 3 (30. Dez.) RGBl. v. 1880 S. 98.

Außerdem wird Revision begründet gemäß

G. betr. die Begründung der Revision in bürgerlichen Rechtsstreitigkeiten. Vom 15. März 1881 RGBl. S. 38.

Desgl. G. v. 24. Juni 1886 RGBl. S. 207.

Desgl. G. v. 30. März 1893 RGBl. S. 139.

G. betr. die Aufhebung der Schuldhaft. Vom 29. Mai 1868 BGBl. S. 237. 203

§ 2 aufgehoben: G. zur Einführung der ZPO. Vom 30. Jan. 1877 § 13 RGBl. S. 246.

G. betr. die Unzulässigkeit der Pfändung von Eisenbahnfahrbetriebsmitteln. Vom 3. Mai 1886 RGBl. S. 131. 204

Erklärung betr. die Unzulässigkeit der Pfändung von (österreichisch-ungarischen) Eisenbahnfahrbetriebsmitteln. Vom 17. März 1887 RGBl. S. 153.

G. betr. die Beschlagnahme des Arbeits- oder Dienstlohnes. Vom 21. Juni 1869 BGBl. S. 242. 205

Gutt. Samml. Nr. 55, Meyer.

Zu § 1: Hausarbeitgesetz. Vom 20. Dez. 1911 § 27 RGBl. S. 983.

§ 4 Nr. 3 neue Fassung: G. v. 29. März 1897 RGBl. S. 159.

§ 4 Nr. 4 geändert (1500 M.): Einführungsgesetz zu dem G. betr. Änderungen der ZPO. Vom 17. Mai 1898 Art. III RGBl. S. 333.

§ 4a zugefügt: G. v. 29. März 1897 RGBl. S. 159.

206 **G. über die Zwangsversteigerung und die Zwangsverwaltung. Vom 24. März 1897. In der Fassung v. 20. Mai 1898 RGBl. S. 713.**

Gutt. Samml. Nr. 43, Krech-Fischer.

§ 2 Zusatz: G. betr. die Zuständigkeit des Reichsgerichts. Vom 22. Mai 1910 Art. V RGBl. S. 770.

Einführungsgesetz dazu. Vom 24. März 1897. In der Fassung v. 20. Mai 1898 RGBl. S. 750.

207 **Bek. betr. die Zuständigkeit für Todeserklärungen (§ 961 der ZPO.). Vom 8. März 1900 RGBl. S. 128.**

Konkursordnung — Gutt. Samml. Nr. 13, Sydow-Busch.

208 **Konkursordnung. Vom 10. Febr. 1877. In der Fassung v. 20. Mai 1898 RGBl. S. 612[1]).**

G. betr. die Einführung der KO. Vom 10. Febr. 1877 RGBl. S. 390.

§ 3 Abs. 4 aufgehoben: G. betr. die Erwerbs- und Wirtschaftsgenossenschaften. Vom 1. Mai 1889 § 153 RGBl. S. 90.

---

1) Bestimmungen über die Konkursstatistik: Bek. vom 7. Nov. 1912 ZBl. S. 821.

§ 5 Nr. 2 aufgehoben, § 6 ersetzt, § 7 Abs. 2 zugefügt, §§ 14 bis 16 aufgehoben: G. v. 17. Mai 1898 Art. II RGBl. S. 249.

§ 17 ersetzt: Hypothekenbankgesetz. Vom 13. Juli 1899 § 43 RGBl. S. 388.

Einführungsgesetz zu dem G. betr. Änderungen der KO. Vom 17. Mai 1898 RGBl. S. 248 (Art. I, III bis VI, VIII, IX).

Freiwillige Gerichtsbarkeit.

G. über die Angelegenheiten der freiwilligen Gerichtsbarkeit. Vom 17. Mai 1898. In der Fassung v. 20. Mai 1898 RGBl. S. 771[1]). 209

Gutt. Samml. Nr. **46**, Jastrow, Nr. **47**, Schultzenstein-Köhne u. Nr. **80**, Lindemann.

§ 3 Abs. 2 zugefügt: G. v. 5. März 1906 RGBl. S. 387.

§ 5 Abs. 1 Satz 1, § 46 Abs. 2 Satz 1 ersetzt und Zusatz: G. betr. die Zuständigkeit des Reichsgerichts. Vom 22. Mai 1910 Art. VI u. VII RGBl. S. 770.

G. betr. die Beglaubigung öffentlicher Urkunden. Vom 1. Mai 1878 RGBl. S. 89. (Siehe dazu Nr. 650, 651). 210

Grundbuchordnung. Vom 24. März 1897. In der Fassung v. 20. Mai 1898 RGBl. S. 754. 211

Gutt. Samml. Nr. **42**, Fischer.

§ 55 Satz 1 ersetzt: G. v. 14. Juli 1905 RGBl. S. 707.

(Über Beurkundung des Personenstandes und die Eheschließung s. Nr. 94).

---

1) Bestimmungen über das Vereinsregister und das Güterrechtsregister. Vom 3. Nov. 1898 ZBl. S. 438.

Strafprozeß — Gutt. Samml. Nr. **12**, Hellweg.

212 **Strafprozeßordnung.** Vom 1. Febr. 1877 RGBl. S. 253[1–4]).

§ 7 ersetzt: G. v. 13. Juni 1902 RGBl. S. 227.

§ 11 Abs. 1 Satz 2 u. 3 ersetzt: Einführungsgesetz zum BGB. Vom 18. Aug. 1896 Art. 35 RGBl. S. 611.

---

1) Grundsätze, welche bei dem Vollzuge gerichtlich erkannter Freiheitsstrafen bis zu weiterer gemeinsamer Regelung zur Anwendung kommen: Bek. v. 6. Nov. 1897 ZBl. S. 308.

2) Grundsätze in bezug auf die Vollstreckung von Gesamtstrafen bei Festsetzung der Einzelstrafen von Gerichten verschiedener Bundesstaaten: Bek. v. 24. Juni 1885 ZBl. S. 270.

3) Vorschriften betr. die Vollziehung der Ausweisung von Ausländern aus dem Reichsgebiet auf Grund der §§ 39, 284 u. 362 des StGB. Vom 10. Dez. 1890 ZBl. S. 378.

Verzeichnis der Reichsgrenzstationen, nach denen die Transporte ausgewiesener Ausländer zu leiten sind, mit Angabe der für diese Stationen zuständigen Grenzpolizeibehörden: Bek. v. 17. Juli 1899 ZBl. S. 265.

V Nr. 26a, 36a, 36b zugefügt: Bek. v. 13. Mai 1908 ZBl. S. 194.

VI Nr. 10 zugefügt: Bek. v. 13. Juni 1911 ZBl. S. 387.

VII ersetzt: Bek. v. 25. Nov. 1906 ZBl. S. 1322.

Nr. 5 zugefügt: Bek. v. 13. Juni 1911 ZBl. S. 387.

IX Nr. 3 ersetzt: Bek. v. 13. Juni 1911 ZBl. S. 387.

4) V. betr. die Einrichtung von Strafregistern und die wechselseitige Mitteilung der Strafurteile. Vom 16. Juni 1882 ZBl. S. 309.

§ 15 Abs. 2 bis 5 zugefügt, § 16 ersetzt, §§ 17a u. 18a

§ 71 Abs. 1 Zusatz: G. v. 17. Mai 1898 Art. II RGBl. S. 254.

§ 149 Abs. 2 ersetzt: Einführungsgesetz zum BGB. Vom 18. Aug. 1896 Art. 35 RGBl. S. 611.

Einführungsgesetz zur StPO. Vom 1. Febr. 1877 RGBl. S. 346.

§ 4 Zusatz: G. v. 17. Mai 1898 Art. II RGBl. S. 254.

§ 6 Abs. 2 Nr. 2 aufgehoben: Vereinsgesetz. Vom 19. April 1908 § 23 RGBl. S. 156.

G. betr. die Entschädigung der im Wiederaufnahmeverfahren freigesprochenen Personen. Vom 20. Mai 1898 RGBl. S. 345. 213

Gutt. Samml. Nr. 78, Romen.

G. betr. die Entschädigung für unschuldig erlittene Untersuchungshaft. Vom 14. Juli 1904 RGBl. S. 321. 214 Gutt. Samml. Nr. 78, Romen.

(Wegen Anwendung des Gesetzes auf Ausländer s. Nr. 653).

G. über den Beistand bei — Vollstreckung von Vermögensstrafen. Vom 9. Juni 1895 RGBl. S. 256. 215

---

zugefügt, Formulare A bis C ersetzt: Bek. v. 6. Aug. 1896 ZBl. S. 426.

Nachweisung der Strafregisterbehörden: ZBl. v. 1882 S. 447.

Bestellung der Staatsanwaltschaft bei dem Landgericht I in Berlin als Strafregisterbehörde: Bek. v. 2. Juni 1906 ZBl. S. 586.

Errichtung einer neuen Strafregisterbehörde in München: Bek. v. 2. Sept. 1905 ZBl. 228.

Fürstentum Lippe ersetzt: ZBl. v. 1883 S. 244.

Gebührenordnungen — Gutt. Samml. Nr. 15, Sydow-Busch.

216 **Gerichtskostengesetz. Vom 18. Juni 1878. In der Fassung v. 20. Mai 1898 RGBl. S. 659**[1][2]).

§ 22a zugefügt, § 30 ersetzt, § 38 Nr. 1, § 39 Abs. 3, § 41 geändert, § 47 Abs. 1 Nr. 5a zugefügt, § 47 Abs. 1 Nr. 16 u. Abs. 2 geändert: G. v. 1. Juni 1909 Art. III RGBl. S. 493 (Übergangsvorschrift in Art. X des Gesetzes RGBl. S. 498).

§ 49 Abs. 1 ersetzt: G. betr. die Zuständigkeit des Reichsgerichts. Vom 22. Mai 1910 Art. VIII RGBl. S. 771.

§ 79 Nr. 1 u. 2 ersetzt, § 79 Abs. 2 zugefügt, §§ 80, 80a, 80b, § 86 Abs. 2, § 97 Abs. 1 ersetzt, § 97a zugefügt: G. v. 1. Juni 1909 Art. III RGBl. S. 493.

V. betr. die Gebührenfreiheit in dem Verfahren vor dem Reichsgericht. Vom 24. Dez. 1883 RGBl. v. 1884 S. 1.

Siehe auch G. betr. Änderungen des GVG. und der StPO. Vom 17. Mai 1898 RGBl. S. 252, Art. IV[3]).

---

1) Anweisung betr. den zum Zwecke der Einziehung von Gerichtskosten unter den Bundesstaaten zu leistenden Beistand: Bundesratsbeschl. v. 23. April 1880 ZBl. S. 278, wieder abgedruckt ZBl. v. 1912 S. 376.

Verzeichnis derjenigen Behörden (Kassen), an welche ein Ersuchen um Einziehung von Gerichtskosten zu richten ist: ZBl. v. 1912 S. 311.

2) Dienstweisung betr. die Einziehung und Verrechnung der für die Geschäfte des Reichsgerichts in Ansatz kommenden Kosten. Bek. v. 8. Juli 1879 ZBl. S. 473.

§ 1 Abs. 2 eingeschaltet, § 2 Abs. 2 geändert, Abs. 6 eingeschaltet: Bek. v. 14. Juli 1887 ZBl. S. 309.

3) Vorschriften über die Vereinnahmung und Verrechnung der gemäß Art. IV des G. betr. Änderungen des GVG. und der StPO. v. 17. Mai 1898 in die Reichskasse fließenden Kosten. Bek. v. 11. Dez. 1899 ZBl. S. 423.

Gebührenordnung für Gerichtsvollzieher. Vom 24. Juni 1878. In der Fassung v. 20. Mai 1898 RGBl. S. 683. 217

Gebührenordnung für Zeugen und Sachverständige. Vom 30. Juni 1878. In der Fassung vom 20. Mai 1898 RGBl. S. 689. 218

Gebührenordnung für Rechtsanwälte. Vom 7. Juli 1879. In der Fassung v. 20. Mai 1898 RGBl. S. 692. 219

Gutt. Samml. Nr. 17, Sydow-Busch.

§ 18 gestrichen, § 19 ersetzt, §§ 20, 23, 24, 26 geändert, § 27 Abs. 1, § 28 ersetzt, § 29 Abs. 2 Nr. 4, § 30 Abs. 1 Nr. 2 u. Abs. 3, § 37 Abs. 1 u. 3 geändert, § 38 ersetzt, § 41 Abs. 1 geändert: G. v. 1. Juni 1909 Art. IV RGBl. S. 495 (Übergangsvorschrift in Art. X des Gesetzes RGBl. S. 498).

§ 52 ersetzt: G. betr. die Zuständigkeit des Reichsgerichts. Vom 22. Mai 1910 Art. IX RGBl. S. 771.

§ 76 ersetzt: G. v. 1. Juni 1909 Art. IV RGBl. S. 495.

D. Innere Verwaltung.

I. Kulturpflege.

Bekämpfung der Unsittlichkeit.

[1] [2] 219a

1) Bek. über die Bestellung einer deutschen Zentralstelle zur Bekämpfung des internationalen Mädchenhandels. Vom 15. Juli 1905 ZBl. S. 185.

2) Bek. über die Bestellung einer deutschen Zentralstelle zur Bekämpfung der Verbreitung unzüchtiger Veröffentlichungen. Vom 12. Sept. 1911 ZBl. S. 507.

Schul- und Unterrichtswesen.

219b [1] [2])

Kunst und Wissenschaft.

220 **G. betr. die Errichtung eines Seminars für orientalische Sprachen. Vom 23. Mai 1887 RGBl. S. 193.**

II. Gesundheitswesen.

Gutt. Samml. Nr. 27, Goesch-Karsten.

(Verträge mit dem Auslande betr. Gesundheitswesen siehe Nr. 673f.)

Medizinalpersonen.

221 **Bek. betr. die Prüfung der Ärzte, Zahnärzte und Apotheker: [3–6]).**

---

1) Bek. betr. Einführung einer einheitlichen Rechtschreibung. Vom 23. Dez. 1902 ZBl. S. 432.

2) Vereinbarung der Bundesregierungen über die gegenseitige Anerkennung der Reifezeugnisse. Bek. vom 22. Okt. 1909 ZBl. S. 1354.

3) Bek. betr. die Prüfungsordnung für Ärzte. Vom 28. Mai 1901 ZBl. S. 136.

§§ 6, 7, 23 ersetzt: Bek. v. 12. Febr. 1907 ZBl. S. 35.

§ 7 Abs. 3 Ziff. 1 geändert: Bek. v. 30. März 1908 ZBl. S. 135.

§ 68 Zusatz: Bek. v. 2. Febr. 1909 ZBl. S. 32.

Bildung einer Kommission für die ärztliche Vorprüfung bei der Universität zu Münster: ZBl. v. 1906 S. 582.

4) Verzeichnis der zur Annahme von Praktikanten ermächtigten Krankenhäuser und medizinisch-wissenschaftlichen Institute. Bek. v. 15. Nov. 1912 ZBl. S. 837.

5) Bek. betr. die Prüfungsordnung für Zahnärzte. Vom 15. März 1909 ZBl. S. 85.

Ansehung der Medizinisch-propädeutischen Abteilung bei der

Bek. betr. die Entbindung von den im § 29 der Gewerbeordnung vorgeschriebenen ärztlichen Prüfungen. Vom 9. Dez. 1869 BGBl. S. 687. 222

Arzneimittel.

Bek. betr. die Pharmacopoea Germanica. Vom 1. Juni 1872 RGBl. S. 172. 223

Wegen des zurzeit geltenden Arzneibuches:[1]).

V. betr. den Verkehr mit Arzneimitteln. Vom 22. Okt. 1901 RGBl. S. 380. Gutt. Samml. Nr. 48, Broh u. Nr. 64, Sonnenfeld. 224

§ 4 aufgehoben, Verzeichnis B ergänzt: V. v. 31. März 1911 RGBl. S. 181.

[2])

Gesundheitspolizei.

Impfgesetz. Vom 8. April 1874 RGBl. S. 31. 225

G. betr. die Bekämpfung gemeingefährlicher Krankheiten. Vom 30. Juni 1900 RGBl. S. 306. Gutt. Samml. Nr. 56, Burkhardt. 225a

---

Universität zu Münster als Medizinische Fakultät im Sinne des § 3 der Prüfungsordnung für Zahnärzte: ZBl. v. 1909 S. 172.

6) Bek. betr. die Prüfungsordnung für Apotheker. Vom 18. Mai 1904 ZBl. S. 150.

§ 38 Abs. 1 ersetzt: Bek. v. 7. Dez. 1910 ZBl. S. 672.

1) Bek. betr. das Deutsche Arzneibuch (5. Ausgabe). Vom 6. Nov. 1910 ZBl. S. 644.

2) Bek. betr. die Einführung einer einheitlichen Deutschen Arzneitaxe. Vom 23. Febr. 1905 ZBl. S. 40.

Erscheinen der Deutschen Arzneitaxe 1912: ZBl. v. 1911 S. 742.

Zum G. v. 30. Juni 1900 erlassene Vorschriften.

Zu § 5 Abs. 2:

226 Bek. betr. die Anzeigepflicht bei Erkrankungen und Todesfällen an Milzbrand. Vom 28. Sept. 1909 RGBl. S. 933.

Zu § 22:

227 Bek. betr. Bestimmungen zur Ausführung des Gesetzes über die Bekämpfung gemeingefährlicher Krankheiten. Vom 6. Okt. 1900 RGBl. S. 849. (Bekämpfung der Pest.)

Anlage 1 (Desinfektionsanweisung) ersetzt: Bek. v. 11. April 1907 RGBl. S. 95.

228 Bek. desgl. Vom 21. Febr. 1904 RGBl. S. 67 (Bekämpfung der Cholera S. 68, der Pocken S. 92, des Fleckfiebers [Flecktyphus] S. 111, des Aussatzes [Lepra] S. 127).

I (Bekämpfung der Cholera) Nr. 2 Abs. 1 u. 2 ersetzt: Bek. v. 5. April 1907 RGBl. S. 91.

I Anlage 2, II Anl. 1, III Anl. 1, IV Anl. (sämtliche Desinfektionsanweisungen) ersetzt: Bek. v. 11. April 1907 RGBl. S. 95.

229 Bek. betr. Desinfektionsanweisungen für gemeingefährliche Krankheiten. Vom 11. April 1907 RGBl. S. 95.

230 Bek. betr. Vorschriften über die gesundheitliche Behandlung der Seeschiffe in den deutschen Häfen nebst Desinfektionsanweisung. Vom 29. Aug. 1907 RGBl. S. 563.

Zu §§ 24, 25:

231 Bek. betr. die Ein- und Durchfuhrbeschränkungen zur Abwehr von Cholera- und Pestgefahr. Vom 4. Juli 1900 RGBl. S. 555.

V. betr. Beschränkungen der Einfuhr aus Asien. Vom 8. Febr. 1897 RGBl. S. 15.

§§ 1 u. 2 ersetzt: V. v. 6. Sept. 1897 RGBl. S. 725.

V. betr. Beschränkungen der Einfuhr aus Ägypten. Vom 13. Juli 1899 RGBl. S. 369.

V. betr. Beschränkungen der Einfuhr (aus Südamerika) wegen Pestgefahr. Vom 18. Dez. 1899 RGBl. S. 703.

Bek. betr. Beschränkungen der Ein- und Durchfuhr aus der europäischen Türkei einschließlich aller türkischen Häfen des Ägäischen und Schwarzen Meeres. Vom 24. August 1901 RGBl. S. 281.

Bek. betr. Beschränkungen der Ein- und Durchfuhr aus China. Vom 18. Febr. 1911 RGBl. S. 57.

Bek. dazu. Vom 2. April 1912 RGBl. S. 257.

Zu § 27:

Bek. betr. Vorschriften über das Arbeiten und den Verkehr mit Krankheitserregern, ausgenommen Pesterregern. Vom 4. Mai 1904 RGBl. S. 159. 232

Zu § 39 Abs. 3:

Bek. betr. die wechselseitige Benachrichtigung der Militär- und Polizeibehörden über das Auftreten übertragbarer Krankheiten. Vom 28. Febr. 1911 RGBl. S. 63. 233

G. betr. die Schlachtvieh- und Fleischbeschau. Vom 3. Juni 1900 RGBl. S. 547[1-4]). 234

Gutt. Samml. Nr. 68, Lebbin, Baum.

---

1) Vorschriften betr. die Ausführung des Schlachtvieh- und Fleischbeschaugesetzes vom 3. Juni 1900. ZBl. v. 1908 S. 497, Beilage zu Nr. 52. (Siehe dazu die

Im ganzen Umfange in Kraft gesetzt durch V. v. 7. Juli 1902 RGBl. S. 241.

Bekanntmachungen vom 30. Mai 1902 betr. die Ausführung des Schlachtvieh- und Fleischbeschaugesetzes und betr. die Einlaß- und Untersuchungsstellen für das in das Zollinland eingehende Fleisch: Beilage zu Nr. 22 des ZBl. v. 1902 S. 1*.)

Ausführungsbestimmungen A, § 37 III Nr. 4 b, § 40 Nr. 2 Abs. 2 geändert: Bek. v. 21. Juni 1912 ZBl. S. 546.

Ausführungsbestimmungen D

§ 3 Abs. 4 Unterabs. 3, § 5 Nr. 2 geändert: Bek. v. 21. Juni 1912 ZBl. S. 546.

§ 18 Abs. 1 Ziff. I C c ersetzt: Bek. v. 31. Okt. 1912 ZBl. S. 808.

§ 18 Abs. 1 Ziff. II A geändert, Ziff. II B f ersetzt, Anlage a § 2 Nr. 4 geändert: Bek. v. 21. Juni 1912 ZBl. S. 546.

Anlage F (Verzeichnis der Einlaß- und Untersuchungsstellen für das in das Zollinland eingehende Fleisch) ergänzt und geändert durch Bekanntmachungen vom 5. Nov. 1909 ZBl. S. 1386, 28. Juni 1910 ZBl. S. 280, 17. Okt. 1910 ZBl. S. 541, 19. Okt. 1911 ZBl. S. 569, 21. Juni 1912 ZBl. S. 547, 12. Okt. 1912 ZBl. S. 794.

2) Bek. betr. die Kennzeichnung des untersuchten ausländischen Fleisches. Vom 10. Febr. 1903 ZBl. 46.

Anlage, Verzeichnis der Untersuchungsstellen für ausländisches Fleisch, ersetzt: Beilage zu Nr. 52 des ZBl. von 1908 S. 111*.

Ergänzt: Bek. v. 19. Okt. 1911 ZBl. S. 569, v. 12. Okt. 1912 ZBl. S. 794.

3) Bek. betr. die Gebührenordnung für die Untersuchung des in das Zollinland eingehenden Fleisches. Vom 12. Juli 1902 ZBl. S. 238.

§ 2 Abs. 1 ersetzt, § 4 Abs. 1 Nr. 1, § 5 Abs. 1 Satz 1 geändert: Bek. v. 24. Jan. 1907 ZBl. S. 15.

§ 6 Abs. 1 u. 2 ersetzt, Abs. 3 zugefügt, § 8 Abs. 1 geändert: Bek. v. 4. Juli 1908 ZBl. S. 255.

4) Bestimmungen über die Fleischbeschau- und Schlachtungsstatistik. Bek. v. 19. Aug. 1908 ZBl S. 385.

Bek. betr. das G. über die Schlachtvieh- und Fleischbeschau vom 3. Juni 1900. Vom 10. Juli 1902 RGBl. S. 242.
Nr. 2a zugefügt: Bek. v. 4. Juli 1908 RGBl. S. 471.
Nr. 3 ersetzt: Bek. v. 14. Juni 1906 RGBl. S. 737.
Nr. 4 geändert: Bek. v. 21. Juni 1912 RGBl. S. 403.

Bek. betr. gesundheitsschädliche und täuschende Zusätze zu Fleisch und dessen Zubereitungen. Vom 18. Febr. 1902 RGBl. S. 48. 235
Abs. 1 geändert, Abs. 2 ersetzt: Bek. v. 4. Juli 1908 RGBl. S. 470.

V. betr. das Verbot der Einfuhr von Schweinen, Schweinefleisch und Würsten amerikanischen Ursprungs. Vom 6. März 1883 RGBl. S. 31. 236
Geändert (lebende Schweine und untersuchtes Fleisch usw. zugelassen): V. v. 3. Sept. 1891 RGBl. S. 385.

(Weitere Vorschriften über Nahrungsmittel s. 332 ff.)

(Schutz des Roten Kreuzes s. Nr. 320.)

[1])

III. Volkswirtschaftswesen.

1. Geldwesen, Maß und Gewicht, einheitliche Zeitbestimmung.

Reichswährung — Gutt. Samml. Nr. 26, Koch.

Münzgesetz. Vom 1. Juni 1909 RGBl. S. 507. 237
Bek. betr. die Ausführungsbestimmungen zu den bisherigen Münzgesetzen. Vom 9. Juni 1909 RGBl. S. 512[2–5]).

---

1) Bek. betr. die Veranstaltung einer fortlaufenden Statistik der Taubstummen. Vom 23. Dez. 1901 ZBl. S. 434.

2) Amtliche abgekürzte Schreibweise von „Mark": Bundesratsbeschl. v. 21. Nov. 1907 ZBl. S. 595.

238 **E. betr. die einheitliche Benennung der Reichsgoldmünzen. Vom 17. Febr. 1875 RGBl. S. 72.**

239 **Bek. betr. den Erlaß münzpolizeilicher Vorschriften. Vom 23. Juni 1910 RGBl. S. 909.**

Ausländische Münzen — Gutt. Samml. Nr. 26, Koch).

240 **Bek. betr. das Verbot des Umlaufs fremder Scheidemünzen. Vom 16. April 1888 RGBl. S. 149.**

241 **Bek. betr. die Gestattung des Umlaufs der Scheidemünzen**

der Frankenwährung

innerhalb bayerischer Grenzbezirke. Vom 7. Juli 1888 RGBl. S. 218.

innerhalb des württembergischen Grenzbezirks. Vom 26. Febr. 1889 RGBl. S. 38 und vom 19. Dez. 1895 RGBl. S. 463.

innerhalb badischer Grenzbezirke. Vom 16. April 1888 RGBl. S. 149.

Zusatz: Bek. v. 24. Jan. 1893 RGBl. S. 6.

---

3) Bek. betr. die Ausprägung von Reichsgoldmünzen auf den deutschen Münzstätten für Rechnung von Privatpersonen. Vom 8. Juni 1875 ZBl. S. 348.

4) Bek. betr. die Umwechselung von Reichsgoldmünzen gegen Reichs-Silber-, Nickel- und Kupfermünzen. Vom 19. Dez. 1875 ZBl. S. 802.

5) Bestimmungen über die Behandlung der bei Reichs- und Landeskassen eingehenden nachgemachten, verfälschten oder nicht mehr umlaufsfähigen Reichsmünzen. Bek. vom 9. Mai 1876 ZBl. S. 260.

Behandlung gewaltsam beschädigter, aber vollwichtig gebliebener echter Reichsmünzen: Bundesratsbeschl. v. 13. Dez. 1877 ZBl. v. 1878 S. 29.

luxemburgischen Gepräges innerhalb deutscher Grenzbezirke. Vom 23. Jan. 1902 RGBl. S. 37.
niederländischen Gepräges innerhalb preußischer Grenzbezirke. Vom 19. März 1903 RGBl. S. 58.
österreichischer Währung
innerhalb preußischer Grenzbezirke. Vom 26. Febr. 1889 RGBl. S. 37.
auf preußischen Eisenbahnstationen. Vom 28. Juni 1906 RGBl. S. 852.
innerhalb bayerischer Grenzbezirke. Vom 7. Juli 1888 RGBl. S. 218.
innerhalb sächsischer Grenzbezirke. Vom 30. April 1888 RGBl. S. 171.
innerhalb des Zollgrenzbezirks des (württembergischen) Hauptzollamts Friedrichshafen. Vom 22. Juni 1906 RGBl. S. 844.
innerhalb badischer Grenzbezirke. Vom 21. Febr. 1907 RGBl. S. 68. (Druckfehlerberichtigung RGBl. v. 1907 S. 151.)

Reichskassenscheine — Gutt. Samml. Nr. 26, Koch.

G. betr. die **Ausgabe von Reichskassenscheinen.** Vom 30. April 1874 RGBl. S. 40[1]). 242

§ 1 Abs. 1 geändert: G. v. 5. Juni 1906 RGBl. S. 730.
G. zur Änderung des Gesetzes betr. die Ausgabe von Reichskassenscheinen. Vom 5. Juni 1906 RGBl. S. 730.

G. betr. die **Einziehung der mit dem Datum v. 11. Juli 1874 ausgefertigten Reichskassenscheine.** Vom 21. Juli 1884 RGBl. S. 172. 243

1) Bek. betr. den Umtausch beschädigter oder unbrauchbar gewordener Reichskassenscheine. Vom 18. Mai 1876 ZBl. S. 296.

Bek. betr. die Einziehung von Reichskassenscheinen. Vom 28. April 1910 RGBl. S. 672.

244 **G. betr. den Schutz des zur Anfertigung von Reichskassenscheinen verwendeten Papiers gegen unbefugte Nachahmung. Vom 26. Mai 1885 RGBl. S. 165.**

Maß und Gewicht.

245 **Maß- und Gewichtsordnung. Vom 30. Mai 1908 RGBl. S. 349**[1]).

V. betr. das Inkrafttreten der Maß- und Gewichtsordnung vom 30. Mai 1908. Vom 24. Mai 1911 RGBl. S. 244.

(Internationale Meterkonvention s. Nr. 679.)

246 **Bek. betr. die Errichtung einer Normal-Eichungs-Kommission in Berlin. Vom 16. Febr. 1869 BGBl. S. 46.**

Zur Maß- und Gewichtsordnung erlassene Vorschriften.

Zu § 6 Abs. 5:

247 **Bek. betr. die Zulassung von nicht metrischen Meßgeräten im eichpflichtigen Verkehre. Vom 18. Dez. 1911 RGBl. S. 1063.**

Zu § 12 Abs. 1:

248 **Bek. betr. die Befreiung einzelner Arten von Meßgeräten von der Verpflichtung zur Neueichung**

1) Zusammenstellung der abgekürzten Maß- und Gewichtsbezeichnungen. Bek. v. 17. Jan. 1912 ZBl. S. 17.

oder Nacheichung. Vom 18. Dez. 1911 RGBl. S. 1064.

Bek. betr. Eichung von Meßgeräten in Molkereien. Vom 28. März 1912 RGBl. S. 218.

Zu § 13 Abs. 2:

Bek. betr. die Verkehrsfehlergrenzen der Meßgeräte. Vom 18. Dez. 1911 RGBl. S. 1065. 249

Zu § 16:

Bek. betr. die Eichgebührenordnung. Vom 18. Dez. 1911 RGBl. S. 1074[1]). 250

Zu § 19:

Eichordnung für das Deutsche Reich. Vom 8. Nov. 1911 RGBl. S. 960 Beilage zu Nr. 62. 251

Bek. betr. Übergangsbestimmungen für die Neueichung von Meßgeräten. Vom 25. März 1912 RGBl. S. 217.

Zu § 20 Abs. 1:

Bek. betr. die bei der Eichung anzuwendenden Stempel- und Jahreszeichen. Vom 14. Nov. 1911 RGBl. S. 951. 252

[2])

G. betr. die elektrischen Maßeinheiten. Vom 1. Juni 1898 RGBl. S. 905[3]) [4]) [5]) 253

---

1) Gebührenordnung für eichamtliche Prüfungen und Beglaubigungen außerhalb des eichpflichtigen Verkehrs. Bek. v. 21. Juni 1912 ZBl. S. 539.

2) Prüfungsbestimmungen der Physikalisch-Technischen Reichsanstalt. Vom 31. März 1910 ZBl. S. 101.

Bek. betr. die Ausführung des Gesetzes. Vom 6. Mai 1901 RGBl. S. 127.
6–9)

Einheitliche Zeitbestimmung.

254 **G. betr. die Einführung einer einheitlichen Zeitbestimmung. Vom 12. März 1893 RGBl. S. 93.**

Zusatz: G. v. 31. Juli 1895 RGBl. S. 426.

---

3) Übertragung der Befugnis zur amtlichen Prüfung und Beglaubigung elektrischer Meßgeräte: Bekanntmachungen vom 3. März 1902 ZBl. S. 40 (elektrische Prüfämter Ilmenau und Hamburg), 16. Mai 1902 ZBl. S 111 (München), 9. Nov. 1902 ZBl. S. 396 (Nürnberg und Chemnitz), 29. Juli 1904 ZBl. S. 277 (Frankfurt a. M.), 28. Jan. 1907 ZBl. S. 21 (Bremen).

4) Prüfordnung für elektrische Meßgeräte. Vom 28. Dez. 1901 ZBl. v. 1902 S. 46.

5) Zulassung verschiedener Systeme von Elektrizitätszählern zur Beglaubigung durch die elektrischen Prüfämter: Bek. v. 18. März 1903 ZBl. S. 140 (vielfach ergänzt).

6) Prüfungsbestimmungen für Thermometer. Vom 28. April 1909 ZBl. S. 193.

§ 2 Abs. 5, § 15 Abs. 2 und 5 ersetzt: Bek. v. 29. Sept. 1911 ZBl. S. 568, Berichtigung dazu ZBl. v. 1911 S. 576.

7) Bestimmungen über die Prüfung und Beglaubigung von Stimmgabeln. Vom 26. Nov. 1888 ZBl. S. 959.

8) Bestimmungen über die Prüfung und Beglaubigung von Schrauben: Bek. v. 5. Juni 1894 ZBl. S. 291.

9) Bestimmungen über die Prüfung und Beglaubigung leichtflüssiger Metallegierungen für Dampfkessel-Sicherheitsapparate. Vom 12. Juli 1899 ZBl. S. 264.

2. Erwerbszweige zur Gewinnung von Roherzeugnissen.

Die Landwirtschaft im allgemeinen. 254a

[1]) [2])

Veterinärwesen.

[3])

G., Maßregeln gegen die Rinderpest betr. Vom 7. April 1869 BGBl. S. 105. 255

§ 6 aufgehoben: G. betr. die Beseitigung von Ansteckungsstoffen bei Viehbeförderungen auf Eisenbahnen. Vom 25. Febr. 1876 § 6 RGBl. S. 164.

Revidierte Instruktion zu dem G. v. 7. April 1869 über Maßregeln gegen die Rinderpest. Vom 9. Juni 1873 RGBl. S. 147.

(Wegen Schlußbestimmung der Instruktion s. G. betr. die Beseitigung von Ansteckungsstoffen bei Viehbeförderungen auf Eisenbahnen. Vom 25. Febr. 1876 RGBl. S. 163.)

G. betr. Zuwiderhandlungen gegen die zur Abwehr der Rinderpest erlassenen Vieheinfuhrverbote. Vom 21. Mai 1878 RGBl. S. 95.

Viehseuchengesetz. Vom 26. Juni 1909 RGBl. S. 519 (V. betr. das Inkrafttreten des Gesetzes. Vom 29. März 1912 RGBl. S. 229)[4]). 256 Gutt. Samml. Nr. 103, Hippel.

---

1) Bestimmungen über die Sammlung von Saatenstands-, Anbau- und Erntenachrichten. Bek. v. 3. Mai 1911 ZBl. S. 180.

2) Errichtung der Kaiserlichen Biologischen Anstalt für Land- und Forstwirtschaft. Bek. v. 4. April 1905 ZBl. S. 84.

3) Bek. betr. die Prüfungsordnung für Tierärzte. Vom 24. Dez. 1912 ZBl. v. 1913 S. 2.

4) Bek. betr. Viehseuchenstatistik und Nachrichtendienst bei Viehseuchen. Vom 11. Mai 1912 ZBl. S. 381.

Bek. betr. die Ausführungsvorschriften des Bundesrats zum Viehseuchengesetze. Vom 25. Dez. 1911 RGBl. v. 1912 S. 3.

257 **Bek. betr. die Anzeigepflicht für die Druse der Pferde (für Ostpreußen). Vom 7. April 1905 RGBl. S. 233.**

Bek. desgl. (für Regierungsbezirk Stade). Vom 21. Okt. 1910 RGBl. S. 1093.

Bek. betr. die Anzeigepflicht für — die Gehirn-Rückenmarkentzündung und die Gehirnentzündung der Pferde (für Königreich Sachsen). Vom 8. Dez. 1904 RGBl. S. 450.

Bek. desgl. (für Sachsen-Altenburg). Vom 13. Febr. 1908 RGBl. S. 23.

Bek. desgl. (für Reuß ä. L.). Vom 26. Okt. 1912 RGBl. S. 530.

Bek. betr. die Anzeigepflicht für die Gehirn-Rückenmarksentzündung der Pferde (für Provinz Sachsen). Vom 12. Nov. 1896 RGBl. S. 713.

Bek. betr. die Anzeigepflicht für die als Influenza der Pferde bezeichneten Krankheiten. Vom 29. Juli 1908 RGBl. S. 479.

Bek. betr. die Anzeigepflicht für den ansteckenden Scheidenkatarrh der Rinder (für Sachsen-Altenburg). **Vom 28. Juni 1904 RGBl. S. 252.**

(Vorschriften betr. Beseitigung von Ansteckungsstoffen bei Vieh- und Geflügelbeförderungen auf Eisenbahnen s. Nr. 387, 388.)

258 **V. betr. das Verbot der Einfuhr von lebenden Schweinen aus Rußland, Österreich-Ungarn und den**

Hinterländern Österreich-Ungarns. Vom 14. Juli 1889 RGBl. S. 149 (siehe dazu Nr. 680).

G. betr. die Beseitigung von Tierkadavern. Vom 17. Juni 1911 RGBl. S. 248. 259

Bek. betr. Ausführungsbestimmungen zum Gesetz über die Beseitigung von Tierkadavern. Vom 29. März 1912 RGBl. S. 230.

Schutz gegen Pflanzenseuchen.

(Internationale Reblauskonvention s. Nr. 681.)

G., Maßregeln gegen die Reblauskrankheit betr. Vom 6. März 1875 RGBl. S. 175. 260

G. betr. die Bekämpfung der Reblaus. Vom 6. Juli 1904 RGBl. S. 261[1]). 261

Zum Gesetze vom 6. Juli 1904 erlassene Vorschriften.

Zu § 3 Abs. 1:

Bek. betr. die Bildung von Weinbaubezirken. Vom 8. Aug. 1912 RGBl. S. 477. 262

Zu § 13 Abs. 1[2]):

1) Bek. betr. die Ausführung des G. betr. die Bekämpfung der Reblaus vom 6. Juli 1904. Vom 10. März 1905 ZBl. S. 52.

2) Verzeichnis von Gartenbau- usw. Anlagen, welche regelmäßigen Untersuchungen unterliegen und als den Anforderungen der Reblauskonvention entsprechend erklärt worden sind. Bek. v. 4. Sept. 1912 ZBl. S. 694.

Zu § 13 Abs. 2:

263 **Bek. betr. die Bekämpfung der Reblaus in einigen Weinbaugegenden. Vom 7. Juli 1905 RGBl. S. 690.**

264 V. betr. das Verbot der Einfuhr von Reben zum Verpflanzen. Vom 11. Febr. 1873 RGBl. S. 43.

Erweitert durch

V. betr. das Verbot der Einfuhr von Reben und sonstigen Teilen des Weinstocks. Vom 31. Okt. 1879 RGBl. S. 303.

Erweitert durch

V. betr. Verbot der Einfuhr und der Ausfuhr von Pflanzen und sonstigen Gegenständen des Wein- und Gartenbaues. Vom 4. Juli 1883 RGBl. S. 153.

§ 2 aufgehoben: V. betr. die Einfuhr bewurzelter Gewächse aus den bei der internationalen Reblauskonvention nicht beteiligten Staaten. Vom 7. April 1887 RGBl. S. 155 (siehe Nr. 267).

Wegen örtlichen Geltungsbereichs der Verordnungen: V. betr. die Einfuhr und die Ausfuhr von Gewächsen sowie von sonstigen Gegenständen des Wein- und Gartenbaues. Vom 16. Juni 1886 RGBl. S. 191.

Zur Verordnung vom 4. Juli 1883 erlassene Vorschriften.

Zu § 4 Ziff. 1, § 5 Ziff. 1 und 3:

265 Bek. betr. die Einfuhr und die Ausfuhr von Pflanzen und sonstigen Gegenständen des Wein- und Gartenbaues. Vom 12. Juli 1883 RGBl. S. 242.

§ 1 Verzeichnis der Zollstellen geändert. Änderungen und Ergänzungen bis 1. Juli 1908 zusammengestellt: [3])

---

3) Bek. betr. die für die Pflanzeneinfuhr geöffneten inländischen Zollstellen. Vom 1. Juli 1908 ZBl. S. 254.

Spätere Änderungen durch Bekanntmachungen betr. die Einfuhr von Pflanzen und sonstigen Gegenständen des Gartenbaues. Vom 30. Sept. 1909 RGBl. S. 934 (Rothwasser), vom 28. Okt. 1909 RGBl. S. 940 (luxemb. Zollamt I Ulflingen), vom 23. März 1910 RGBl. S. 594 (Saßnitz), vom 8. April 1911 RGBl. S. 174 (Haidmühle), vom 9. Nov. 1911 RGBl. S. 922 (Schellenberg), vom 11. März 1912 RGBl. S. 193 (Asch).

Zu § 4 Ziff. 2[4]):

Zu § 5 Ziff. 2:

Bek. betr. den Verkehr mit Erzeugnissen und Gerätschaften des Weinbaues in den deutsch-französischen Grenzbezirken. Vom 24. Mai 1884 RGBl. S. 51. 266

Bek. desgl. in den deutsch-schweizerischen Grenzbezirken. Vom 24. Aug. 1884 RGBl. S. 191.

---

4) Bek. betr. die für die Pflanzeneinfuhr geöffneten ausländischen Zollstellen. Vom 2. Juli 1906 ZBl. S. 942.

Geändert bzw. ergänzt

3. Italien: Bek. v. 8. Nov. 1906 ZBl. S. 1294.
5. Niederlande: Bek. v. 6. Okt. 1906 ZBl. S. 1218, v. 28. Aug. 1907 ZBl. S. 426, v. 14. März 1908 ZBl. S. 124, v. 27. Okt. 1908 ZBl. S. 456, v. 18. Febr. 1909 ZBl. S. 54, v. 28. Juli 1909 ZBl. S. 676, v. 1. Aug. 1910 ZBl. S. 444, v. 3. Mai 1911 ZBl. S. 180, v. 8. März 1912 ZBl. S. 246, v. 11. Juni 1912 ZBl. S. 536.
6. Österreich-Ungarn, Ziff. a: Bek. v. 28. Aug. 1907 ZBl. S. 426, v. 19. Febr. 1908 ZBl. S. 52, v. 18. Mai 1908 ZBl. S. 198, v. 30. Dez. 1908 ZBl. v. 1909 S. 1, v. 6. Mai 1909 ZBl. S. 213, v. 19. Juli 1909 ZBl. S. 332, v. 8. Jan. 1911 ZBl. S. 11, v. 30. Jan. 1911 ZBl. S. 29, v. 24. Febr. 1911 ZBl. S. 52, v. 14. Jan. 1913 ZBl. S. 104.
9. Schweiz: Bek. v. 18. März 1909 ZBl. S. 82.

Bek. desgl. in den deutsch-luxemburgischen Grenzbezirken. Vom 30. Sept. 1904 RGBl. 369.

267 **V. betr. die Einfuhr bewurzelter Gewächse aus den bei der internationalen Reblauskonvention nicht beteiligten Staaten. Vom 7. April 1887 RGBl. S. 155.**

Bek. dazu. Vom 23. Aug. 1887 RGBl. S. 431.

268 **V. betr. Einfuhrbeschränkungen wegen Gefahr der Einschleppung der San José Schildlaus (Japan). Vom 6. Aug. 1900 RGBl. S. 791.**

V. betr. Einfuhr lebender Pflanzen und frischen Obstes aus Amerika. Vom 5. Febr. 1898 RGBl. S. 5.

Bek. betr. Einfuhrbeschränkungen wegen Gefahr der Einschleppung der San José Schildlaus (aus Australien). Vom 2. Juni 1907 RGBl. S. 243.

Bek. desgl. (China und Hawai). Vom 27. Juli 1909 RGBl. S. 893.

269 **V. betr. das Verbot der Einfuhr von Kartoffeln aus Amerika sowie von Abfällen und Verpackungsmaterial solcher Kartoffeln. Vom 26. Febr. 1875 RGBl. S. 135.**

Tierschutz.

270 **G. betr. die Schonzeit für den Fang von Robben. Vom 4. Dez. 1876 RGBl. S. 233.**

V. betr. die Schonzeit für den Fang von Robben. Vom 29. März 1877 RGBl. S. 409.

271 **Vogelschutzgesetz. Vom 30. Mai 1908 RGBl. S. 317.** Gutt. Samml. Nr. 89, Boxberger.

(Wegen Schutz der Militärbrieftauben s. Nr. 494.)

Fischerei — Gutt. Samml. Nr. **19**, Knitschky.

G. zur Ausführung der internationalen Konvention vom 6. Mai 1882 betr. die polizeiliche Regelung der Fischerei in der Nordsee außerhalb der Küstengewässer. Vom 30. April 1884 RGBl. S. 48. 272

Bergbau.

G. über den Absatz von Kalisalzen. Vom 25. Mai 1910 RGBl. S. 775[1]). 273

Gutt. Samml. Nr. **100**, Boelkel.

Bek. betr. Bestimmungen zur Ausführung des Gesetzes. Vom 9. Juli 1910 RGBl. S. 925.

Zum IV. Abschnitt, Gewährung von Abzügen (zu §§ 21 u. 24) Ziff. 1 geändert: Bek. betr. Erhöhung der Rabatte auf schwefelsaures Kali. Vom 17. Jan. 1911 RGBl. S. 30.

Zum VI. Abschnitt Ziff. 26 geändert, Ziff. 27 Abs. 2 zugefügt: Bek. v. 13. Mai 1911 RGBl. S. 216.

Bek. betr. Bestimmungen zur Ausführung des G. über den Absatz von Kalisalzen. Vom 5. April 1911 RGBl. S. 107.

Bek. desgl. Vom 28. Juni 1911 RGBl. S. 256.

---

1) Zum G. über den Absatz von Kalisalzen erlassene Bestimmungen.

Zu § 2 Abs. 2:

Bek. betr. Anwendung des Kaligesetzes auf die bei der Weiterverarbeitung von kaliumhaltigen Erzeugnissen als Neben- oder Abfallprodukte gewonnenen Kalisalze. Vom 3. Dez. 1910 ZBl. S. 672.

Zu § 20 Abs. 2:

Bek. betr. Festsetzung der Inlandsverkaufspreise für bestimmte Arten von Kalisalzen. Vom 28. Nov. 1910 ZBl. S. 666.

3. Gewerbe.

Gewerbeordnung und dazu erlassene Vorschriften — Gutt. Samml. Nr. 6, Berger-Wilhelmi.

274 **Gewerbeordnung für das Deutsche Reich. In der Fassung v. 26. Juli 1900 RGBl. S. 871**[1]).

Gutt. Samml. Nr. 6, Berger-Wilhelmi.

(Wegen Inkraftsetzung des G. betr. Abänderung der Gewerbeordnung vom 1. Juni 1891 RGBl. S. 261 auf Grund des Art. 9 Abs. 1 des Gesetzes RGBl. S. 289, der durch Art. 4 des G. v. 28. Dez. 1908 RGBl. S. 675 geändert ist, siehe die Verordnungen v. 28. März 1892 RGBl. S. 339 und v. 4. Febr. 1895 RGBl. S. 11; wegen Inkraftsetzung des G., betr. die Abänderung der Gewerbeordnung, v. 26. Juli 1897 RGBl. S. 663 auf Grund des Art. 9 Abs. 2 des Gesetzes RGBl. S. 706 siehe die Verordnungen v. 14. März 1898 RGBl. S. 37 und v. 12. März 1900 RGBl. S. 127. — Übergangsbestimmungen: Art. 6 bis 8 des G. v. 26. Juli 1897 RGBl. S. 705 u. 706).

Geändert durch a) G. v. 14. Okt. 1905 RGBl. S. 759, b) G. v. 7. Jan. 1907 RGBl. S. 3, c) G. v. 30. Mai 1908 RGBl. S. 356 (Übergangsbestimmungen: Art. II RGBl. S. 359), d) G. v. 29. Juni 1908 RGBl. S. 473, e) G. v. 28. Dez. 1908 RGBl. S. 667, f) Stellenvermittlergesetz. Vom 2. Juni 1910 § 19 RGBl. S. 865, g) Einführungsgesetz zur RVO. Vom 19. Juli 1911 Art. 102 u. 103 RGBl. S. 858, h) G. v. 27. Dez. 1911 RGBl. v. 1912 S. 139:

§ 34 geändert: 1910 S. 865.

§ 35 Abs. 2 geändert: 1908 S. 473.

---

1) Bestimmungen betr. den Beirat für Arbeiterstatistik. Vom 30. April 1902 ZBl. S. 100.

§ 35 Abs. 5 zwischengeschoben } 1907 S. 3.
§ 35a zugefügt }
§ 38 geändert: 1910 S. 865.
§ 44 Abs. 1 Satz 2 zugefügt: 1905 S. 759.
§ 53 geändert: 1910 S. 865.
§ 53a, § 54 Abs. 2 zugefügt: 1907 S. 3.
§ 62 Abs. 2 ersetzt: 1911 S. 858.
§ 75a geändert: 1910 S. 865.
§ 81a, 81b ersetzt, § 90 gestrichen, § 95 Abs. 4, § 98 Abs. 3, §§ 100l, 100m, § 100n Abs. 1 ersetzt: 1911 S. 858.
§ 103 Abs. 1 geändert: 1908 S. 356.
§ 114a ersetzt, §§ 114b, 114c, 114d, 114e eingefügt, § 120 Abs. 3 Satz 1 ersetzt, Satz 2 eingeschoben, Abs. 4 u. 5 zugefügt, § 120e Abs. 1 Zusatz, Abs. 2 geändert, Abs. 3 u. 4 aufgehoben, § 120f, § 120g zugefügt: 1912 S. 139.
§ 126b Abs. 3, § 129 ersetzt, § 129a Abs. 1 u. 4 fallen fort, bisherige Absätze 2 u. 3 werden Abs. 1 u. 2, neuer Abs. 3 zugefügt, § 131 Abs. 2 eingeschoben, bisheriger Abs. 2, neuer Abs. 3 geändert, § 131c Abs. 1 ersetzt, § 133 Abs. 1 durch neue Absätze 1 bis 4 ersetzt, letzter Absatz ersetzt: 1908 S. 356.
Titel VII Abschnitt IV Überschrift ersetzt, erhält Unterabschnitte A und B, § 133g, § 133h eingefügt, § 134 Abs. 1 aufgehoben, Abs. 2 geändert: 1908 S. 667.
§ 134 Abs. 2 (früher Abs. 3) ersetzt: 1912 S. 139.
§ 134a Eingang, § 134b Abs. 1 Nr. 5, Abs. 2 u. Abs. 3, § 134d Abs. 1 u. 2, § 134h Ziff. 1 u. 4 geändert, § 134i eingefügt, § 135 Abs. 1 Satz 1 u. 2, Abs. 3, § 136 Abs. 1 u. 2 geändert, § 136 Abs. 3 neu eingefügt, bisheriger Abs. 3 wird Abs. 4, § 137 ersetzt, § 137a eingeschaltet, § 138, § 138a Abs. 1, 2 u. 5 ersetzt, § 139 Abs. 1 u. 2 geändert, Abs. 3

Zusatz, § 139a ersetzt, § 139aa eingeschaltet: 1908 S. 667.

§ 139b Abs. 1 u. 4 geändert: 1908 S. 667. Wieder geändert: 1912 S. 139.

§ 139h Abs. 1 geändert, § 146 Abs. 1 Nr. 2 ersetzt, Nr. 3 geändert, Abs. 2 eingeschoben, § 146a Abs. 2 zugefügt, § 147 Abs. 1 Nr. 4 ersetzt: 1912 S. 139.

§ 147 Abs. 1 Nr. 5 geändert: 1908 S. 667.

§ 148 Ziff. 8, § 149 Ziff. 7a geändert: 1910 S. 865.

§ 150 Abs. 1 Nr. 2 ersetzt, § 150a zugefügt: 1912 S. 139.

§ 154 ersetzt: 1908 S. 667.

§ 154a Abs. 1 geändert: 1912 S. 139 und 1908 S. 667.

§ 154a Abs. 2 ersetzt: 1908 S. 667.

Zur Gewerbeordnung erlassene Vorschriften.

(Wegen Ärzte usw., Verkehr mit Arzneimitteln s. unter Gesundheitswesen, wegen Seeschiffer usw. unter Schiffahrt.)

Zu § 24 Abs. 2:

275 Bek. betr. allgemeine polizeiliche Bestimmungen über die Anlegung von Landdampfkesseln. Vom 17. Dez. 1908 RGBl. v. 1909 S. 3.

§ 12 Abs. 1 letzter Satz, Anlage I, 1. Teil I und 3. Teil A II 2a, Anlage II Abschnitt III, 4 geändert, Abschn. III, 8 ersetzt, Abschn. III, 9 geändert, Abschn. V, Nummer des letzten Absatzes berichtigt, Abschn. XII, 1 geändert: Bek. betr. Ergänzung der Materialvorschriften für Land- und Schiffsdampfkessel. Vom 2. März 1912 RGBl. S. 188.

276 Bek. betr. allgemeine polizeiliche Bestimmungen über die Anlegung von Schiffsdampfkesseln. Vom 17. Dez. 1908 RGBl. v. 1909 S. 51.

§ 12 Abs. 1 letzter Satz, Anlage 1, 2. Teil A IV 3 Abs. 3 geändert, Anlage 2 Abschnitt III, 7 ersetzt, Abschn. IX, 1 geändert: Bek. betr. Ergänzung der Materialvorschriften für Land- und Schiffsdampfkessel. Vom 2. März 1912 RGBl. S. 188.

Zu § 35a[1]):

Zu § 44 Abs. 2 u. 3 (Geschäftsbetrieb der Handlungsreisenden):

Bek. betr. Ausführungsbestimmungen zur Gewerbeordnung. Vom 27. Nov. 1896 RGBl. S. 745 (I). 277

I, 2 ergänzt: Bek. v. 25. März 1897 RGBl. S. 96.

I, 3 zugefügt: Bek. v. 4. März 1912 RGBl. S. 189.

Zu § 56b Abs. 1:

Bek. betr. die Gestattung des Feilbietens von Bier im Umherziehen (in Preußen, Anhalt, Lübeck). Vom 17. Juli 1899 RGBl. S. 374. 278

Bek. desgl. (in Braunschweig). Vom 29. Febr. 1904 RGBl. S. 138.

Bek. desgl. (in Leipzig). Vom 1. Juli 1908 RGBl. S. 468.

Zu § 56d (Gewerbebetrieb der Ausländer im Umherziehen):

Bek. betr. Ausführungsbestimmungen zur Gewerbeordnung. Vom 27. Nov. 1896 RGBl. S. 745 (II). 279

---

1) Verzeichnis der in den Bundesstaaten und in Elsaß-Lothringen bestehenden staatlichen oder von den zuständigen Landesbehörden gemäß § 35a Abs. 1 der Gewerbeordnung gleichgestellten baugewerklichen Fachschulen. Vom 11. März 1909 ZBl. S. 70.

Erster Nachtrag. Vom 5. April 1909 ZBl. S. 169.

Zweiter Nachtrag. Vom 29. Juni 1909 ZBl. S. 304.

Zu § 60 Abs. 4 (Formulare für Wandergewerbescheine):

280 Bek. betr. Ausführungsbestimmungen zur Gewerbeordnung. Vom 27. Nov. 1896 RGBl. S. 745 (III).

Abschnitt III Zusatz, Anlage II Formulare A, B, C geändert: Bek. v. 4. März 1912 RGBl. S. 189.

Anlage II Formular B Ziff. 4, Formular C Ziff. 5 geändert: Bek. betr. die Änderung der Formulare B u. C der Wandergewerbescheine. Vom 13. Jan. 1909 RGBl. S. 259.

Zu § 105d:

281 Bek. betr. Ausnahmen von dem Verbote der Sonntagsarbeit im Gewerbebetriebe. Vom 5. Febr. 1895 RGBl. S. 12.

Tabelle geändert durch Bekanntmachungen a) v. 25. Okt. 1895 RGBl. S. 448, b) v. 20. April 1896 RGBl. S. 104, c) v. 14. Juli 1896 RGBl. S. 191, d) v. 27. Nov. 1896 RGBl. S. 744, e) v. 16. Okt. 1897 RGBl. S. 773, f) v. 3. Nov. 1898 RGBl. S. 1185, g) v. 26. April 1899 RGBl. S. 271, h) v. 15. Juli 1899 RGBl. S. 373, i) v. 23. Mai 1906 RGBl. S. 475:

Gruppe A Ziff. 2 Spalte 2 Abs. 1 ersetzt: 1899 S. 271.

Ziff. 7 Spalte 2 ersetzt: 1899 S. 271.

Ziff. 7 Spalte 3 Abs. 1 gestrichen: 1895 S. 448.

Gruppe B Ziff. 1 ersetzt: 1906 S. 475.

Gruppe D Ziff. 23 Spalte 2 ersetzt: 1899 S. 271.

Gruppe E Ziff. 10 zugefügt (Fischmehl- und Fischtranfabriken): 1896 S. 191.

Gruppe G Ziff. 6a zugefügt (Mälzereien): 1896 S. 744.

Druckfehler in Spalte 2 „Tennenmälzereien": RGBl. v. 1896 S. 762.

Ziff. 7 zugefügt (Molkereien): 1897 S. 773.

Ziff. 7 Spalte 2 Abs. 3 zugefügt: 1899 S. 373.

Ziff. 8 zugefügt (Fischräuchereien): 1899 S. 271.

Gruppe H Ziff. 6 Spalte 2 geändert (6 Sonntage): 1898 S. 1185.

Ziff. 8 zugefügt (chemische Wäscherei und Schönfärberei für Kleidungsstücke): 1896 S. 104.

Zu § 105e:

Bek. betr. Ausnahmen von den Bestimmungen über die Sonntagsruhe gemäß § 105e Abs. 1 der Gewerbeordnung. Vom 3. April 1901 RGBl. S. 117. 282

Zu § 114a:

Bek. betr. die Einführung von Lohnbüchern für die Kleider- und Wäschekonfektion. Vom 9. Dez. 1902 RGBl. S. 295. 283

Zu § 120e, auch § 139a:

Bek. betr. die Einrichtung und den Betrieb von Anlagen zur Herstellung elektrischer Akkumulatoren aus Blei oder Bleiverbindungen. Vom 6. Mai 1908 RGBl. S. 172. 284

Bek. betr. die Einrichtung und den Betrieb von Anlagen zur Herstellung von Alkali-Chromaten Vom 16. Mai 1907 RGBl. S. 233. 285

Bek. betr. den Betrieb von Bäckereien und Konditoreien. Vom 4. März 1896 RGBl. S. 55. 286

287 Bek. betr. die Einrichtung und den Betrieb von Anlagen zur Herstellung von Bleifarben und anderen Bleiprodukten. Vom 26. Mai 1903 RGBl. S. 225.

288 Bek. desgl. der Bleihütten. Vom 16. Juni 1905 RGBl. S. 545.

289 Bek. desgl. der Buchdruckereien und Schriftgießereien. Vom 31. Juli 1897 RGBl. S. 614.

I Ziff. 7 Abs. 3 zugefügt: Bek. v. 22. Dez. 1908 RGBl. S. 654.

III ersetzt: Bek. v. 5. Juli 1907 RGBl. S. 405.

290 Bek. betr. den Betrieb der Anlagen der Großeisenindustrie. Vom 19. Dez. 1908 RGBl. S. 650.

291 Bek. betr. die Beschäftigung von Gehilfen und Lehrlingen in Gast- und in Schankwirtschaften. Vom 23. Jan. 1902 RGBl. S. 33.

(Berichtigung: Eingang Zeile 1 RGBl. v. 1902 S. 40.)

292 Bek. betr. die Beschäftigung von Arbeiterinnen und jugendlichen Arbeitern in Glashütten, Glasschleifereien und Glasbeizereien sowie Sandbläsereien. Vom 5. März 1902 RGBl. S. 65.

Ziff. VI geändert: Bek. v. 20. März 1912 RGBl. S. 194.

293 Bek. betr. die Einrichtung und den Betrieb gewerblicher Anlagen zur Vulkanisierung von Gummiwaren. Vom 1. März 1902 RGBl. S. 59.

294 Bek. desgl. der Roßhaarspinnereien, Haar- und Borstenzurichtereien sowie der Bürsten- und Pinselmachereien. Vom 22. Okt. 1902 RGBl. S. 269.

295 Bek. betr. die Beschäftigung jugendlicher Arbeiter bei der Bearbeitung von Faserstoffen, Tierhaaren, Abfällen oder Lumpen. Vom 8. Dez. 1909 RGBl. S. 969.

Bek. betr. Betriebe, in denen Maler-, Anstreicher-, Tüncher-, Weißbinder- oder Lackiererarbeiten ausgeführt werden. Vom 27. Juni 1905 RGBl. S. 555. 296

Bek. betr. den Betrieb von Anlagen zur Herstellung von Präservativs, Sicherheitspessarien, Suspensorien u. dgl. Vom 30. Jan. 1903 RGBl. S. 3. 297

§ 2 Abs. 2 Zusatz: Bek. v. 1. April 1903 RGBl. S. 123.

Bek. betr. die Einrichtung und den Betrieb von Steinbrüchen und Steinhauereien (Steinmetzbetrieben). Vom 31. Mai 1909 RGBl. S. 471. 298

§ 10 Abs. 4 u. 5 zugefügt: Bek. v. 20. Nov. 1911 RGBl. S. 955.

Bek. betr. die Einrichtung und den Betrieb gewerblicher Anlagen, in denen Thomasschlacke gemahlen oder Thomasschlackenmehl gelagert wird. Vom 3. Juli 1909 RGBl. S. 543. 299

§§ 1, 9, 20 ersetzt: Bek. v. 23. Dez. 1911 RGBl. S. 1153.

Bek. betr. die Beschäftigung von Arbeiterinnen und jugendlichen Arbeitern in Anlagen, die zur Herstellung von Zichorie dienen. Vom 25. Nov. 1909 RGBl. S. 968. 300

Bek. betr. die Einrichtung und den Betrieb der zur Anfertigung von Zigarren bestimmten Anlagen. Vom 17. Febr. 1907 RGBl. S. 34. 301

Bek. betr. die Einrichtung und den Betrieb der Zinkhütten und Zinkerzröstthütten. Vom 13. Dez. 1912 RGBl. S. 564. 302

Bek. betr. die Beschäftigung von Arbeiterinnen und jugendlichen Arbeitern in Rohzuckerfabriken, Zuckerraffinerien und Melasseentzuckerungsanstalten. Vom 24. Nov. 1911 RGBl. S. 958. 303

Zu § 120 f:

304 Bek. betr. den Betrieb von Getreidemühlen. Vom 26. April 1899 RGBl. S. 273.
Zusatz: Bek. v. 15. Nov. 1903 RGBl. S. 287.

Zu § 139 a:

305 Bek. betr. die Beschäftigung von Arbeiterinnen in Betrieben zur Herstellung von Fischkonserven. Vom 25. Nov. 1909 RGBl. S. 966 (bis 31. Dez. 1919 gültig).

306 Bek. betr. die Beschäftigung von Arbeiterinnen in Betrieben zur Herstellung von Gemüse- oder Obstkonserven sowie von Gemüse- oder Obstpräserven. Vom 25. Nov. 1909 RGBl. S. 965 (bis 31. Dez. 1919 gültig).

307 Bek. betr. die Beschäftigung von Arbeiterinnen in Meiereien (Molkereien) und Betrieben zur Sterilisierung von Milch. Vom 4. Juni 1910 RGBl. S. 868 (bis 1. Juli 1920 gültig).

308 Bek. betr. die Beschäftigung jugendlicher Arbeiter auf Steinkohlenbergwerken in Preußen, Baden und Elsaß-Lothringen. Vom 24. März 1903 RGBl. S. 61 (bis 1. April 1913 gültig).

Bek. betr. die Beschäftigung von Arbeiterinnen auf Steinkohlenbergwerken, Zink- und Bleierzbergwerken im Regierungsbezirk Oppeln. Vom 24. Nov. 1911 RGBl. S. 956 (bis 1. April 1922 gültig).

309 Bek. betr. die Beschäftigung von Arbeiterinnen und jugendlichen Arbeitern in Walz- und Hammerwerken. Vom 20. Mai 1912 RGBl. S. 311 (bis 1. Juni 1922 gültig).

310 Bek. betr. die Beschäftigung von Arbeiterinnen und jugendlichen Arbeitern in Ziegeleien. Vom 15. Nov. 1903 RGBl. S. 286 (bis 1. Jan. 1914 gültig).

Zu § 139f:

Bek. betr. das Verfahren bei Anträgen auf Verlängerung der Ladenschlußzeit. Vom 25. Jan. 1902 RGBl. S. 38. 311

Zu § 139h Abs. 1:

Bek. betr. Einrichtung von Sitzgelegenheit für Angestellte in offenen Verkaufsstellen. Vom 28. Nov. 1900 RGBl. S. 1033. 312

Zu § 154 Abs. 3:

Bek. betr. Ausführungsbestimmungen des Bundesrats über die Beschäftigung von jugendlichen Arbeitern und von Arbeiterinnen in Werkstätten mit Motorbetrieb. Vom 13. Juli 1900 RGBl. S. 566. 313

Geändert (hinsichtlich der Betriebe, in welchen in der Regel mindestens 10 Arbeiter beschäftigt werden, aufgehoben): G. v. 28. Dez. 1908 Art. 4 Ziff. II RGBl. S. 675.

Zu § 154 Abs. 4:

V. betr. die Ausdehnung der §§ 135—139 und des § 139b der Gewerbeordnung auf die Werkstätten der Kleider- und Wäschekonfektion. Vom 31. Mai 1897 RGBl. S. 459. 314

§ 1, § 3 Abs. 1 Satz 4, § 6 Abs. 3, § 8 ersetzt: V. v. 17. Febr. 1904 RGBl. S. 62.

Vorschriften für alle Gewerbe.

Gewerbegerichtsgesetz. Vom $\frac{\text{29. Juli 1890}}{\text{30. Juni 1901}}$. In der Fassung v. 29. Sept. 1901 RGBl. S. 353. 315

Gutt. Samml. Nr. 31, Mugdan-Cuno.

Änderungen s. bei Nr. 195.

316 G. betr. **Kinderarbeit in gewerblichen Betrieben.** Vom 30. März 1903 RGBl. S. 113.
Gutt. Samml. Nr. 71, Spangenberg.

Anlage (zu § 4) unter V alinea 5 ersetzt: Bek. v. 17. Dez. 1903 RGBl. S. 312.

Bek. betr. die Beschäftigung von Kindern bei der Reinigung von Dampfkesseln. Vom 1. Juli 1907 RGBl. S. 404.

317 **Hausarbeitgesetz.** Vom 20. Dez. 1911 RGBl. S. 976.

318 G. gegen den **unlauteren Wettbewerb.** Vom 7. Juni 1909 RGBl. S. 499. Gutt. Samml. Nr. 37, Pinner.

§ 5 Abs. 1 eingeschränkt: Weingesetz. Vom 7. April 1909 § 6 RGBl. S. 394.

Zum G. vom 7. Juni 1909 erlassene Vorschriften.

Zu § 11 Abs. 1:

Bek. betr. Bestimmungen für den Kleinhandel mit Garn. Vom 20. Nov. 1900 RGBl. S. 1014.

§ 1 Abs. 2 ersetzt: Bek. v. 17. Nov. 1902 RGBl. S. 278.

Bek. betr. Bestimmungen für den Kleinhandel mit Kerzen. Vom 4. Dez. 1901 RGBl. S. 494.

Zu § 28: Siehe Nr. 687!

319 E. betr. den **Gebrauch des Kaiserlichen Adlers** zur Bezeichnung von Waren oder Etiketten. Vom 16. März 1872 RGBl. S. 90.

Bek. betr. die Ausführung des Erlasses. Vom 11. April 1872 RGBl. S. 93.

320 G. zum **Schutze des Genfer Neutralitätszeichens.** Vom 22. März 1902 RGBl. S. 125.

Bek. betr. die Grundsätze für die Erteilung der Erlaubnis zum Gebrauche des Roten Kreuzes. Vom 7. Mai 1903 RGBl. S. 215.

Bek. betr. die Stempelung der bei der Verkündung des Gesetzes zum Schutze des Genfer Neutralitätszeichens v. 22. März 1902 mit dem Roten Kreuze bezeichneten Waren. Vom 8. Mai 1903 RGBl. S. 216.

Einzelne Gewerbebetriebe.

(Branntweinhandel auf hoher See s. Nr. 672, Fischerei Nr. 272, Küstenfrachtfahrt Nr. 423.)

G. über das Auswanderungswesen. Vom 9. Juni 1897 RGBl. S. 463[1] [2] [3]). 321

Gutt. Samml. Nr. 44, Stoerk.

Zu § 21:

Bek. betr. Bestimmungen über den Geschäftsbetrieb der Auswanderungsunternehmer und Agenten. Vom 14. März 1898 RGBl. S. 39.

§ 5 Ziff. 24, § 7 Ziff. 29, § 9 Ziff. 20 geändert (statt „1/2 Kubikmeter" „100 Kilogramm"): Bek. v. 23. Aug. 1903 RGBl. S. 274.

---

1) Verzeichnis der auf Grund des Gesetzes über das Auswanderungswesen vom 9. Juni 1897 zugelassenen Auswanderungsunternehmer: Bek. v. 9. April 1898 ZBl. S. 221.

Vielfach ergänzt und geändert. Die die Ergänzungen und Änderungen enthaltenden Bekanntmachungen sind in dem 15. Nachtrag zu dem Verzeichnis, Bek. v. 29. Juni 1912 ZBl. S. 564, nachgewiesen.

2) Bek. betr. Haftung der Auswanderungsunternehmer für mittellose Auswanderer. Vom 22. Juni 1898 Ziff. 2 ZBl. S. 335.

3) Regulativ betr. die Organisation des Beirats für das Auswanderungswesen: Bek. v. 17. Febr. 1898 ZBl. S. 98.

Zu § 36:

Bek. betr. Vorschriften über Auswandererschiffe. Vom 14. März 1898 RGBl. S. 57.

(Änderungen s. bei Nr. 412.)

322 **Bankiersgewerbe: G. betr. Ergänzung der Bestimmungen über den Wucher. Vom 19. Juni 1893 Art. II Art. 4 RGBl. S. 198.**

323 **G. betr. die Preisfeststellung beim Markthandel mit Schlachtvieh. Vom 8. Febr. 1909 RGBl. S. 269.**

324 **G. über die Presse. Vom 7. Mai 1874 RGBl. S. 65.** Gutt. Samml. Nr. 53, Born u. Nr. 2, Rüdorff.

G. betr. die Stimmzettel für öffentliche Wahlen. Vom 12. März 1884 RGBl. S. 17.

325 **G. betr. die Schließung und Beschränkung der öffentlichen Spielbanken. Vom 1. Juli 1868 BGBl. S. 367.**

326 **Stellenvermittlergesetz. Vom 2. Juni 1910 RGBl. S. 860.**

327 **G. über die privaten Versicherungsunternehmungen. Vom 12. Mai 1901 RGBl. S. 139 (V. betr. die Inkraftsetzung des Gesetzes. Vom 24. Nov. 1901 RGBl. S. 489).** Gutt. Samml. Nr. 62, Könige.

Zu Abschnitt III, Versicherungsvereine auf Gegenseitigkeit:

G. betr. die Aufhebung des Hilfskassengesetzes. Vom 20. Dez. 1911 RGBl. S. 985 (V. v. 13. Mai 1912 RGBl. S. 309).

§ 122 geändert u. Abs. 2 zugefügt: G. betr. die Aufhebung des Hilfskassengesetzes. Vom 20. Dez. 1911

§ 2 RGBl. S. 985 (V. v. 13. Mai 1912 RGBl. S. 309).

Zum Gesetz v. 12. Mai 1901 erlassene Vorschriften.

Zu § 3 Abs. 1:

V. betr. die Beaufsichtigung hessischer [u. bremischer] privater Versicherungsunternehmungen. Vom 3. Febr. 1902 RGBl. S. 43. 328

Geändert hinsichtlich bremischer Versicherungsunternehmungen: V. v. 4. Dez. 1907 RGBl. S. 772.

V. betr. die Beaufsichtigung schaumburg-lippischer privater Versicherungsunternehmungen. Vom 16. Nov. 1902 RGBl. S. 279.

V. desgl. betr. mecklenburg-strelitzscher und lippischer. Vom 13. Dez. 1904 RGBl. S. 449.

V. desgl. betr. bayerischer. Vom 25. Nov. 1912 RGBl. S. 561.

Zu § 80:

V. betr. das Verfahren und den Geschäftsgang des Kaiserlichen Aufsichtsamts für Privatversicherung. Vom 23. Dez. 1901 RGBl. S. 498. 329

§ 6 ersetzt: V. v. 15. Aug. 1908 RGBl. S. 499.

Zu § 8 Abs. 1:

Bek. betr. den bei dem Kaiserlichen Aufsichtsamte für Privatversicherung bestehenden Versicherungsbeirat. Vom 11. Juni 1912 RGBl. S. 376.

Zu § 116:

Bek. betr. die Beaufsichtigung der inländischen privaten Rückversicherungsunternehmungen. Vom 18. Juni 1908 RGBl. S. 409. 330

G. betr. die Wetten bei öffentlich veranstalteten Pferderennen. Vom 4. Juli 1905 RGBl. S. 595[1]). 331

1) Ausführungsbestimmungen zum G. betr. die Wetten

Vorschriften wegen einzelner Handelsartikel — Gutt. Samml. Nr. **54**, Lebbin.

(Wegen Verkehr mit Arzneimitteln s. Nr. 224.)

332 **G. betr. den Verkehr mit Nahrungsmitteln, Genußmitteln und Gebrauchsgegenständen. Vom 14. Mai 1879 RGBl. S. 145.**

§ 16 Zusatz: G. v. 29. Juni 1887 RGBl. S. 276.

Zum Nahrungsmittelgesetze erlassene Vorschriften.

Zu § 5:

333 **V. über das gewerbsmäßige Verkaufen und Feilhalten von Petroleum. Vom 24. Febr. 1882 RGBl. S. 40.**

334 **V. betr. den Verkehr mit Essigsäure. Vom 14. Juli 1908 RGBl. S. 475.**

Zu § 6:

335 **V. betr. das Verbot von Maschinen zur Herstellung künstlicher Kaffeebohnen. Vom 1. Febr. 1891 RGBl. S. 11.**

336 **G. betr. den Verkehr mit Butter, Käse, Schmalz und deren Ersatzmitteln. Vom 15. Juni 1897 RGBl. S. 475**[1]**).**

Bek. betr. Bestimmungen zur Ausführung des Gesetzes. Vom 4. Juli 1897 RGBl. S. 591.

---

bei öffentlich veranstalteten Pferderennen vom 4. Juli 1905. Vom 6. April 1906 ZBl. S. 531.

1) Bek. betr. Vorschriften für die chemische Untersuchung von Fetten und Käsen. Vom 1. April 1898 ZBl. S. 201. Berichtigung zu S. 208 Zeile 2: ZBl. v. 1898 S. 271.

Ziff. 9 Abs. 2 zugefügt: Bek. v. 23. Okt. 1912 RGBl. S. 526.

Bek. betr. den Fett- und Wassergehalt der Butter. Vom 1. März 1902 RGBl. S. 64.

Süßstoffgesetz. Vom 7. Juli 1902 RGBl. S. 253[1]). 337

Weingesetz. Vom 7. April 1909 RGBl. S. 393[2])[3]). 338
Gutt. Samml. Nr. 65, Lebbin.

Bek. betr. Bestimmungen zur Ausführung des Weingesetzes. Vom 9. Juli 1909 RGBl. S. 549.

Ausführungsbestimmung zu § 14 ersetzt: Bek. v. 20. Juli 1910 RGBl. S. 945.

Zu § 17 Ziff. d geändert, Ziff. e zugefügt: Bek. v. 6. Juli 1911 RGBl. S. 475.

Bek. betr. Ausführung des Weingesetzes (§ 33). Vom 15. Juni 1912 RGBl. S. 394.

G. betr. die Verwendung gesundheitsschädlicher Farben bei der Herstellung von Nahrungsmitteln, Genußmitteln und Gebrauchsgegenständen. Vom 5. Juli 1887 RGBl. S. 277. 339

---

1) Ausführungsbestimmungen zum Süßstoffgesetze vom 7. Juli 1902: Bek. v. 23. März 1903 ZBl. S. 103.

§ 5 Abs. 2 u. 4 geändert, § 10 Abs. 1 bis 3 ersetzt, § 11 Abs. 1 Randbemerkung zugefügt, Muster 1 und 2 ersetzt, Muster 4 zugefügt: Bek. v. 17. Dez. 1908 ZBl. S. 522.

2) Weinbaugebiete des Deutschen Reichs, in denen allein gemäß § 3 des Weingesetzes Traubenmaische, Traubenmost oder Wein gezuckert werden darf: Bek. v. 1. Aug. 1910 ZBl. S. 442.

3) Bek. betr. Vorschriften für die chemische Untersuchung des Weines. Vom 25. Juni 1896 ZBl. S. 197.

Abschnitt II Nr. 14 Ziff. a u. d geändert: Bek. v. 2. Juli 1901 ZBl. S. 234.

340 **G. betr. den Verkehr mit blei- und zinkhaltigen Gegenständen.** Vom 25. Juni 1887 RGBl. S. 273.

§ 8 geändert: G. v. 22. März 1888 RGBl. S. 114.

341 **G. betr. Phosphorzündwaren.** Vom 10. Mai 1903 RGBl. S. 217.

342 **G. betr. die Prüfung der Läufe und Verschlüsse der Handfeuerwaffen.** Vom 19. Mai 1891 RGBl. S. 109.

V. über die Inkraftsetzung des Gesetzes. Vom 20. Dez. 1892 RGBl. S. 1055.

Bek. betr. die Ausführung des Gesetzes. Vom 22. Juni 1892 RGBl. S. 674.

(Berichtigung: Beilage I Hinterlader, Kaliber 6/2 „24,30 mm" RGBl. v. 1893 S. 3.)

Beilage II Zusätze: Bek. v. 8. Mai 1895 RGBl. S. 232.

Anhang I zu den Bestimmungen v. 22. Juni 1892 (betr. Läufe für Militärgewehre Modell 88) zugefügt: Bek. v. 23. Juli 1893 RGBl. S. 227.

Bek. betr. die Anerkennung ausländischer (belgischer) Prüfungszeichen für Handfeuerwaffen im Deutschen Reiche. Vom 26. April 1899 RGBl. S. 275.

Bek. betr. die Anerkennung französischer Prüfungszeichen für Handfeuerwaffen. Vom 15. Juli 1904 RGBl. S. 309[1]).

343 **G. gegen den verbrecherischen und gemeingefährlichen Gebrauch von Sprengstoffen.** Vom 9. Juni 1884 RGBl. S. 61. Gutt. Samml. Nr. 2, Rüdorff.

1) Bek. betr. die Anerkennung ausländischer (englischer) Prüfungszeichen für Handfeuerwaffen im Deutschen Reiche. Vom 30. Juni 1894 ZBl. S. 350.

Abschnitt II ersetzt: Bek. v. 20. März 1909 ZBl. S. 81.

Bek. desgl. (österreichischer, ungarischer): ZBl. v. 1910 S. 203.

Bek. dazu (Bezeichnung der vorzugsweise als Schießmittel gebrauchten Sprengstoffe). Vom 29. April 1903 RGBl. S. 211.

Nr. I A Ziff. 1 ersetzt: Bek. v. 20. Juni 1907 RGBl. S. 375.

Nr. I A Ziff. 3 ersetzt: Bek. v. 10. April 1911 RGBl. S. 180.

G. betr. die Bezeichnung des Raumgehaltes der Schankgefäße. Vom 20. Juli 1881 RGBl. S. 249. 344

§ 1 Abs. 3 ersetzt, § 2 Abs. 1 lit. b zwischengefügt, bisherige lit. b wird lit. c, § 2 Abs. 3 u. 4 zugefügt: G. wegen Änderung des Schankgefäßgesetzes. Vom 24. Juli 1909 RGBl. S. 891.

G. über den Feingehalt der Gold- und Silberwaren. Vom 16. Juli 1884 RGBl. S. 120. 345

Bek. betr. die Bestimmung der Form des Stempelzeichens zur Angabe des Feingehalts auf goldenen und silbernen Geräten. Vom 7. Jan. 1886 RGBl. S. 1.

4. Handel.

(Siehe auch Abschnitt „Einzelne Gewerbebetriebe" oben.)

Bankwesen — Gutt. Samml. Nr. 26, Koch.

Bankgesetz. Vom 14. März 1875 RGBl. S. 177. 346

Geändert durch a) G. v. 7. Juni 1899 RGBl. S. 311, b) Reichsschuldenordnung. Vom 19. März 1900 § 20 RGBl. S. 133, c) G. betr. die Ausgabe von Reichsbanknoten zu 50 und 20 Mark. Vom 20. Febr. 1906 RGBl. S. 318, d) G. v. 1. Juni 1909 RGBl. S. 515:

§ 2 geändert: 1909 S. 516 (Art. 3).

§ 3 Zusatz: 1906 S. 318.

§ 8 Abs. 2 Nr. 2, § 10, § 13 Nr. 2 geändert, § 13 Nr. 3b Zusatz, § 13 Nr. 9 zugefügt: 1909 S. 515.
§ 16 Abs. 2 geändert: 1900 S. 133.
§ 17, § 18 geändert, § 19 Abs. 1 ersetzt, §§ 20a und 20b zugefügt, § 22 ersetzt: 1909 S. 515.
§ 23 ersetzt: 1899 S. 311.
§ 24 ersetzt: 1909 S. 515.
§ 31 Satz 3 ersetzt: 1899 S. 311.
§ 32 Abs. 1 geändert: 1909 S. 515.
§ 40 Ziff. 6 ersetzt: 1899 S. 311.
§ 47a zugefügt: 1909 S. 515.
Anlage zum § 9 geändert: 1909 S. 516 (Art. 2).

G. betr. die Abänderung des Bankgesetzes v. 14. März 1875. Vom 7. Juni 1899 RGBl. S. 311 (Art. 7 und 9).

G. betr. Änderung des Bankgesetzes. Vom 1. Juni 1909 RGBl. S. 515 (Art. 2 und 3).

G. betr. die Ausgabe von Banknoten. Vom 21. Dez. 1874 RGBl. S. 193 (Art. II § 4).

[1]) [2])

347 **G. betr. den Schutz des zur Anfertigung von Reichsbanknoten verwendeten Papiers gegen unbefugte Nachahmung. Vom 2. Jan. 1911 RGBl. S. 25.**

Reichsbank — Gutt. Samml. Nr. 26, Koch.

348 **Statut der Reichsbank. Vom 21. Mai 1875 RGBl. S. 203.**

---

1) Verzeichnis der Reichsbankhauptstellen und Reichsbankstellen: Bek. v. 17. Dez. 1875 ZBl. S. 802. Reichsbankhauptstellen errichtet in Danzig: Bek. v. 24. April 1879 ZBl. S. 325, in Kiel: Bek. v. 25. Juli 1901 ZBl. S. 302.

2) Verpflichtung der Reichsbank durch die Unterschrift einer Reichsbankstelle: Bek. v. 27. Dez. 1875 ZBl. S. 820.

Geändert durch a) V. v. 3. Sept. 1900 RGBl. S. 793,
b) V. v. 18. Dez. 1909 RGBl. S. 980:
§ 2, § 3 nebst Formularen ersetzt: 1900 S. 793.
§ 3 Abs. 2 zugefügt: 1909 S. 980.
§ 8 ersetzt: 1900 S. 793.
§ 11 ersetzt: 1909 S. 980.
§§ 15, 16, 17 ersetzt: 1900 S. 793.

Vertrag zwischen Preußen und dem Deutschen Reiche über die Abtretung der Preußischen Bank an das Deutsche Reich. Vom 17./18. Mai 1875 RGBl. S. 215.

Reichsbankbeamte — Gutt. Samml. Nr. 26, Koch u. Nr. 1, Rönne.

V. betr. die Anstellung der Beamten und die Zuständigkeit zur Ausführung des G. v. 31. März 1873 bei der Verwaltung der Reichsbank. Vom 19. Dez. 1875 RGBl. S. 378. 349

V. betr. die Besoldungen der Reichsbankbeamten. Vom 30. März 1910 RGBl. S. 597. 350

[1])

V. betr. die Pensionen und Kautionen der Reichsbankbeamten. Vom 23. Dez. 1875 RGBl. S. 380. 351

§ 1 ergänzt u. geändert: V. betr. die Pensionen — der Reichsbankbeamten. Vom 4. Nov. 1907 RGBl. S. 742.
§§ 2 u. 3 ersetzt: V. v. 31. März 1880 RGBl. S. 97.

V. betr. die Pensionen und die Fürsorge für die Hinterbliebenen der Reichsbankbeamten. Vom 4. Nov. 1907 RGBl. S. 742. 352

---

1) E. betr. die Anwendung der Vorschriften über die Dienstwohnungen der Reichsbeamten auf die Beamten der Reichsbank. Vom 24. Mai 1911 ZBl. S. 384.

Privat-Notenbanken — Gutt. Samml. Nr. **26**, Koch.

353 **Bek. betr. die Anwendung der §§ 42 und 43 des Bankgesetzes v. 14. März 1875. Vom 29. Dez. 1875 RGBl. S. 390.**

Anlage geändert: Bek. betr. die Einlösung der Banknoten der Sächsischen Bank. Vom 3. Sept. 1879 RGBl. S. 286.

Zweite Bek. betr. die Anwendung der §§ 42 u. 43 des Bankgesetzes. Vom 7. Jan. 1876 RGBl. S. 2. (Die in der Bek. aufgeführten Banken haben das Recht zur Notenausgabe verloren s. Nr. 354).

354 **Bekanntmachungen betr. den Aufruf und die Einziehung**

der 100 Mark-Noten der Bayerischen Hypotheken- und Wechselbank. Vom 7. Juni 1877 RGBl. S. 527.

der von der vormaligen Preußischen Bank ausgegebenen 100 Mark-Noten. Vom 10. Apri I1878 RGBl. S. 12.

der 100 Mark-Noten der Rostocker Bank. Vom 19. Okt. 1878 RGBl. S. 350.

der 100 Mark-Noten der Kommerzbank in Lübeck. Vom 8. Aug. 1886 RGBl. S. 259.

der 100 Mark-Noten der Kölnischen Privatbank in Köln. Vom 7. Juli 1887 RGBl. S. 286.

der 100 Mark-Noten der Hannoverschen Bank in Hannover. Vom 16. Juli 1889 RGBl. S. 169.

der 100 Mark-Noten der Bremer Bank in Bremen. Vom 25. Okt. 1889 RGBl. S. 199.

der 500 Mark-Noten des Leipziger Kassenvereins in Leipzig. Vom 4. Juli 1890 RGBl. S. 76.

der Noten der Magdeburger Privatbank in Magdeburg. Vom 9. Dez. 1890 RGBl. S. 205.

Geändert (Frist): Bek. v. 29. April 1893 RGBl. S. 153.

der 100, 200 und 500 Mark-Noten der Provinzial-Aktienbank des Großherzogtums Posen in Posen. Vom 9. Dez. 1890 RGBl. S. 206.

der 100 Mark-Noten der Danziger Privat-Aktienbank in Danzig. Vom 25. Dez. 1890 RGBl. S. 213.

der 100 Mark-Noten der Chemnitzer Stadtbank. Vom 3. Febr. 1891 RGBl. S. 12.

der Noten der Städtischen Bank zu Breslau. Vom 19. Nov. 1893 RGBl. S. 263.

der Noten der Frankfurter Bank in Frankfurt a. M. Vom 6. Juli 1901 RGBl. S. 262.

der Noten der Bank für Süddeutschland in Darmstadt. Vom 5. Juni 1902 RGBl. S. 225.

der Noten der Landständischen Bank des Königlich Sächsischen Markgrafentums Oberlausitz in Bautzen. Vom 17. Aug. 1903 RGBl. S. 270.

der Noten der Braunschweigischen Bank zu Braunschweig. Vom 14. April 1906 RGBl. S. 461.

Hypothekenbanken — Gutt. Samml. Nr. **51**, Göppert.

Hypothekenbankgesetz. Vom 13. Juli 1899 RGBl. S. 375. 355

Börsenwesen — Gutt. Samml. Nr. **41**, Hemptenmacher.

Börsengesetz. In der Fassung vom 27. **Mai** 1908 RGBl. S. 215. 356

(Übergangs- u. Schlußbestimmungen s. G. betr. Änderung des Börsengesetzes. Vom 8. Mai 1908 Art. V u. VI RGBl. S. 193.)

Bek. betr. die Feststellung des Börsenpreises von Wertpapieren. Vom 21. Nov. 1912 RGBl. S. 537. 357

Bek. betr. die Zulassung von Wertpapieren zum Börsenhandel. Vom 4. Juli 1910 RGBl. S. 917. 358

(Wegen Börsenhandels mit kleinen Aktien von Aktiengesellschaften in den Konsulargerichtsbezirken in China und im Schutzgebiete Kiautschou s. Nr. 525 u. 537.)

359 Bekanntmachungen betr. die Zulassung von Börsentermingeschäften in Anteilen von Bergwerks- und Fabrikunternehmungen. Vom 29. Mai 1908 RGBl. S. 239, vom 1. Juli 1908 RGBl. S. 465.

Weitere Bekanntmachungen vom 30. Okt. 1908 RGBl. S. 585 (Aluminium-Industrie-Akt.-Gesellschaft Neuhausen, Schweiz), vom 16. Dez. 1908 RGBl. S. 647 (Oberschlesische Eisenbahnbedarfs-Akt.-Gesellschaft in Friedenshütte, Oberschles. Eisenindustrie-A.-G. für Bergbau und Hüttenbetrieb in Gleiwitz), vom 29. April 1909 RGBl. S. 435 (Eschweiler Bergwerksverein), vom 27. Dez. 1909 RGBl. S. 1000 (Gesellschaft für elektrische Unternehmungen in Berlin), vom 25. Juni 1910 RGBl. S. 910 (South West Africa Company Limited zu London), vom 30. Okt. 1911 RGBl. S. 917 (Lothringer Hüttenverein Aumetz-Friede in Brüssel), vom 4. April 1912 RGBl. S. 255 (Orenstein & Koppel-Arthur Koppel A.-G. in Berlin).

360 Bek. betr. die Untersagung des Börsenterminhandels in Kammzug. Vom 20. April 1899 RGBl. S. 266.

361 Bek. betr. die Geschäftsbedingungen der Produktenbörse zu Berlin für den Zeithandel in Getreide und Mehl. Vom 29. Mai 1908 RGBl. S. 240.

Nr. I 5 ersetzt, Nr. VI Abs. 1 Satz 1 geändert, Nr. VI Abs. 2 ersetzt: Bek. v. 4. Juni 1910 RGBl. S. 875.

Bek. betr. den börsenmäßigen Zeithandel in Getreide an der Produktenbörse zu Danzig. Vom 24. Dez. 1909 RGBl. S. 993.

§ 3 Abs. 2 zugefügt, § 7 Abs. 1a Zusatz: Bek. v. 11. Nov. 1911 RGBl. S. 954.

Bek. betr. die Geschäftsbedingungen der Produktenbörse zu Mannheim für den Zeithandel in Getreide. Vom 27. Dez. 1909 RGBl. S. 997.

5. Verkehrswesen.

5a) Post- und Telegraphenwesen.

Gutt. Samml. Nr. 7, König.

(Wegen Weltpostverein, Post- und Telegraphenverträge mit dem Auslande s. unter Beziehungen zum Ausland.)

Postwesen.

G. über das Postwesen des Deutschen Reichs. Vom 28. Okt. 1871 RGBl. S. 347[1][2]). 362

---

1) Postordnung für das Deutsche Reich. Vom 20. März 1900 ZBl. S. 53.

Geändert durch Bek. a) v. 4. Aug. 1900 ZBl. S. 495, b) v. 14. Nov. 1900 ZBl. S. 599, c) v. 8. April 1901 ZBl. S. 107, d) v. 12. Dez. 1901 ZBl. S. 429, e) v. 25. April 1903 ZBl. S. 152, f) v. 25. Juli 1903 ZBl. S. 478, g) v. 15. März 1904 ZBl. S. 73, h) v. 17. Juni 1904 ZBl. S. 227, i) v. 23. Juni 1906 ZBl. S. 901, k) v. 17. Nov. 1906 ZBl. S. 1315, l) v. 10. Sept. 1907 ZBl. S. 436, m) v. 13. Aug. 1908 ZBl. S. 336, n) v. 12. Dez. 1908 ZBl. S. 521, o) v. 26. Sept. 1909 ZBl. S. 1333, p) v. 1. Juni 1910 ZBl. S. 229, q) v. 21. Dez. 1910 ZBl. S. 689, r) v. 12. Nov. 1912 ZBl. S. 830:

§ 3 ersetzt: 1907 S. 436.
II Satz 2 zwischengeschoben: 1908 S. 336.
§ 4 I Satz 2 zugefügt: 1909 S. 1333.
§ 6 I geändert: 1909 S. 1333.
III Satz 1 und 2 ersetzt: 1903 S. 152.
Satz 2 geändert: 1912 S. 830.
IV zwischengeschoben, bisheriger Abs. IV wird V: 1904 S. 227.
§ 7 III und IV ersetzt: 1907 S. 436.
VI geändert: 1906 S. 901.
§ 8 III ersetzt: 1907 S. 436.
VII ersetzt: 1910 S. 689.

§§ 1a u. 2a zugefügt: G. v. 20. Dez. 1899 RGBl. S. 716.

X Ziff. 1, 2, 5 geändert: 1907 S. 436.
Ziff. 7 geändert: 1910 S. 229, 1901 S. 107 u. 1907 S. 436.
Ziff. 8 ersetzt, Ziff. 10 geändert: 1907 S. 436.
XII geändert: 1906 S. 901.
XIV ersetzt: 1910 S. 229.
Satz zugefügt: 1912 S. 830.
XV ersetzt: 1900 S. 599.
XVI ersetzt } 1910 S. 229.
XVII gestrichen }
§ 9 I geändert: 1907 S. 436.
IV geändert, VI Satz 1 eingeschoben: 1906 S. 901.
§ 10 I ersetzt: 1907 S. 436.
VII Ziff. 2 Zusatz: 1901 S. 429.
IX geändert: 1906 S. 901.
§ 11 II geändert: 1906 S. 901.
§ 12 II ersetzt: 1910 S. 689.
III ersetzt: 1901 S. 107.
XI, XII, XIII zugefügt: 1910 S. 229.
§ 17 III Abs. 2 zugefügt: 1904 S. 227.
§ 18 VI Satz 1 ersetzt: 1903 S. 152.
IX Abs. 2 Satz 2, Satz 4 ersetzt: 1904 S. 73.
X Abs. 2 zugefügt: 1910 S. 229.
XV Satz 2, XVIII Satz 1 bis 3 ersetzt: 1904 S. 73.
XXI Ziff. 2a ersetzt: 1910 S. 229.
§ 18a zugefügt: 1908 S. 336.
VI letzter Satz, X Ziff. 2 ersetzt: 1910 S. 229.
§ 19 I Zusatz, II letzter Satz ersetzt: 1910 S. 689.
IV Abs. 1 bis 3 eingeschoben: 1904 S. 73.
Abs. 1 ersetzt: 1906 S. 1315.
VI Abs. 2 zugefügt: 1910 S. 229.
geändert: 1910 S. 689.
VIa zugefügt: 1912 S. 830.
VII Nr. 3 ersetzt: 1910 S. 229.
§ 20 IV Zusatz: 1910 S. 229.

§ 4 ersetzt: G. v. 20. Dez. 1875 RGBl. S. 318 (Eisenbahnpostgesetz[3])[4]).
§ 14 geändert: G. betr. die Einführung der ZPO. Vom 30. Jan. 1877 § 13 RGBl. S. 246.
Zu § 20: KO. § 1 Abs. 2 RGBl. v. 1898 S. 612.

---

§ 21 VI Satz 1 geändert: 1904 S. 73.
VII Zusatz: 1907 S. 436.
§ 22 I, II ersetzt: 1904 S. 73.
IV gestrichen, Absätze V bis XII werden IV bis XI: 1912 S. 830.
IV, bisher V, beide letzte Sätze ersetzt: 1904 S. 73.
VII Satz 1 u. 2 ersetzt } 1901 S. 429.
§ 25 III Satz 1, VIII ersetzt } 1901 S. 429.
§ 29 I, III Satz 2 geändert: 1912 S. 830.
§ 36 I letzter Abs. Satz 1 ersetzt: 1901 S. 429.
VII ersetzt: 1906 S. 1315.
geändert: 1907 S. 436.
VIII Satz 3 zugefügt u. Zusatz: 1901 S. 429 u. 1907 S. 436.
X ersetzt: 1900 S. 495.
Ziff. r bis t zwischengeschoben, bisherige Ziffer r wird u: 1903 S. 152.
§ 37 Überschrift u. I ersetzt, III geändert, IV ersetzt: 1906 S. 901.
§ 38 Satz 1 ersetzt: 1906 S. 1315.
§ 39 IV Satz 2 ersetzt: 1903 S. 152.
VII geändert: 1901 S. 107.
XIII Zusatz (1901 S. 107) ersetzt: 1906 S. 901.
XV geändert: 1909 S. 1333.
§ 41 I Abs. 2 zugefügt: 1908 S. 521.
Abs. 3 zugefügt: 1910 S. 229.
§ 42 I Satz 3 gestrichen, II u. III eingeschoben (bisherige Absätze II—VI erhalten neue Nummern): 1901 S. 107.
§ 44 III zwischengeschoben, bisherige Absätze III u. IV werden IV und V: 1901 S. 429.
IV (früher III) letzter Satz geändert: 1906 S. 901.

G. betr. einige Änderungen von Bestimmungen über das Postwesen. Vom 20. Dez. 1899 RGBl. S. 715 Art. 3—5 (Aufhebung der Privatpostanstalten).

363 **G. über das Posttaxwesen im Gebiete des Deutschen Reichs. Vom 28. Okt. 1871 RGBl. S. 358.**

§ 1 ersetzt, § 1a zugefügt: G. v. 20. Dez. 1899 RGBl. S. 715[5])[6]).

---

§ 45 II Satz 3 zugefügt, III Satz 1 geändert: 1909 S. 1333.
III letzter Abs. ersetzt: 1912 S. 830.
§ 46 I Satz 1 ersetzt: 1901 S. 429.
Letzter Satz geändert: 1906 S. 901.
II Zusatz: 1907 S. 436.
III Satz 1 ersetzt, V am Schluß geändert: 1901 S. 429.
§ 48 Satz 2 geändert: 1906 S. 901.
§ 50 IV Satz 2 zugefügt: 1901 S. 429.
Abschnitt II Überschrift ersetzt, § 51 1 geändert, Unterabschnitt 2 mit § 62a, Unterabschnitt 3 mit § 62b zugefügt: 1908 S. 336.
§ 70a zugefügt: 1903 S. 478.

2) Anweisung über das Verfahren betr. die postamtliche Bestellung von Schreiben mit Zustellungsurkunde. Vom 26. Okt. 1899 ZBl. v. 1900 S. 329.
§ 6 Abs. 3 zwischengeschoben, Abs. 4 (früher Abs. 3) ersetzt, § 8 Abs. 3 geändert: ZBl. v. 1906 S. 1138.

3) Vollzugsbestimmungen zum Eisenbahnpostgesetze v. 20. Dez. 1875. Vom 9. Febr. 1876 ZBl. S. 87.
II Ziff. 4, III Ziff. 2 ersetzt, VIII Ziff. 8 Vorbehalt erledigt: Bek. v. 24. Dez. 1881 ZBl. v. 1882 S. 4.

4) Bestimmungen betr. die Verpflichtungen der Eisenbahnen untergeordneter Bedeutung zu Leistungen für die Zwecke des Postdienstes: Bek. v. 28. Mai 1879 ZBl. S. 380.

5) Verzeichnis der Nachbarpostorte, auf welche der Geltungsbereich der Ortsbrieftaxe ausgedehnt wird: Bek. v. 20. März 1900 ZBl. S. 93.

§§ 2 u. 3 geändert: G. v. 17. Mai 1873 RGBl. S. 107.
§ 8 Abs. 2 ersetzt: G. v. 22. Mai 1910 RGBl. S. 837.
§ 10 ersetzt: G. v. 20. Dez. 1899 RGBl. S. 715.

G. betr. die Portofreiheiten. Vom 5. Juni 1869 BGBl. S. 141. 364

Bek. betr. die portopflichtige Korrespondenz zwischen Behörden verschiedener Bundesstaaten. Vom 29. Aug. 1870 BGBl. S. 514. 365

Gültig auch für Südhessen, Baden, Elsaß-Lothringen: Bek. v. 17. April 1872 RGBl. S. 108, und für Bayern und Württemberg: Bek. v. 8. Juli 1873 RGBl. S. 232.
(Gültig auch im Verkehr mit den Behörden in der österreichisch-ungarischen Monarchie und der Schweiz siehe Nr. 710.)

Bek. betr. die Postscheckordnung. Vom 6. Nov. 1908 RGBl. S. 587. (Wegen der dem Reichskanzler erteilten Ermächtigung, den Post-Überweisungs- und Scheckverkehr einzuführen, s. G. betr. die Feststellung eines zweiten Nachtrags zum Reichshaushaltsetat für das Rechnungsjahr 1908. Vom 18. Mai 1908 RGBl. S. 197.) 366

§ 2 ersetzt, § 3 Abs. IX eingeschaltet, bisheriger Abs. IX wird Abs. X, § 4 Überschrift und Abs. IV ersetzt: Bek. v. 20. März 1910 RGBl. S. 593.
§ 8 Abs. I u. II ersetzt, Abs. III eingeschoben, bisherige Absätze III bis XII werden IV bis XIII: Bek. v. 22. Okt. 1909 RGBl. S. 938.

Gutt. Samml. Nr. 85, Apt.

Vielfach ergänzt: Nachträge I bis XXV.
6) Bek. betr. **Taxsätze für Postsendungen im Nachbarortsverkehre der Königreiche Bayern u. Württemberg.** Vom 19. Juli 1906 BBl. S. 1088.

367 **G. betr. Postdampfschiffsverbindungen mit überseeischen Ländern (Ostasien, Australien). Vom 6. April 1885 RGBl. S. 85[1]).**

§ 2 ergänzt: G. v. 27. Juni 1887 RGBl. S. 275 und G. v. 20. März 1893 RGBl. S. 95.

G. zur Ergänzung der Gesetze betr. Postdampfschiffsverbindungen mit überseeischen Ländern (Geltungsdauer, Verbindung mit China). Vom 13. April 1898 RGBl S. 163.

G. desgl. (Verbindung zwischen Neuguinea einer- und Hongkong und Australien anderseits, Anschlußlinie von Singapore). Vom 8. März 1909 RGBl. S. 317 und vom 3. Juni 1908 § 2 RGBl. S. 361 (§ 1 des G. v. 3. Juni 1908 durch G. v. 8. März 1909 geändert).

G. betr. Postdampfschiffsverbindungen mit Afrika. Vom 25. Mai 1900 RGBl. S. 239 (vgl. G. v. 1. Febr. 1890 RGBl. S. 19)[2]).

---

1) Vertrag über die Unterhaltung deutscher Postdampfschiffsverbindungen mit Ostasien und Australien. Vom 30. Okt./12. Sept. 1898 ZBl. S. 453.

Nachtrag zu dem Vertrage (Zeitpunkt des Beginns der Vertragsdauer verlegt). Vom 24./18. März 1899 ZBl. S. 112.

Vertrag über die Unterhaltung von Postdampfschiffsverbindungen mit dem Schutzgebiete Deutsch-Neuguinea. Vom 9./2. Juli 1909 ZBl. S. 614.

2) Vertrag über die Einrichtung und die Unterhaltung von Postdampferverbindungen mit Afrika. Vom 21./9. Juli 1900 ZBl. S. 484.

Nachtrag zu dem Vertrage. Vom 17./5. Juni 1901 ZBl. S. 235.

Zweiter Nachtrag. Vom 11. April 1907 ZBl. S. 201.

Telegraphenwesen.

G. über das Telegraphenwesen des Deutschen Reichs. Vom 6. April 1892 RGBl. S. 467[1–6]. 368

§ 3 Abs. 2, §§ 3a u. 3b, § 7 Abs. 2 zugefügt: G. v. 7. März 1908 RGBl. S. 79.

---

1) Bestimmungen über Fernsprech-Nebenanschlüsse. Vom 31. Jan. 1900 ZBl. S. 23.

I 1 Abs. zugefügt: Bek. v. 15. Nov. 1901 ZBl. S. 409.

I 2 Satz zugefügt: Bek. v. 22. März 1907 ZBl. S. 67.

I 5 Abs. zugefügt: Bek. v. 11. Juli 1903 ZBl. S. 446.

2) Telegraphenordnung für das Deutsche Reich. Vom 16. Juni 1904 ZBl. S. 229.

Geändert durch Bek. a) v. 14. März 1905 ZBl. S. 56, b) v. 14. Juni 1908 ZBl. S. 230, c) v. 27. Mai 1909 ZBl. S. 228:

§ 2 III Satz 2, IV, V letzter Abs. ersetzt, § 3 IV geändert, V Abs. 1 Satz 2 und 3, Abs. 3 ersetzt, Abs. 4 zwischengeschoben, X Abs. 1 letzter Satz fällt fort, XI ersetzt, § 6a letzter Satz, c Abs. 2, d geändert, f 1 b, h, i Satz 1 ersetzt, § 9 III ersetzt, IV geändert, § 11 I ersetzt, § 13 V Abs. 1 Zusatz, § 14 I Zusatz, III ersetzt, § 15 ersetzt, § 16 V 1 letzter Satz fällt fort: 1909 S. 228.

§ 17 II Abs. 1e zugefügt: 1908 S. 230; geändert: 1909 S. 228.

§ 17 III Satz 2 ersetzt: 1905 S. 56.

§ 18 II ersetzt, § 19 III ersetzt, VI, VII, IX geändert, X zwischengeschoben, bisherige Absätze X u. XI werden XI u. XII, § 20 I Abs. 1 letzter Satz u. Abs. 2 (s. 1908 S. 230) ersetzt, § 21 II Abs. d bis h durch Abs. d bis k ersetzt, V ersetzt: 1909 S. 228.

§ 21 VIII zugefügt: 1908 S. 230; geändert: 1909 S. 228.

§ 22 I u. III ersetzt, § 23 I Satz 2 geändert: 1909 S. 228.

§ 23 I Zusatz: 1908 S. 230; geändert: 1909 S. 228.

§ 24 III zwischengeschoben, bisheriger Absatz III wird IV: 1908 S. 230.

369 **Bek. betr. die Schiffstelegraphie. Vom 16. Juli 1908 RGBl. S. 476.**

370 **Bestimmungen über den Betrieb von Telegraphenanlagen auf fremden Schiffen in deutschen Hoheitsgewässern. Vom 12. Dez. 1909 RGBl. S. 977.**

371 **G. betr. die Einführung von Telegraphen-Freimarken. Vom 16. Mai 1869 BGBl. S. 377.**

---

3) Reglement über die Benutzung der innerhalb des Deutschen Reichs-Telegraphengebiets gelegenen Eisenbahntelegraphen zur Beförderung solcher Telegramme, welche nicht den Eisenbahndienst betreffen. Bek. v. 8. März 1876 ZBl. S. 155.

4) Bek. betr. Bestimmungen über die Benutzung der Fernsprechverbindungsleitungen zur Nachtzeit. Vom 19. Sept. 1901 ZBl. S. 342.

Punkt 1 ersetzt: Bek. v. 11. Febr. 1905 ZBl. S. 32.

5) Bek. betr. Verbindungen zur Nachtzeit im [Nachbarorts-,] Vororts- und Bezirks-Fernsprechverkehre. Vom 9. Jan. 1902 ZBl. S. 8.

Aufgehoben für Nachbarortsverkehr: Bek. v. 18. Febr. 1904 ZBl. S. 51.

6) Anweisung für den Funkentelegraphendienst. Bek. v. 12. Aug. 1909 ZBl. S. 753.

Geändert durch Bekanntmachungen vom a) 15. Dez. 1910 ZBl. S. 688, b) 26. Juni 1911 ZBl. S. 396, c) 9. Juli 1912 ZBl. S. 581:

§ 4 Nr. 1 Abs. 1 geändert, Anm. zu § 4 ersetzt: 1910 S. 688.

§ 5 Nr. 1 Zusatz: 1912 S. 581.

§ 23 Nr. 2a geändert: 1911 S. 396.

§ 41 Nr. 3 Abs. 1 geändert, § 41 am Schlusse Zusatz: 1910 S. 688.

§ 42 Nr. 2 Abs. 3 Zusatz: 1912 S. 581.

§ 46 Zusatz, § 47 Abs. 4 Zusatz: 1910 S. 688.

V. betr. die gebührenfreie Beförderung von Telegrammen. Vom 2. Juni 1877 RGBl. S. 524. 372

Fernsprechgebühren-Ordnung. Vom 20. Dez. 1899 RGBl. S. 711[1]). 373

Telegraphenwege-Gesetz. Vom 18. Dez. 1899 RGBl. S. 705. 374

---

1) Ausführungsbestimmungen zur Fernsprechgebührenordnung. Vom 26. März 1900 ZBl. S. 242.

Geändert durch Bek. a) v. 28. Juni 1901 ZBl. S. 235, b) v. 28. Sept. 1902 ZBl. S. 366, c) v. 8. Dez. 1902 ZBl. S. 416, d) v. 27. Febr. 1903 ZBl. S. 86, e) v. 11. Juli 1903 ZBl. S. 446, f) v. 6. Aug. 1903 ZBl. S. 634, g) v. 18. Febr. 1904 ZBl. S. 51, h) v. 31. Okt. 1904 ZBl. S. 391, i) v. 28. Nov. 1910 ZBl. S. 666:

Nr. 7 Abs. 1 geändert, Nr. 8 Abs. 1 Satz 1 ersetzt 1902 S. 416.
Nr. 9 Absätze zugefügt: 1902 S. 366 u. 1903 S. 634.
Nr. 12 ersetzt: 1904 S. 391.
Nr. 13 ersetzt: 1904 S. 51.
Nr. 13a zugefügt: 1910 S. 666.
Nr. 17 hinter Abs. 1 neue Absätze zwischengeschoben: 1902 S. 416, 1903 S. 634.
Nr. 17 früherer Abs. 2 geändert: 1903 S. 446.
Nr. 17 letzter Absatz geändert, am Schluß Absatz zugefügt: 1902 S. 416.
Nr. 18 Abs. 1 ersetzt: 1904 S. 391.
Nr. 18 Abs. 2 zwischengeschoben: 1903 S. 446; geändert: 1904 S. 391.
Nr. 18 Abs. 3 zwischengeschoben: 1904 S. 51; geändert: 1904 S. 391.
Nr. 18 Abs. 5 (früher 3) ersetzt: 1901 S. 235.
Nr. 18 Abs. 6 zugefügt: 1904 S. 51; Satz 1 ersetzt: 1904 S. 391.
Nr. 19 am Schluß Satz zugefügt: 1903 S. 86.

Ausführungsbestimmungen dazu. Vom 26. Jan. 1900 RGBl. S. 7[1]).

(Wegen Schutz der unterseeischen Telegraphenkabel f. Nr. 712.)

Postverwaltung.

375 **V. betr. die Verwaltung des Post- und Telegraphenwesens.** Vom 22. Dez. 1875 RGBl. S. 379[2]) [3]) [4]).

376 **Verzeichnis der Oberpostdirektionen[2]).**

Spätere Änderungen:

E. betr. die Einrichtung einer Oberpostdirektion in Chemnitz. Vom 2. Nov. 1896 RGBl. v. 1897 S. 201.

Bek. betr. die Verlegung der Kaiserlichen Oberpostdirektion in Arnsberg nach Dortmund. Vom 26. Juni 1895 RGBl. S. 354.

E. betr. die Übertragung der Post- und Telegraphenverwaltungsgeschäfte für Charlottenburg und Westend auf die Oberpostdirektion in Berlin. Vom 7. Jan. 1880 RGBl. S. 12.

---

1) Zusammenstellung der **Behörden**, welche in den einzelnen Staaten des Reichstelegraphengebiets als untere und höhere Verwaltungsbehörden im Sinne der §§ 7 und 8 sowie als Verwaltungsbehörden im Sinne des § 13 Abs. 2 des **Telegraphenwegegesetzes** v. 18. Dez. 1899 anzusehen sind: ZBl. v. 1900 S. 302.

2) Bek. betr. die Verwaltung des Post- und Telegraphenwesens. Vom 1. Jan. 1876 ZBl. S. 5.

3) Vorschriften über die Annahme, Ausbildung und Prüfung der **Anwärter für den höheren Dienst der Reichs-Post- und Telegraphenverwaltung.** Vom 18. April 1908 ZBl. S. 168.

4) Vorschriften über die Annahme und Anstellung von **Anwärtern für die mittlere Laufbahn** im Reichs-Post- und Telegraphendienste. Vom 1. Jan. 1900 ZBl. S. 2.

E. betr. die Übertragung der Post- und Telegraphenverwaltungsgeschäfte für eine Anzahl von Orten von der Oberpostdirektion in Potsdam auf diejenige von Berlin. Vom 13. Juli 1901 RGBl. S. 277.

(Wegen Zuteilung Helgolands zum Oberpostdirektionsbezirk Hamburg s. Nr. 55.)

E. betr. die Benennung der obersten Reichsbehörde für die dem Ressort des Generalpostmeisters zugewiesenen Verwaltungszweige. Vom 23. Febr. 1880 RGBl. S. 25. 377

E. betr. die Amtsbezeichnungen „Telegraphendirektor" und „Telegrapheninspektor". Vom 17. Juli 1876 RGBl. S. 186. 378

E. betr. Amtsbezeichnung und Rangverleihung für in Stellen für Unterdirektoren bei Post-, Telegraphen- und Fernsprechämtern verwendete Beamte (Vizepostdirektor, Vizetelegraphendirektor). Vom 17. Juli 1907 RGBl. S. 423.

E. betr. den Rang der Oberpostdirektoren. Vom 22. Febr. 1882 RGBl. S. 42.

E. betr. das Rangverhältnis der Posträte und Oberposträte. Vom 1. April 1871 RGBl. S. 103.

E. betr. den Rang der Oberpostpraktikanten. Vom 27. Dez. 1911 RGBl. v. 1912 S. 1.

E. betr. die Kaiser Wilhelm-Stiftung für die Angehörigen der Deutschen Reichspostverwaltung. Vom 29. Aug. 1872 RGBl. S. 373. 379

G. betr. die Kaiser Wilhelm-Stiftung für die Angehörigen der Deutschen Reichspostverwaltung. Vom 4. März 1876 RGBl. S. 122 (auf Telegraphenverwaltung ausgedehnt).

5b) Eisenbahnwesen.

Gutt. Samml. Nr. 35, Coermann u. Nr. 66, Pietsch.

(Wegen Eisenbahnverkehr mit dem Auslande s. unter Beziehungen zum Auslande.)

Vorschriften über den Betrieb der Eisenbahnen.

380 **Bek. betr. die Eisenbahn-Bau- und Betriebsordnung. Vom 4. Nov. 1904 RGBl. S. 387.**

Geändert durch Bek. a) v. 24. Juni 1907 RGBl. S. 394, b) v. 18. Nov. 1912 RGBl. S. 555:

§ 6 Abs. 4, § 11 Abs. 5 u. 8, § 15 Abs. 4, § 28 Abs. 5 ersetzt: 1907 S. 394.

§ 28 Abs. 7 ersetzt: 1912 S. 555.

§ 31 Abs. 3 ersetzt: 1907 S. 394.

§ 33 Abs. 4 Ziff. b ersetzt: 1912 S. 555.
Ziff. c ersetzt: 1907 S. 394.
Ziff. d ersetzt: 1912 S. 555.

§ 33 Abs. 4 Ziff. e, g, § 34 Abs. 1 u. 2 ersetzt: 1907 S. 394.

§ 42 Abs. 1 Ziff. c, f, g, o ersetzt, Ziff. p zugefügt: 1912 S. 555.

§ 45 Abs. 1 Ziff. 3 u. 8, § 49 Abs. 1 ersetzt: 1907 S. 394.

§ 52a zugefügt: 1912 S. 555.

§ 53 Abs. 2, § 54 Abs. 1 u. 4 ersetzt: 1907 S. 394.

§ 54 Abs. 6, § 55 Abs. 1 ersetzt, Abs. 4 zwischengeschoben, bisheriger Abs. 4 wird 5, Abs. 6 u. 7 zwischengeschoben, bisherige Abs. 5 u. 6 werden 8 u. 9, Abs. 9, bisher 6, ersetzt, bisherige Abs. 7 u. 8 werden 10 u. 11: 1912 S. 555.

§ 55 Abs. 10, bisher 7, ersetzt: 1907 S. 394.

§ 55 Abs. 11, bisher 8, ersetzt, bisheriger Abs. 9 gestrichen, Abs. 10 u. 11 werden 12 u. 13: 1912 S. 555.

§ 56 Abs. 3 u. 6 ersetzt: 1907 S. 394.

§ 56 Abs. 7 ersetzt: 1912 S. 555.

§ 56 Abs. 9, § 57 Abs. 1, § 58 Abs. 1 ersetzt: 1907 S. 394.

§ 58 Abs. 3 ersetzt: 1912 S. 555.

§ 61 Abs. 2, § 63 Abs. 1 u. 2 ersetzt: 1907 S. 394.

§ 63 Abs. 5 ersetzt: 1912 S. 555.

§ 65 Abs. 3 Ziff. b u. Abs. 6, § 66 Abs. 2 Ziff. e ersetzt: 1907 S. 394.

§ 66 Abs. 3 u. 4 Eingang ersetzt, § 67 Abs. 4 gestrichen, bisherige Abs. 5 u. 6 werden 4 u. 5: 1912 S. 555.

§ 67 Abs. 7, jetzt 6, zugefügt, § 69 Abs. 1 u. 4, § 71 Abs. 1, § 72 Abs. 2, Anl. A Bemerkung b zu dem unteren Teile der Umgrenzung ersetzt: 1907 S. 394.

Bek. betr. die Bestimmungen über die Befähigung von Eisenbahn-Betriebs- und Polizeibeamten. Vom 8. März 1906 RGBl. S. 391. 381

C Ziff. 3 Abs. 7a, Ziff. 5 Abs. 13, Ziff. 7 Abs. 9, Ziff. 14 Überschrift u. Abs. 10 ersetzt, Ziff. 14a eingefügt, Ziff. 16 Abs. 14 ersetzt: Bek. v. 10. Juli 1911 RGBl. S. 475.

Bek. betr. die Eisenbahn-Signalordnung. Vom 24. Juni 1907 RGBl. S. 377. 382

II 5, IV Eingang, 9, 10, VII 17, 18, 19, VIII 22 Überschrift ersetzt: Bek. v. 12. März 1910 RGBl. S. 515.

Bek. betr. die Bestimmungen über die technische Einheit im Eisenbahnwesen. Vom 25. Mai 1908 RGBl. S. 362. 383

Eisenbahnverkehrswesen.

384 **Bek. betr. die Eisenbahn-Verkehrsordnung. Vom 23. Dez. 1908 RGBl. v. 1909 S. 93[1]).**

Gutt. Samml. Nr. **91**, Blume.

Anlage B § 3 Abs. 3 vorletzter Satz, § 6 Abs. 1 Sätze 2 u. 3 geändert: Bek. v. 16. Dez. 1911 RGBl. S. 974.

Anlage C geändert durch Bek. v. a) 1. April 1909 RGBl. S. 337, b) 1. Mai 1909 RGBl. S. 435, c) 13. Juli 1909 RGBl. S. 769, d) 28. Juli 1909 RGBl. S. 901, e) 10. Sept. 1909 RGBl. S. 923, f) 7. Okt. 1909 RGBl. S. 935, g) 8. Dez. 1909 RGBl. S. 974, h) 5. Jan. 1910 RGBl. S. 1, i) 7. Febr. 1910 RGBl. S. 450, k) 9. März 1910 RGBl. S. 473, l) 23. April 1910 RGBl. S. 664, m) 7. Juni 1910 RGBl. S. 879, n) 24. Sept. 1910 RGBl. S. 1067, o) 17. Nov. 1910 RGBl. 1101, p) 2. Dez. 1910 RGBl. S. 1107, q) 6. Jan. 1911 RGBl. S. 26, r) 15. Febr. 1911 RGBl. S. 60, s) 8. März 1911 RGBl. S. 95,

---

1) Verzeichnis der zur Ausstellung von Leichenpässen in den einzelnen Bundesstaaten zurzeit zuständigen Behörden und Dienststellen. Bek. v. 2. April 1912 ZBl. S. 268.

Ziff. 2 Königreich Bayern Zeile 5 geändert, Ziff. 12 Herzogtum Sachsen-Meiningen ergänzt u. Zeile 2 geändert: Bek. v. 20. Juni 1912 ZBl. S. 564.

Verzeichnis der zur Ausstellung von Leichenpässen zuständigen Behörden u. Dienststellen (in den deutschen Schutzgebieten): Bek. v. 31. Okt. 1907 Abs. 3 unter c ZBl. S. 542.

Verzeichnis der vom 1. Jan. 1910 ab zur Ausstellung von Leichenpässen ermächtigten Kaiserlichen Vertretungen: Bek. v. 10. Jan. 1910 ZBl. S. 14.

Ergänzt u. geändert durch Bek. v. 14. März 1910 ZBl. S. 73, 14. März 1911 ZBl. S. 68, 29. Juli 1911 ZBl. S. 438.

t) 5. April 1911 RGBl. S. 169, u) 29. April 1911 RGBl. S. 205, v) 26. Juni 1911 RGBl. S. 255, w) 9. Aug. 1911 RGBl. S. 872, x) 23. Aug. 1911 RGBl. S. 881, y) 16. Okt. 1911 RGBl. S. 911, z) 8. Nov. 1911 RGBl. S. 945, aa) 6. Jan. 1912 RGBl. S. 147, bb) 12. Febr. 1912 RGBl. S. 170, cc) 6. April 1912 RGBl. S. 255, dd) 31. Mai 1912 RGBl. S. 363, ee) 4. Juli 1912 RGBl. S. 438, ff) 2. Okt. 1912 RGBl. S. 507, gg) 15. Nov. 1912 RGBl. S. 536, hh) 16. Dez. 1912 RGBl. S. 569.

V. betr. die Militär-Transport-Ordnung für Eisenbahnen. Vom 18. Jan. 1899 RGBl. S. 15. 385

Geändert durch Bek. a) v. 16. Juli 1899 RGBl. S. 392, b) v. 14. Nov. 1900 RGBl. S. 1011, c) v. 11. Juni 1901 RGBl. S. 207, d) v. 14. Juli 1901 RGBl. S. 265, e) v. 31. Okt. 1902 RGBl. S. 275, f) v. 3. Dez. 1902 RGBl. S. 293, g) v. 2. Febr. 1903 RGBl. S. 5, h) v. 12. März 1903 RGBl. S. 41, i) v. 20. März 1903 RGBl. S. 60, k) v. 2. Mai 1904 RGBl. S. 159, l) V. v. 21. Nov. 1904 RGBl. S. 445, m) Bek. v. 31. Jan. 1905 RGBl. S. 4, n) v. 13. April 1905 RGBl. S. 237, o) v. 23. Mai 1906 RGBl. S. 558, p) v. 23. Juni 1906 RGBl. S. 850, q) v. 6. Aug. 1907 RGBl. S. 423, r) v. 15. Okt. 1907 RGBl. S. 738, s) v. 5. März 1908 RGBl. S. 68, t) v. 6. Okt. 1908 RGBl. S. 504, u) v. 3. Nov. 1908 RGBl. S. 586, v) v. 19. März 1909 RGBl. S. 321, w) v. 27. März 1909 RGBl. S. 336, x) v. 30. Juni 1909 RGBl. S. 543, y) v. 28. Juli 1909 RGBl. S. 902, z) v. 17. Sept. 1909 RGBl. S. 927, aa) v. 16. Okt. 1909 RGBl. S. 937, bb) v. 25. Juni 1910 RGBl. S. 911, cc) v. 27. April 1911 RGBl. S. 192, dd) v. 31. Jan. 1912 RGBl. S. 167, ee) v. 19. März 1912 RGBl. S. 193, ff) v. 23. Juli 1912 RGBl. S. 448:

§ 1 Abs. 3 geändert: 1905 S. 237.
§ 2, 1 A 3 b geändert: 1907 S. 738.
§ 2, 1 B 1 b Abs. 2 geändert: 1905 S. 237.
§ 2, 1 Fußnote geändert: 1905 S. 4.
§ 7, 1; § 9, 1 und in der Randschrift; § 10, 2 u. 3 geändert: 1907 S. 738.
§ 11, 1 geändert: 1908 S. 504.
§ 12, 4 geändert: 1907 S. 738.
§ 12, 5 geändert: 1905 S. 237.
§ 14, 3 geändert: 1907 S. 738.
§ 15, 2 Abs. 1 Schluß geändert: 1908 S. 504.
§ 18, 1 geändert: 1905 S. 237, 1909 S. 321.
§ 19, 3 geändert: 1907 S. 738.
§ 19, 4 zugefügt: 1908 S. 504.
§ 20, 3; § 20, 5; § 20, 6 geändert: 1909 S. 902.
§ 22, 2 geändert: 1905 S. 237.
§ 23 bisheriger Text erhält Ziff. 1: 1912 S. 193; am Schluß geändert: 1905 S. 237.
§ 23, 2 u. 3 zugefügt: 1912 S. 193.
§ 26, 5 Abs. 2 Ziff. 5a zugefügt: 1902 S. 293.
§ 26, 5 Abs. 2 Ziff. 7 geändert: 1899 S. 392.
§ 30, 1 Abs. 1 geändert: 1905 S. 237.
§ 30, 1 Abs. 2 Tabelle Spalte 1, 3. Abschnitt geändert: 1909 S. 902.
Spalte 2, Kopf u. 1. Querspalte ersetzt: 1908 S. 68.
Spalte 3, Kopf geändert: 1905 S. 237.
Spalte 9 Bemerkung 1a ergänzt: 1911 S. 192.
Bemerkung 2 ersetzt: 1905 S. 237.
§ 30, 2 Eingang geändert: 1905 S. 237.
§ 30, 3 Satz 2 geändert: 1907 S. 423.
§ 30, 6 geändert: 1909 S. 902.
§ 31, 10 Tabelle A Spalte 1b geändert: 1909 S. 902.
Spalte 3 bei Sprengstoffen geändert: 1909 S. 321 [1901 S. 265].
Spalte 4 2. Querspalte Zusatz: 1906 S. 558.

Spalte 5 Kopf geändert: 1907 S. 738.
Spalte 7 Bemerkung 2a zugefügt: 1906 S. 558.
Spalte 7 Bemerkung 5 geändert: 1909 S. 321.
§ 32, 2 Abs. 3 geändert: 1906 S. 850, 1901 S. 207, 1905 S. 4.
§ 32, 4b geändert u. Abs. 2 zugefügt: 1906 S. 558.
§ 32, 4c Satz 1 am Ende u. Abs. 3 geändert: 1909 S. 336.
§ 32, 5a Ziff. 1 u. c geändert: 1905 S. 4.
§ 32, 8 geändert: 1909 S. 321.
§ 32, 11 Abs. 1 geändert: 1909 S. 321.
§ 32, 11 Abs. 1 Schluß gestrichen: 1908 S. 504.
§ 32, 12 geändert: 1909 S. 321.
§ 36, 2 Abs. 2 zugefügt: 1909 S. 937.
§ 36, 3 geändert: 1905 S. 237.
§ 36, 4 ersetzt: 1909 S. 937.
§ 36, 5 ersetzt: 1902 S. 275.
§ 36, 7 ersetzt: 1908 S. 504.
§ 36, 8 Abs. 1 geändert, Abs. 2 ersetzt u. Fußnote zugefügt: 1906 S. 558.
§ 36, 10 ersetzt: 1903 S. 5.
§ 37, 3 ersetzt: 1906 S. 558.
§ 38, 4 Abs. 1 u. 2; § 38, 5; § 38, 6 geändert: 1908 S. 504.
§ 39 Randbezeichnung, § 39, 3 geändert: 1909 S. 902.
§ 40, 1 ersetzt: 1912 S. 167.
§ 40, 2 Abs. 1 ersetzt: 1906 S. 558.
§ 40, 2 Abs. 2 geändert: 1906 S. 558, 1905 S. 237.
§ 40, 8 geändert: 1904 S. 159.
§ 41, 6 u. 9 geändert: 1909 S. 321.
§ 42, 4 Abs. 2 geändert: 1907 S. 738.
§ 43, 3 geändert: 1908 S. 504.
§ 44, 2 Abs. 1 geändert, § 44, 4b u. c ersetzt, d zugefügt: 1908 S. 504.
§ 45, 14 geändert: 1903 S. 41.

§ 45, 18 Abs. 1 geändert u. Zusatz, § 45, 23 Abs. 2 gestrichen, § 45, 25 Satz 1 u. Abs. 2 geändert: 1906 S. 558.

§ 45, 28 Randschrift, § 45, 28 Satz 1 ersetzt, § 45, 29 Satz 1 geändert, die beiden letzten Sätze gestrichen, § 45, 31 geändert: 1908 S. 504.

§ 46, 1b Abs. 2 geändert: 1903 S. 41.

§ 46, 4 Abs. 2 zugefügt: 1908 S. 586.

§ 47, 25 geändert: 1908 S. 504.

§ 48, 1 u. 3 geändert: 1907 S. 738.

§ 49, 1 geändert: 1909 S. 902, 1905 S. 237.

§ 49, 6 geändert: 1909 S. 902.

§ 49, 11 Abs. 1 u. 2 geändert: 1908 S. 504.

§ 50, 2 Zusatz: 1912 S. 448.

§ 50, 2 Fußnote ersetzt: 1905 S. 4.

§ 50, 6 geändert: 1909 S. 321.

§ 50, 7 Abs. 1 Fußnote gestrichen: 1905 S. 4.

§ 50, 7 Abs. 2 ersetzt: 1912 S. 448.

§ 51, 2 Abs. 3 geändert, § 53, 1 Abs. 3 ersetzt: 1905 S. 4.

§ 54, 1 geändert: 1909 S. 321.

§ 54, 3 Abs. 3 ersetzt: 1909 S. 543.

§ 54, 5, § 54, 5 Anm., § 54, 8 geändert: 1909 S. 321.

§ 54, 11 Absatz eingeschaltet: 1903 S. 60.

§ 54, 17 geändert: 1909 S. 321.

§ 54, 18 ersetzt, § 54, 19 bis 23 ersetzt durch neue Ziff. 19 u. 20: 1909 S. 321.

§ 55, 2 Eingang geändert: 1909 S. 902.

§ 56, 1 Abs. 2, § 56, 8 Satz 1 ersetzt: 1900 S. 1011.

§ 56a (1904 S. 445 eingefügt) ersetzt: 1912 S. 448.

§ 57, 2 Abs. 3 geändert: 1909 S. 321.

§ 57, 2 Abs. 4 Ziff. 1 geändert: 1909 S. 902.

§ 58, 4 geändert: 1905 S. 237.

Anlage I Titelseite links geändert: 1909 S. 902, 1907 S. 423, 1908 S. 586.

Titelseite Anmerkung unter Mitteilung des Bahnbevollmächtigten (1906 S. 558 zugefügt) ersetzt: 1908 S. 586.

Anlage II Titelseite oben links geändert: 1907 S. 738.

Titelseite, Erläuterungen Ziff. 2, Abkürzungen, geändert: 1907 S. 423, 1908 S. 586;

ergänzt: 1910 S. 911;

Fußnote zugefügt: 1908 S. 586.

Muster, Kopf der Spalten 3, 4, 33 ersetzt: 1908 S. 504.

Ziffer A geändert: 1907 S. 738.

Anlage III Mitte geändert: 1909 S. 902.

Anlage IIIa (Bestimmungen über die Beförderung der im Mobilmachungsfalle behufs Erreichung des Gestellungsortes die Eisenbahn benutzenden Einberufenen und die Entschädigung der Eisenbahnen für diese Leistung) eingefügt: 1901 S. 207.

§ 2, 4 und § 3, 2 geändert: 1905 S. 238.

Anlage IV ersetzt: 1906 S. 558.

Titelseite Ziff. 2 geändert: 1907 S. 738.

Ziff. 3 zugefügt }
Klammer ergänzt } 1909 S. 336.

Abschnitt 1, Kontrollzettel u. Abschnitt 2 geändert: 1907 S. 423, 1909 S. 336.

Anlage V ersetzt: 1909 S. 929.

Abschnitt B Nr. 7 ergänzt: 1910 S. 911.

Anlage VI ersetzt: 1909 S. 931.

Abschnitt B Nr. 7 ergänzt: 1910 S. 911.

Inhaltsverzeichnis

bei § 9 geändert: 1907 S. 738.

bei §§ 45 u. 47 geändert: 1908 S. 504.

Abkürzungen geändert: 1905 S. 237, 1909 S. 321 [1901 S. 265].

Bek. betr. den Militärtarif für Eisenbahnen. Vom 18. Jan. 1899 RGBl. S. 108. 386

Geändert durch Bek. a) v. 16. März 1901 RGBl. S. 36, b) v. 17. Juni 1904 RGBl. S. 219, c) v. 21. Nov. 1904 RGBl. S. 446, d) v. 31. Jan. 1905 RGBl. S. 4, e) v. 17. April 1905 RGBl. S. 246, f) v. 16. Febr. 1906 RGBl. S. 141, g) v. 23. Juni 1906 RGBl. S. 850, h) v. 30. Nov. 1907 RGBl. S. 763, i) v. 22. Febr. 1908 RGBl. S. 38, k) v. 19. März 1909 RGBl. S. 321, l) v. 28. Juli 1909 RGBl. S. 902, m) v. 5. März 1910 RGBl. S. 599, n) v. 25. Juni 1910 RGBl. S. 911, o) v. 26. Febr. 1911 RGBl. S. 61, p) v. 23. Juli 1912 RGBl. S. 448, q) v. 19. Nov. 1912 RGBl. S. 550:

Allgemeine Bestimmungen Ziff. 4 ersetzt: 1908 S. 38.

Tarifnummer

I 2b geändert: 1911 S. 61.

2d ergänzt: 1910 S. 911 u. 1912 S. 550 [1910 S. 599].

2h ersetzt: 1910 S. 911.

2i u. k durch i ersetzt, 2l bis n erhalten Bezeichnung k bis m: 1905 S. 4.

I 3 geändert (1 Pfennig): 1901 S. 36.

I 5 geändert: 1911 S. 61.

I 7a zugefügt: 1911 S. 61.

II 15 geändert: 1909 S. 902.

IV 26a (1904 S. 446 zugefügt) ersetzt: 1912 S. 448.

V 28 geändert: 1909 S. 321.

Besondere Bestimmungen

Zu I Ziff. 3 Zusatz: 1910 S. 911 u. 599.

Ziff. 7 u. 8 durch Ziff. 7 ersetzt, Ziff. 9 bis 18 erhalten Bezeichnung 8 bis 17: 1905 S. 4.

Ziff. 8 (früher 9) ersetzt: 1906 S. 850.

Ziff. 10 (früher 11) Zusatz: 1909 S. 902.

Ziff. 12 (früher 13) Zusatz: 1910 S. 599.

Ziff. 13 (früher 14) ersetzt: 1907 S. 763.

Abs. a ersetzt: 1911 S. 61.

Zu II Ziff. 1e eingeschaltet, bisherige Ziff. 1e erhält Bezeichnung 1f: 1905 S. 246.
Ziff. 5 geändert: 1909 S. 902.
Zu III zifferlose Bestimmung wird Ziff. 1: 1905 S. 4.
Ziff. 1 Zusatz: 1909 S. 902.
Ziff. 2 zugefügt: 1905 S. 4.
Ziff. 3 zugefügt: 1905 S. 246.
Ziff. 4 zugefügt: 1906 S. 141.
Zu III u. IV eingeschaltet: 1909 S. 902.
Zu IV Ziff. 2 neuer Abs. 2 eingeschaltet: 1909 S. 902.
Ziff. 3 ersetzt: 1905 S. 4.
Ziff. 7 geändert: 1904 S. 219.
Zu V Ziff. 1 Abs. 2 zugefügt: 1908 S. 38.

G. betr. die Beseitigung von Ansteckungsstoffen bei Viehbeförderungen auf Eisenbahnen. Vom 25. Febr. 1876 RGBl. S. 163. 387

Bek. betr. die Ausführung des Gesetzes. Vom 16. Juli 1904 RGBl. S. 311.

Bek. betr. die Abänderung der Bestimmungen über die Beseitigung von Ansteckungsstoffen bei der Beförderung von lebendem Geflügel auf Eisenbahnen vom 2. Febr. 1899. Vom 17. Juli 1904 RGBl. S. 317. 388

Bek. betr. die Desinfektion der zur Geflügelbeförderung benutzten Eisenbahnwagen im Verkehr mit Belgien. Vom 18. Juli 1901 RGBl. S. 278.

Reichseisenbahnen.

Vertrag zwischen dem Reiche und Bayern betr. den Bau und Betrieb einer Nebeneisenbahn von Münzthal nach Zweibrücken. Vom 19. März 1912 RGBl. S. 399. 389

Eisenbahnverwaltung.

390 **G. betr. die Errichtung eines Reichs-Eisenbahn-Amtes.** Vom 27. Juni 1873 RGBl. S. 164.

391 **E. betr. die Errichtung des Reichsamts für die Verwaltung der Reichseisenbahnen.** Vom 27. Mai 1878 RGBl. v. 1879 S. 193.

392 **E. betr. die Einsetzung einer Behörde unter dem Namen „Kaiserliche Generaldirektion der Eisenbahnen in Elsaß-Lothringen".** Vom 9. Dez. 1871 RGBl. S. 480.

5c) Verkehr mit Kraftfahrzeugen.

393 **G. über den Verkehr mit Kraftfahrzeugen.** Vom 3. Mai 1909 RGBl. S. 437.

(Gutt. Samml. Nr. 92, Kirchner.

Bek. betr. die Regelung des Verkehrs mit Kraftfahrzeugen (mit V. über den Verkehr mit Kraftfahrzeugen). Vom 3. Febr. 1910 RGBl. S. 389.

§ 31 ergänzt: Bek. v. 5. Dez. 1910 RGBl. S. 1110.

§ 36 (Abschnitt H) aufgehoben: V. über den internationalen Verkehr mit Kraftfahrzeugen. Vom 21. April 1910 § 15 RGBl. S. 646.

Zu § 39 (landesrechtliche Typenbescheinigungen gelten bis 1. April 1911): Bek. v. 3. Juni 1910 RGBl. S. 858.

Anlage A Abschnitt IV Nr. 2 Sätze 2 u. 3 ersetzt: Bek. v. 1. März 1911 RGBl. S. 62.

(V. über den internationalen Verkehr mit Kraftfahrzeugen s. Nr. 730.)

5d) Schiffahrt.

Gutt. Samml. Nr. 19, Knitschky.

(Wegen Seerecht, privatrechtlicher Verhältnisse der Binnenschiffahrt und der Flößerei s. unter Zivilrecht.)

(Wegen Marine s. unter Militärwesen.)

(Schiffahrtsverträge mit dem Auslande s. Nr. 551 f., auch Nr. 731 f.)

Flaggenrecht — Gutt. Samml. Nr. 19, Knitschky.

(Wegen Reichsflagge, Kriegsflagge, Reichsdienstflagge s. oben Nr. 37.)

V. betr. die Bundesflagge für Kauffahrteischiffe. Vom 25. Okt. 1867 BGBl. S. 39. 394

G. betr. das Flaggenrecht der Kauffahrteischiffe. Vom 22. Juni 1899 RGBl. S. 319[1]). 395

§ 26 ersetzt, § 26a zugefügt: G. v. 29. Mai 1901 RGBl. S. 184.

V. betr. die Erstreckung der für Kauffahrteischiffe geltenden Vorschriften auf die Gouvernementsfahrzeuge der Schutzgebiete. Vom 5. Juli 1903 RGBl. S. 257. 396

V. betr. das Flaggenrecht deutscher Binnenschiffe, die ausschließlich auf ausländischen Gewässern verkehren. Vom 1. März 1900 RGBl. S. 41. 397

E. betr. Abzeichen auf der Handelsflagge für die als Offiziere des Beurlaubtenstandes usw. der Marine angehörigen Schiffsführer. Vom 1. Juli 1896 RGBl. S. 181[2]). 398

---

1) Bek. betr. Ausführungsbestimmungen zum § 25 des Flaggengesetzes v. 22. Juni 1899. Vom 10. Nov. 1899 ZBl. S. 380.

2) Führung des Eisernen Kreuzes auf der deutschen

Ergänzt durch
E. betr. die Führung des Eisernen Kreuzes auf der Handelsflagge. Vom 7. Febr. 1903 RGBl. S. 199[3]).

399 **V. betr. Zeigen der Nationalflagge durch Kauffahrteischiffe. Vom 21. Aug. 1900 RGBl. S. 807.**

Schiffsbesatzung — Gutt. Samml. Nr. **19**, Knitschky.

400 **Seemannsordnung. Vom 2. Juni 1902 RGBl. S. 175.**

§ 52 Abs. 2 Nr. 2 ersetzt: G. v. 23. März 1903 RGBl. S. 57.

§ 59 Abs. 1 u. 2 ersetzt, Abs. 4 letzter Satz gestrichen, § 61 Abs. 2 geändert u. Satz zwischengeschoben: G. v. 12. Mai 1904 RGBl. S. 167.

Zur Seemannsordnung erlassene Vorschriften.

Zu § 4:

401 **Bek. betr. die Besetzung der Kauffahrteischiffe mit Kapitänen und Schiffsoffizieren. Vom 16. Juni 1903 RGBl. S. 247.**

Geändert durch a) Bek. v. 7. Jan. 1909 RGBl. S. 247, b) Bek. v. 21. Mai 1909 RGBl. S. 445, c) Bek. v. 3. Juni 1910 RGBl. S. 865:

§ 1 unter b Abs. 3 geändert, § 4 Abs. 1 ersetzt: 1910 S. 865.

§ 4 Abs. 3 gestrichen: 1909 S. 445.

Handelsflagge: Bek. v. 16. Aug. 1896 ZBl. S. 461 u. Bek. v. 6. Nov. 1901 ZBl. S. 404.

3) Ausführungsbestimmungen zum E. betr. die Führung des Eisernen Kreuzes auf der Handelsflagge vom 7. Febr. 1903. Vom 26. März 1903 ZBl. S. 143.

§ 4 vorletzter Abs. Zusatz, § 5 Abs. 1 ersetzt, Abs. 3 Zusatz: 1910 S. 865.

§ 7 Abs. 3 ersetzt durch neue Absätze 3 u. 4, letzterer mit Zusatz, Abs. 5 ersetzt durch neuen Abs. 6: 1909 S. 247.

§ 12 ersetzt: 1909 S. 445.

§ 12a zugefügt: 1909 S. 247.

Bek. betr. die Besetzung der Seefischereifahrzeuge mit Schiffsführern und Maschinisten. Vom 5. Mai 1904 RGBl. S. 163[1]). 402

Druckfehlerberichtigung: § 6 Ziff. 1c „Seh:" RGBl. v. 1904 S. 168.

Zu § 7 Abs. 4:

Bek. betr. die Untersuchung von Schiffsleuten auf Tauglichkeit zum Schiffsdienste. Vom 1. Juli 1905 RGBl. S. 561. 403

Zu § 11 Abs. 1 u. § 14 Abs. 3:[2])

Zu § 26 Abs. 2:[3])

---

1) Feststellung der Formulare zu Prüfungs- und Befähigungszeugnissen der Führer von Hochseefischereifahrzeugen. Bek. v. 6. Juli 1904 ZBl. S. 254.

2) Muster zum Seefahrtsbuch und zur Musterrolle: Bek. v. 20. März 1903 ZBl. S. 120.

3) Bek. betr. den Tarif der Kosten, welche für die Musterungsverhandlungen von den Seemannsämtern innerhalb des Bundesgebiets zu erheben sind. Vom 22. Febr. 1873 ZBl. S. 62.

Bek. betr. die Musterungsgebühren für Hochseefischereifahrzeuge. Vom 24. Nov. 1885 ZBl. S. 525. Bek. dazu. Vom 17. Nov. 1899 ZBl. S. 395.

Zu § 36 Abs. 3:

404 **Bek. betr. die Dreiteilung des Wachdienstes auf Kauffahrteischiffen.** Vom 16. Juni 1903 RGBl. S. 251.

Zu § 56 Abs. 2:

405 **Bek. betr. die Logis-, Wasch- und Baderäume sowie die Aborte für die Schiffsmannschaft auf Kauffahrteischiffen.** Vom 2. Juli 1905 RGBl. S. 563.

406 **Bek. betr. Krankenfürsorge auf Kauffahrteischiffen.** Vom 3. Juli 1905 RGBl. S. 568.

Verzeichnis II Abschnitt 5 ersetzt: Bek. v. 7. April 1911 RGBl. S. 171.

Verzeichnis III Abschnitt 3d ergänzt, Abschnitt 3f zugefügt: Bek. v. 21. Mai 1909 RGBl. S. 446.

Verzeichnis III Abschnitt 4 ersetzt: Bek. v. 7. April 1911 RGBl. S. 171.

Zu § 123 Abs. 4:

407 **Bek. betr. das Strafverfahren vor den Seemannsämtern.** Vom 13. März 1903 RGBl. S. 42[1]).

Zu § 134:

408 **Bek. betr. die Nichtanwendung von Bestimmungen der Seemannsordnung auf kleinere Fahrzeuge.** Vom 16. Juni 1903 RGBl. S. 252.

409 **Bek. betr. den Befähigungsnachweis und die Prüfung der Seeschiffer und Seesteuerleute auf**

---

1) Dienstanweisung betr. das Strafverfahren vor den Kaiserlichen Konsulaten als Seemannsämtern. Vom 30. Mai 1903 ZBl. S. 604.

deutschen Kauffahrteischiffen. Vom 16. Jan. 1904 RGBl. S. 3[1][2]).

§ 3 Ziff. 1 Abs. 2 geändert, § 3 Ziff. 2 Abs. 2 ersetzt durch Absätze 2—4: Bek. v. 3. Juni 1910 RGBl. S. 867.

§ 5 Abs. 2 ersetzt: Bek. v. 24. Juli 1909 RGBl. S. 892.

§ 7 Eingang u. Ziff. a, § 9 ersetzt, § 42, § 54 geändert: Bek. v. 14. März 1906 RGBl. S. 427.

Bek. betr. den Befähigungsnachweis und die Prüfung der Maschinisten auf Seedampfschiffen der deutschen Handelsflotte. Vom 7. Jan. 1909 RGBl. S. 210[3]). 410

(Berichtigung in § 4 Nr. 5 Zeile 4/5 von oben: RGBl. v. 1909 S. 320.)

---

1) Bek. betr. die Untersuchung der Seeleute auf Seh- und Farbenunterscheidungsvermögen. Vom 9. Mai 1904 ZBl. S. 142.

Verzeichnis der Untersuchungsstellen und -kommissionen: ZBl. v. 1904 S. 417.

2) Formulare zu den Prüfungs- und Befähigungszeugnissen der Seeschiffer und Seesteuerleute. Bek. v. 30. April 1904 ZBl. S. 125.

Formulare E, F, G ersetzt: Bek. betr. Feststellung der Formulare zu den Befähigungszeugnissen zum Schiffer auf Küstenfahrt und auf kleiner Fahrt sowie zum Seesteuermann. Vom 18. Juni 1910 ZBl. S. 259 (Berichtigung der Formulare: ZBl. v. 1910 S. 415).

3) Zur Bek. vom 7. Jan. 1909 erlassene Bestimmungen.

Zu § 4 Ziff. 7:

Anerkennung von technischen Lehranstalten für die Vorbereitung zur Vor- und Hauptprüfung zum Schiffsingenieur. Bek. v. 26. Jan. 1911 ZBl. S. 27.

Ergänzt: Bek. v. 1. Sept. 1911 ZBl. S. 468, v. 11. Dez. 1911 ZBl. S. 739, v. 27. Sept. 1912 ZBl. S. 782.

Einrichtung usw. der Schiffe — Gutt. Samml. Nr. 19, Knitschky.

411 **Schiffsvermessungsordnung.** Vom 1. März 1895 RGBl. S. 161[1–4]).

§ 1 Abs. 1, § 6 letzter Abs. ersetzt, § 12 Abs. 3 fällt fort, § 14 A 1 ersetzt, § 14 A neuer Abs. 5 eingeschaltet, bis-

---

Zu § 5 Abs. 4:

Bestimmung der als größere Dampfmaschinenbauanstalten anzusehenden Betriebe: Bek. v. 8. Juni 1910 ZBl. S. 242.

Geändert und ergänzt: Bek. v. 19. April 1911 ZBl. S. 176, v. 1. Febr. 1912 ZBl. S. 31, v. 29. Okt. 1912 ZBl. S. 801.

Zu §§ 10 u. 11:

Einrichtung von Kommissionen zur Abnahme der Prüfungen zum Schiffsingenieur und zum Maschinisten auf Seedampfschiffen im Reichsgebiete. ZBl. v. 1911 S. 739.

Zu § 41:

Bek. betr. die Feststellung der Formulare zu den Prüfungs- und Befähigungszeugnissen der Seedampfschiffs-Maschinisten der deutschen Handelsflotte. Vom 30. März 1910 ZBl. S. 100 und 107.

1) Übertragung der Obliegenheiten gemäß § 24 Abs. 4 u. 5 der Schiffsvermessungsordnung v. 1. März 1895 (für Preußen und Lübeck) auf das Schiffsvermessungsamt: Bek. v. 7. Sept. 1899 ZBl. S. 311.

2) Vorschriften über die Vermessung der Schiffe für die Fahrt durch den Suezkanal. Vom 30. März 1895 ZBl. S. 96.

§ 2, § 3 Ziff. I 3, § 4 ersetzt: Bek. v. 7. Mai 1906 ZBl. S. 564.

§ 5 ersetzt, § 7 Abs. 2 zugefügt: Bek. v. 12. April 1908 ZBl. S. 156.

3) Bek. betr. die Eichordnung für die Binnenschiffahrt auf der Elbe. Vom 30. Juni 1899 ZBl. S. 202.

4) Bek. betr. die Gebühren für die ohne vorgängige Neuvermessung erfolgende Erteilung wiederholter Ausferti-

heriger erhält Nr. 6, § 24 Abs. 1a, Abs. 3a ersetzt: Bek. v. 12. April 1908 RGBl. S. 149.

§ 24 Abs. 6 zugefügt: Bek. v. 22. Mai 1899 RGBl. S. 310.

§ 35a eingeschaltet, § 36 Nr. 4 u. 5 ersetzt: Bek. v. 12. April 1908 RGBl. S. 149.

Bek. betr. Schiffsvermessung in Ostasien. Vom 25. Juli 1898 RGBl. S. 1017.

(Wegen Anerkennung ausländischer Schiffsmeßbriefe s. Anm. vor Nr. 731.)

Bek. betr. Vorschriften über Auswandererschiffe. Vom 14. März 1898 RGBl. S. 57[1]). 412

(Druckfehler: Anhang D Ziff. 4 S. 87 „Schwefel-, Salpeter- und Salzsäure" RGBl. v. 1898 S. 917.)

§ 4 Zusatz: Bek. v. 18. Febr. 1903 RGBl. S. 37.

§ 35 Abs. 1 Satz zugefügt: Bek. v. 1. März 1904 RGBl. S. 138.

§ 70 Ziff. 10 ersetzt: Bek. v. 26. Febr. 1904 RGBl. S. 136.

Anhang A Abs. 1 Nr. 21, Abs. 5 ersetzt: Bek. v. 3. Aug. 1909 RGBl. S. 904.

Anhang A Abs. 6 bis 8, Abs. 10 ersetzt: Bek. v. 20. Dez. 1905 RGBl. S. 779.

Anhang A Abs. 11 u. 13 eingeschoben: Bek. v. 3. Aug. 1909 RGBl. S. 904.

---

gungen von Meßbriefen für Seeschiffe. Vom 19. Juli 1890 ZBl. S. 281.

Gebühr für Schiffsmeßbriefe A erhöht: Bek. v. 21. Sept. 1900 ZBl. S. 523.

1) Bek. betr. Ausnahmen von den Vorschriften über Auswandererschiffe für Schiffe nach Großbritannien. Vom 22. Juni 1898 Ziff. 3 ZBl. S. 335 u. 338.

Zu § 32 ersetzt: Bek. v. 20. Dez. 1905 ZBl. S. 389.

Anhang B Spalten 3 u. 4, Anhang C ersetzt: Bek. v. 20. Dez. 1905 RGBl. S. 779.

(Wegen gesundheitlicher Behandlung der Seeschiffe in den deutschen Häfen s. Nr. 230.)

Seewarte — Gutt. Samml. Nr. **19**, Knitschky.

413 **G. betr. die Deutsche Seewarte.** Vom 9. Jan. 1875 RGBl. S. 11.

V. betr. den Geschäftskreis, die Einrichtung und die Verwaltung der Deutschen Seewarte. Vom 26. Dez. 1875 RGBl. S. 385.

§§ 2, 4, 5, 6 ersetzt: V. v. 4. Febr. 1895 RGBl. S. 151.

Vorschriften zur Verhütung von Seeunfällen — Gutt. Samml. Nr. **19**, Knitschky.

414 **Bek. betr. die Bezeichnung der Fahrwasser und Untiefen in den deutschen Küstengewässern.** Vom 13. Mai 1912 RGBl. S. 302.

415 **Seestraßenordnung.** Vom 5. Febr. 1906 RGBl. S. 120.

V. über die Abblendung der Seitenlichter und die Einrichtung der Positionslaternen auf Seeschiffen. Vom 16. Okt. 1900 RGBl. S. 1003.

Bek. betr. die Einrichtung der Positionslaternen auf Seeschiffen. Vom 8. Dez. 1900 RGBl. S. 1036.

416 **V. betr. Lotsensignalordnung.** Vom 7. Febr. 1907 RGBl. S. 27.

417 **V. betr. das Ruderkommando.** Vom 18. Okt. 1903 RGBl. S. 283.

Seeunfälle — Gutt. Samml. Nr. **19**, Knitschky.

V. über das Verhalten der Schiffer nach einem Zusammenstoß von Schiffen auf See. Vom 15. Aug. 1876 RGBl. S. 189. 418

V. zur Ergänzung derselben. Vom 29. Juli 1889 RGBl. S. 171.

G. betr. die Untersuchung von Seeunfällen. Vom 27. Juli 1877 RGBl. S. 549[1] [2] [3]. 419

Ergänzt (Maschinisten der Seedampfschiffe den Seesteuerleuten gleichgestellt): G. betr. den Gewerbebetrieb der Maschinisten auf Seedampfschiffen. Vom 11. Juni 1878 RGBl. S. 109.

Strandungsordnung. Vom 17. Mai 1874 RGBl. S. 73[4] [5]. 420

§ 25 ersetzt, § 43 geändert: G. v. 30. Dez. 1901 RGBl. v. 1902 S. 1.

---

1) Bek. betr. die Bildung von Seeamtsbezirken. Vom 1. Dez. 1877 ZBl. S. 621.

Nr. 12 ersetzt: Bek. betr. die Grenzen der Seeamtsbezirke. Vom 6. Nov. 1887 ZBl. S. 545.

Zuweisung der Insel Helgoland zum Bezirk des Seeamts Hamburg. Bek. v. 2. Nov. 1891 ZBl. S. 303.

Zuweisung des Kaiser Wilhelm-Kanals dem Bezirke des Seeamts in Flensburg. Bek. v. 19. März 1896 ZBl. S. 87.

2) Geschäftsordnung für das Ober-Seeamt. Vom 3. Mai 1878 ZBl. S. 276.

Nachtrag dazu. Vom 10. Mai 1879 ZBl. S. 371.

3) Zirkularerlaß an die Kaiserlichen Konsulate zur Ausführung des G. betr. die Untersuchung von Seeunfällen. Vom 23. Nov. 1877 ZBl. S. 634.

4) Instruktion zur Strandungsordnung: Bek. v. 24. Nov. 1875 ZBl. S. 750.

5) Verzeichnis der in den Bundes-Seestaaten fungierenden Strandbehörden. ZBl. v. 1880 S. 215.

Besondere Pflichten der Schiffsbesatzung — Gutt. Samml. Nr. **19**, Knitschky.

421 **G. betr. die Schiffsmeldungen bei den Konsulaten des Deutschen Reichs.** Vom 18. Juni 1911 RGBl. S. 253.

422 **G. betr. die Verpflichtung der Kauffahrteischiffe zur Mitnahme heimzuschaffender Seeleute.** Vom 2. Juni 1902 RGBl. S. 212.

Küstenfrachtfahrt — Gutt. Samml. Nr. **19**, Knitschky.

423 **G. betr. die Küstenfrachtfahrt.** Vom 22. Mai 1881 RGBl. S. 97.

Bek. betr. die durch das G. v. 22. Mai 1881 über die Küstenfrachtfahrt nicht berührten vertragsmäßigen Bestimmungen. Vom 29. Dez. 1881 RGBl. S. 276.

V. betr. die Berechtigung fremder Flaggen (Belgien, Brasilien, Dänemark, Großbritannien, Italien, Schweden-Norwegen) zur Ausübung der deutschen Küstenfrachtfahrt. Vom 29. Dez. 1881 RGBl. S. 275.

V. betr. die Berechtigung der niederländischen Flagge zur Ausübung der deutschen Küstenfrachtfahrt. Vom 1. Juni 1886 RGBl. S. 179.

(Wegen Prisengerichtsbarkeit s. Nr. 493.)

Abgaben für Schiffahrt und Flößerei.

424 **G. wegen Aufhebung der Elbzölle.** Vom 11. Juni 1870 BGBl. S. 416.

425 **G. betr. den Ausbau der deutschen Wasserstraßen und die Erhebung von Schiffahrtsabgaben.** Vom 24. Dez. 1911 RGBl. S. 1137.

V. betr. teilweises Inkrafttreten des Gesetzes. Vom 29. April 1912 RGBl. S. 259.

G. betr. die Erhebung einer Schiffahrtsabgabe auf der Unterweser. Vom 5. April 1886 RGBl. S. 67. 426

G. über die Abgaben von der Flößerei. Vom 1. Juni 1870 BGBl. S. 312. 427

§ 2 Abs. 2 geändert, Abs. 3 Satz 1 ersetzt: G. betr. die Einführung Norddeutscher Bundesgesetze in Bayern. Vom 22. April 1871 BGBl. S. 87 (§§ 12 u. 8).

V. betr. die Ausführung des G. v. 1. Juni 1870 über die Abgaben von der Flößerei (betrifft Saale und Werra). Vom 1. Juni 1870 BGBl. S. 314.

V. desgl. (betrifft Neckar). Vom 19. Febr. 1871 BGBl. S. 31.

V. desgl. (betrifft Enz und Nagold). Vom 13. Febr. 1874 RGBl. S. 14.

Kaiser Wilhelm-Kanal.

G. betr. die Herstellung des Nord-Ostseekanals. Vom 16. März 1886 RGBl. S. 58 [1]). 428

§ 3 Abs. 2 geändert: G. betr. den Gebührentarif für den Kaiser Wilhelm-Kanal. Vom 8. Juni 1912 RGBl. S. 377.

G. betr. die Gebühren für die Benutzung des Kaiser Wilhelm-Kanals. Vom 20. Juni 1899 RGBl. S. 315 [2]). 429

§ 1 geändert: G. v. 8. Juni 1912 RGBl. S. 377.

Abgabentarif für den Kaiser Wilhelm-Kanal. Vom 4. August 1896 RGBl. S. 681.

---

1) Betriebsordnung für den Kaiser Wilhelm-(Nordostsee-)Kanal. Vom 23. Febr. 1911 ZBl. S. 265.

2) Ausführungsanweisung zum G. betr. die Gebühren für die Benutzung des Kaiser Wilhelm-Kanals v. 20. Juni 1899. Vom 7. März 1900 ZBl. S. 125.

Abgabentarif für — die Benutzung der Hafenanlagen zu Holtenau. Vom 4. Juni 1894 RGBl. S. 464. (Abgabentarif für die Kanalstrecke Holtenau-Rendsburg aufgehoben: RGBl. v. 1895 S. 242.)

430 **E. betr. die Einrichtung und den Geschäftsgang des Kaiserlichen Kanalamts.** Vom 15. Juni 1895 RGBl. S. 349.

(Wegen Tagegelder, Fuhrkosten und sonstiger den Beamten der Verwaltung des Kaiser Wilhelm-Kanals zu gewährenden Vergütungen s. Nr. 75.)

[1]) [2]) [3])

6. Wirtschaftliche Wohlfahrtseinrichtungen.

Reichsversicherungsordnung und dazu erlassene Vorschriften.

431 **Reichsversicherungsordnung.** Vom 19. Juli 1911 RGBl. S. 509.

V. betr. die Inkraftsetzung von Vorschriften der RVO. Vom 5. Juli 1912 RGBl. S. 439.

Einführungsgesetz zur RVO. Vom 19. Juli 1911 RGBl. S. 839.

---

1) Bestimmungen über die Statistik der Seeschiffahrt. Vom 27. Juni 1907 ZBl. S. 371.

Abschnitt A Anlage zu Muster 1 Abs. 1 Absatz zugefügt, Abschnitt B Anlage C Muster 2, 3, 4, 5, Abschnitt C Muster 2 ersetzt: Bek. v. 21. Juni 1912 ZBl. S. 547.

2) Bestimmungen betr. die Statistik des Bestandes der deutschen Binnenschiffe. Vom 5. Dez. 1907 ZBl. S. 590.

3) Bestimmungen betr. die Statistik des Verkehrs und der Wasserstände auf den deutschen Binnenwasserstraßen. Vom 25. Juni 1908 ZBl. S. 269.

Anlage D geändert: Bek. v. 15. Juli 1909 ZBl. S. 332 u. 25. März 1910 ZBl. S. 98.

Zur RVO. und zum Einführungsgesetz erlassene Vorschriften.

Zu § 35 Abs. 2 RVO.:

V. über Geschäftsgang und Verfahren des Reichsversicherungsamts. Vom 24. Dez. 1911 RGBl. S. 1083. 432

V. über Geschäftsgang und Verfahren der Oberversicherungsämter. Vom 24. Dez. 1911 RGBl. S. 1095. 433

V. über Geschäftsgang und Verfahren der Versicherungsämter. Vom 24. Dez. 1911 RGBl. S. 1107. 434

Zu § 80 Abs. 3 RVO.:

Bek. über die Pauschbeträge, die von den Versicherungsträgern zu den Kosten der Oberversicherungsämter zu entrichten sind. Vom 16. März 1912 RGBl. S. 254. 435

Zu §§ 149ff. RVO.:[1])

Zu § 596 RVO.:[2])

Zu § 615 Abs. 2, § 1314 RVO.:[3])

---

1) Zusammenstellung der ortsüblichen Tagelöhne gewöhnlicher Tagearbeiter. ZBl. v. 1910 S. 715.
Geändert: ZBl. v. 1911 S. 20, S. 389, S. 749, v. 1912 S. 8, S. 559, S. 907.

2) Bek. betr. Bezug von Unfallrenten durch Hinterbliebene eines Ausländers in ausländischen Grenzbezirken. Vom 12. Juni 1901 ZBl. S. 210.
Ziff. 4 geändert: Bek. v. 3. Nov. 1902 ZBl. S. 390.
Ziff. 5 geändert u. ergänzt: Bek. v. 1. Febr. 1904 ZBl. S. 26 u. v. 23. Nov. 1911 ZBl. S. 725.
Ziff. 6 zugefügt: Bek. v. 15. Nov. 1908 ZBl. S. 476.
Großherzogtum Luxemburg zugefügt: Bek. v. 9. Mai 1905 ZBl. S. 117.

3) Bek. betr. Bezug von Invaliden- und Unfallrenten in ausländischen Grenzbezirken. Vom 16. Okt. 1900 ZBl. S. 540.

Zu § 618 RVO.:[1])

Zu §§ 783 Abs. 1, 798 Nr. 1, 799 RVO:[2])

Zu § 1049 RVO.:[3])

Zu § 1058 Abs. 1 Nr. 2, § 1120 Ziff. 2, § 1186 RVO. (§ 1 Abs. 5 des G. betr. die Unfallversicherung der Seeleute usw. v. 13. Juli 1887):

435a Bek. betr. die Unfallversicherungspflicht der Besatzung von Hochseefischereidampfern. Vom 14. Juni 1895 RGBl. S. 351.

Bek. betr. die Ausdehnung der Unfallversicherung auf die große Heringsfischerei. Vom 6. Febr. 1896 RGBl. S. 53.

Zu § 1229 Ziff. 2 RVO.:

436 Bek. betr. die Erstreckung der Versicherungspflicht nach dem Invaliditäts- und Altersversicherungsgesetze auf die Hausgewerbetreibenden der Tabakfabrikation. Vom 16. Dez. 1891 RGBl. S. 395.

437 Bek. betr. die Invaliditäts- und Altersversicherung von Hausgewerbetreibenden der Textilindustrie. Vom 1. März 1894 RGBl. S. 324.

Ziff. 7 geändert und ergänzt: Bek. v. 1. Febr. 1904 ZBl. S. 26, v. 25. Nov. 1909 ZBl. S. 1408, v. 23. Nov. 1911 ZBl. S. 725.

Ziff. 8 ergänzt: Bek. v. 18. Mai 1908 ZBl. S. 195.

Ziff. 9 zugefügt: Bek. v. 15. Nov. 1908 ZBl. S. 476.

1) Bek. über die Abfindungen für Unfallrenten. Vom 21. Dez. 1912 ZBl. v. 1913 S. 26.

2) Bek. über die Nachweise von Bauarbeiten außerhalb eines gewerbsmäßigen Baubetriebs. Vom 13. Dez. 1912 ZBl. v. 1913 S. 90.

3) Bek. betr. die Unfallversicherung der Seefischer (Grenzlinie, bis zu welcher von See aufwärts die Unfallversicherung Platz greift). Vom 1. Juli 1908 ZBl. S. 259.

Ziff. 1 Abs. 2 lit. a ersetzt: Bek. v. 9. Nov. 1895 RGBl. S. 452.

Zu § 1231 RVO.:

Bek. betr. die Invaliden- und Hinterbliebenenversicherung der deutschen Bediensteten ausländischer Staaten und solcher Personen, welche nicht der inländischen Gerichtsbarkeit unterstehen. Vom 6. März 1912 RGBl. S. 191. 438

Zu § 1232 RVO.:

Bek. betr. die Befreiung vorübergehender Dienstleistungen von der Versicherungspflicht [gemäß § 4 Abs. 1 des Invalidenversicherungsgesetzes]. Vom 27. Dez. 1899 RGBl. S. 725. 439

Zu § 1233 RVO.:[1])

Zu § 1239 RVO.:

Bek. betr. die Befreiung von der Versicherungspflicht [auf Grund des § 6 Abs. 2 des Invalidenversicherungsgesetzes]. Vom 24. Dez. 1899 RGBl. S. 721. 440

Zu § 1314 RVO. s. oben zu § 615 Abs. 2 RVO.

Zu § 1321 Abs. 5 RVO.:

Bek. betr. das Verfahren vor dem Kaiserlichen Aufsichtsamte für Privatversicherung im Falle des § 1321 Abs. 3 Satz 2 der RVO. Vom 20. Dez. 1911 RGBl. S. 1155. 441

Zu §§ 1397, 1404 u. 1476 Abs. 3 RVO.:[2])

---

1) Bek. betr. die Befreiung von Ausländern (polnischen Arbeitern) von der Versicherungspflicht [nach dem Invalidenversicherungsgesetz (§ 4 Abs. 2 Satz 1)]. Vom 7. März 1901 ZBl. S. 78.

2) Bek. über die Höhe der Zinsen, die dem Gemeinvermögen bei der Invaliden- und Hinterbliebenen-

Zu §§ 1416, 1431, 1482 Abs. 2 RVO.:

442 Bek. über die Einrichtung der Quittungskarten für die Invaliden- und Hinterbliebenenversicherung sowie das Entwerten und Vernichten der Beitragsmarken u. der Zusatzmarken. Vom 10. Nov. 1911 RGBl. S. 937.

Zu § 1419 RVO.:[1])

Zu § 1423 Abs. 2 u. 3 RVO.:

443 Bek. betr. die Einrichtung von Sammelkarten und die Vernichtung von Quittungskarten. Vom 8. Juni 1912 RGBl. S. 367.

Zu §§ 1436, 1228 RVO.:

444 Bek. betr. die Erhebung von Beiträgen zur Invaliden- und Hinterbliebenenversicherung für Deutsche, die bei einer amtlichen Vertretung des Reichs oder eines Bundesstaats im Ausland oder bei deren Leitern oder Mitgliedern beschäftigt sind. Vom 6. März 1912 RGBl. S. 191.

Zu § 1716 RVO.:

445 Bek. betr. die amtliche Veröffentlichung grundsätzlicher Entscheidungen des Reichsversicherungsamts. Vom 30. Dez. 1911 RGBl. v. 1912 S. 2.

Zu § 1804 Abs. 2 RVO.:

446 V. betr. die Gebühren der Rechtsanwälte im Verfahren vor den Versicherungsbehörden. Vom 24. Dez. 1911 RGBl. S. 1094.

---

versicherung gutzuschreiben sind, und über die Berechnung des Kapitalwerts der auf Grund des Vierten Buches der RVO. festgesetzten Renten. Vom 9. Mai 1912 ZBl. S. 420.

1) Bek. betr. die Ausführung des § 1419 Abs. 2 u. Abs. 5 der RVO. Vom 8. Jan. 1912 ZBl. S. 8.

Zu Art. 4 des Einführungsgesetzes zur RVO.:

Bek. über die weitere Amtsdauer von Vertretern der Unternehmer und der Versicherten bei den Berufsgenossenschaften der Unfallversicherung. Vom 11. Juni 1912 RGBl. S. 529. 446a
1)

Zu Art. 38 Abs. 2 des Einführungsgesetzes zur RVO.:

Bek. betr. das Verfahren bei Anstellung, Kündigung und Entlassung von Angestellten und Beamten der Krankenkassen sowie bei Streitigkeiten aus deren Dienstverhältnissen. Vom 1. Aug. 1911 RGBl. S. 863. 447

Bek. dazu. Vom 12. Jan. 1912 RGBl. S. 150 und vom 20. Mai 1912 RGBl. S. 314.

Zu Art. 43, 44 des Einführungsgesetzes zur RVO.:2)

Zu Art. 100 des Einführungsgesetzes zur RVO.:

Bek. betr. Übergangsbestimmungen für die Invaliden- und Hinterbliebenenversicherung nach der RVO. Vom 21. Dez. 1911 RGBl. S. 1130. 448

Bek. betr. Übergangsbestimmungen zur RVO. Vom 22. Dez. 1911 RGBl. S. 1132.

Bek. desgl. Vom 24. Juni 1912 RGBl. S. 403.

Bek. betr. Übergangsbestimmungen für die Unfallversicherung nach der RVO. Vom 10. Juli 1912 RGBl. S. 441.

Bek. betr. Übergangsbestimmungen zur RVO. Vom 24. Okt. 1912 RGBl. S. 527.

---

1) Bek. betr. die Amtsdauer der gegenwärtigen Vertreter der Arbeitgeber und der Versicherten bei den Organen der Krankenkassen. Vom 8. Nov. 1912 ZBl. S. 817.

2) Bek. betr. die Eingliederung der durch die §§ 537, 917 Abs. 1 der RVO. der Unfallversicherung neu unterstellten Gewerbezweige und Tätigkeiten. Vom 10. Okt. 1912 ZBl. S. 787.

Versicherungsgesetz für Angestellte und dazu erlassene Vorschriften.

449 **Versicherungsgesetz für Angestellte. Vom 20. Dez. 1911 RGBl. S. 989. (V. betr. die Inkraftsetzung von Vorschriften des Gesetzes. Vom 8. Nov. 1912 RGBl. S. 533.)** Gutt Samml. Nr. **104**, Bernstein, Kupferberg.

Zum Versicherungsgesetz für Angestellte erlassene Vorschriften.

Zu § 5:

450 Bek. betr. die Versicherung deutscher Bediensteten ausländischer Staaten und solcher Personen, welche nicht der inländischen Gerichtsbarkeit unterstehen, nach dem Versicherungsgesetz für Angestellte. Vom 29. Juni 1912 RGBl. S. 407.

Zu § 9 Abs. 1 u. 2:

451 Bek. betr. eine Ausführungsbestimmung für die Angestelltenversicherung. Vom 29. Juni 1912 RGBl. S. 405.

Zu §§ 109f., 131f., 160f., 164:

452 Wahlordnung für die Wahlen der Mitglieder des Verwaltungsrats, der Beisitzer der Rentenausschüsse, der Schiedsgerichte und des Oberschiedsgerichts sowie ihrer Ersatzmänner. Vom 22. Okt. 1912 RGBl. S. 513.

Zu §§ 145f.:

453 Wahlordnung für die Wahl der Vertrauensmänner und Ersatzmänner. Vom 3. Juli 1912 RGBl. S. 419.

Zu § 158:

453a V. betr. die Errichtung eines Schiedsgerichts für die Angestelltenversicherung. Vom 15. Nov. 1912 RGBl. S. 551.

Zu § 185 Abs. 2:

Bek. über das Entwerten der Beitragsmarken der Angestelltenversicherung. Vom 29. Juni 1912 RGBl. S. 406. 454

Zu § 191:

Bek. über die Einrichtung von Vordrucken für die Angestelltenversicherung. Vom 29. Juni 1912 RGBl. S. 408. 455

Zu § 194:[1])

Zu § 196:

Bek. über die Vergütung für die Ausstellung der Versicherungskarten der Angestelltenversicherung. Vom 29. Juni 1912 RGBl. S. 406. 456

Zu § 369:

Bek. betr. das Verfahren vor dem Kaiserlichen Aufsichtsamte für Privatversicherung im Falle des § 369 Abs. 1 Satz 2 des Versicherungsgesetzes für Angestellte. Vom 11. Dez. 1912 RGBl. S. 563.

Weitere soziale Gesetzgebung.

Unfallfürsorgegesetz für Beamte [und für Personen des Soldatenstandes]. Vom 18. Juni 1901 RGBl. S. 211. 457

Außer Kraft gesetzt, soweit es Offiziere, Sanitätsoffiziere, Militärpersonen der Unterklassen und deren Hinterbliebene betrifft: Gesetze über die Pensionierung der Offiziere usw. und über die Versorgung der Personen der Unterklassen des Reichsheeres usw. Vom 31. Mai 1906 § 77 bzw. § 76 RGBl. S. 592 u. 614.

---

1) Bek. betr. die Ausführung des § 194 Abs. 2 des Versicherungsgesetzes für Angestellte. Vom 12. Juli 1912 ZBl. S. 584.

458 **G. betr. die Unfallfürsorge für Gefangene. Vom 30. Juni 1900 RGBl. S. 536.**

V. über die Inkraftsetzung des Gesetzes. Vom 24. Nov. 1902 RGBl. S. 280.

(Vorschriften betr. die früheren eingeschriebenen Hilfskassen s. G. betr. die Aufhebung des Hilfskassengesetzes. Vom 20. Dez. 1911 RGBl. S. 985 und V. über das Inkrafttreten dieses Gesetzes. Vom 13. Mai 1912 RGBl. S. 309.)

E. Militärwesen.

Wehrpflicht, Militärpflicht, Organisation des Heeres.

459 **G. betr. die Verpflichtung zum Kriegsdienste. Vom 9. Nov. 1867 BGBl. S. 131.**

(Geändert durch a) G. betr. Änderungen der Wehrpflicht v. 11. Febr. 1888 Art. II RGBl. S. 11 (s. unten), durch dessen § 35 alle entgegenstehenden Bestimmungen des G. betr. die Verpflichtung zum Kriegsdienste v. 9. Nov. 1867 außer Kraft gesetzt sind, b) G. betr. die Ersatzverteilung. Vom 26. Mai 1893 Art. II RGBl. S. 185, c) G. betr. Änderung der Wehrpflicht. Vom 15. April 1905 RGBl. S. 249:

§ 3 letzter Absatz aufgehoben: 1888 S. 21.
§ 6 Abs. 2 aufgehoben: 1905 S. 249.
§ 7 Abs. 1 geändert: 1888 S. 11.
§ 7 Abs. 4 u. 5 aufgehoben: 1905 S. 249.
§ 9 ersetzt: 1893 S. 185.
§ 13 Nr. 7b u. Nr. 8 aufgehoben: 1888 S. 21.
§ 16 aufgehoben: 1888 S. 21.

460 **Reichs-Militärgesetz. Vom 2. Mai 1874 RGBl. S. 45**[1]).

Geändert durch a) G. betr. Änderungen der Wehrpflicht v. 11. Febr. 1888 Art. II RGBl. S. 11 (s. unten), durch das (Art. II § 35) alle entgegenstehenden Bestimmungen des Reichsmilitärgesetzes außer Kraft gesetzt sind, ferner durch b) G. v. 6. Mai 1880 Art. I § 4 u. Art. II RGBl. S. 103, c) G. v. 31. März 1885 RGBl. S. 81, d) G. v. 27. Jan. 1890 RGBl. S. 7, e) G. betr. die Ersatzverteilung. Vom 26. Mai 1893 Art. II RGBl. S. 185, f) Einführungsgesetz zum BGB. Vom 18. Aug. 1896 Art. 44 u. 45 RGBl. S. 618, g) G. v. 25. März 1899 RGBl. S. 215, h) G. betr. die freiwillige Gerichtsbarkeit und andere Rechtsangelegenheiten in Heer und Marine. Vom 28. Mai 1901 § 8 RGBl. S. 187, i) G. betr. Änderung der Wehrpflicht. Vom 15. April 1905 RGBl. S. 249, k) G. über die Friedenspräsenzstärke des deutschen Heeres. Vom 27. März 1911 RGBl. S. 99, l) G. v. 14. Juni 1912 RGBl. S. 391:

§ 1 ersetzt: 1911 S. 99.
§ 2 Abs. 1 Satz 1 geändert: 1911 S. 99.
§ 3 Abs. 1 ersetzt: 1899 S. 215.
§ 3 Abs. 2 u. 3 ersetzt: 1912 S. 391.
§ 5 Abs. 1 ersetzt: 1912 S. 391.
§ 5 Abs. 3 ersetzt: 1890 S. 7.
§ 9 ersetzt: 1893 S. 185.
§§ 10, 12, 14 ersetzt: 1880 S. 105.
§ 22 erweitert: 1888 S. 14 (§ 10).
§§ 23—29 aufgehoben: 1888 S. 21.
§ 30 Nr. 3a u. b ersetzt: 1885 S. 81.
§ 39 Abs. 3 aufgehoben: 1901 S. 187.
§ 44 ausgedehnt: 1896 S. 618.
§ 45 Abs. 2 Satz 2 aufgehoben: 1896 S. 618.

---

1) **Bestimmungen zur Ausführung des § 66 des Reichsmilitärgesetzes rücksichtlich der Reichsbeamten.** Vom 8. Mai 1888 ZBl. S. 169.

§ 50 Abs. 2 ersetzt: 1888 S. 16 (§ 18).
§ 50 Abs. 3 ersetzt: 1905 S. 249 (Art. II § 2).
§ 53 ersetzt: 1880 S. 105.
§ 62 Abs. 2 Satz 2 geändert: 1880 S. 105 (Art. I § 4).
§ 62 Abs. 4 ersetzt: 1888 S. 16 (§ 18 Abs. 4).
§ 64 ergänzt: 1888 S. 13 (§ 6).
§ 66 ersetzt: 1880 S. 105.
§ 69 aufgehoben: 1888 S. 21.

461 **G. betr. Änderungen der Wehrpflicht (Land- und Seewehr, Ersatzreserve, Landsturm). Vom 11. Febr. 1888 RGBl. S. 11 Art. II.**

G. betr. Änderung der Wehrpflicht. Vom 15. April 1905 RGBl. S. 249 (zweijährige Dienstzeit).

462 **G. betr. die Ausübung der militärischen Kontrolle über die Personen des Beurlaubtenstandes, die Übungen derselben sowie die gegen sie zulässigen Disziplinarstrafmittel. Vom 15. Febr. 1875 RGBl. S. 65.**

Geändert: G. betr. Änderungen der Wehrpflicht. Vom 11. Febr. 1888 Art. II § 4 RGBl. S. 12, G. betr. Änderung der Wehrpflicht. Vom 15. April 1905 Art. II §§ 3 u. 4 RGBl. S. 249.

463 **G. betr. die Wehrpflicht der (römisch-katholischen) Geistlichen. Vom 8. Febr. 1890 RGBl. S. 23.**
[2] [3]

---

2) Deutsche Wehrordnung. In der Fassung vom 22. Juli 1901 Beilage zu ZBl. Nr. 32.
Geändert durch Erlasse a) v. 25. März 1904 ZBl. S. 85, b) v. 6. Mai 1905 ZBl. S. 118, c) v. 7. Nov. 1906 ZBl. S. 1297, d) Bek. v. 13. Nov. 1906 ZBl. S. 1306,

Bek. betr. die künftige Veröffentlichung der Verzeichnisse derjenigen höheren Lehranstalten, welche zur 464

e) Erl. v. 19. Aug. 1910 ZBl. S. 468, f) v. 18. Mai 1912 ZBl. S. 528:

§ 2 Ziff. 3a Zusatz: 1910 S. 468.
Ziff. 3b geändert: 1906 S. 1297.
Ziff. 3f, g, l ersetzt: 1910 S. 468.
Ziff. 7 Abs. 1 ersetzt: 1905 S. 118;
geändert: 1906 S. 1297.
Ziff. 7 Abs. 2 (1906 S. 1297 zugefügt) ersetzt: 1910 S. 468.
Ziff. 8 Abs. 3 zugefügt: 1906 S. 1297;
geändert: 1910 S. 468.

§ 5 Ziff. 2 Zitat ersetzt, § 6 Ziff. 3 Abs. 1 geändert, Abs. 2 und Zitat gestrichen, Ziff. 4 Zitat ersetzt, § 12 Ziff. 2 Abs. 1 Zitat und Abs. 2 geändert, Abs. 2 Anm. und Zitat geändert, Ziff. 5 Zitat zugefügt: 1905 S. 118.

§ 15 Ziff. 4 Abs. 1 geändert: 1906 S. 1297 u. 1910 S. 468.

§ 15 Ziff. 6 Abs. 1 u. 2 geändert: 1910 S. 468.

§ 23 Ziff. 2 u. 3 ersetzt: 1910 S. 468.
Ziff. 4 zugefügt: 1904 S. 85;
geändert: 1906 S. 1297.
Anm. ersetzt: 1904 S. 85.

§ 30 Ziff. 4 Abs. 1 u. 2 ersetzt, Ziff. 5 zugefügt: 1910 S. 468.

§ 31 Ziff. 2, § 33 Ziff. 3 Abs. 1 u. 2 geändert, Ziff. 4 Abs. 1 Zusatz: 1904 S. 85.

§ 33 Ziff. 9 Abs. 2 geändert: 1906 S. 1297.
Abs. 3 geändert: 1910 S. 468.
Ziff. 10 Abs. 1 geändert, Abs. 2 u. 3 ersetzt u. Anm. zugefügt: 1904 S. 85.

§ 35 Ziff. 4 geändert, § 37 Ziff. 2 ersetzt, § 39 Ziff. 4 Abs. 1 geändert: 1910 S. 468.

§ 42 Ziff. 1c zwischengeschoben, bisherige Ziff. c wird d, Ziff. e u. Anm. zugefügt: 1904 S. 85.

§ 42 Ziff. 1 Abs. 2 zugefügt: 1910 S. 468.

Ausstellung gültiger Zeugnisse über die wissenschaftliche Qualifikation zum einjährig-freiwilligen Militär-

§ 42 Ziff. 2 Abs. 1 Satz 1 geändert: 1904 S. 85.
Satz 2 ersetzt: 1905 S. 118.
§ 42 Ziff. 3 Abs. 2 geändert: 1904 S. 85.
§ 46 Ziff. 6 Abs. 1 Anm. gestrichen, Abs. 3 zugefügt: 1904 S. 85.
§ 46 Ziff. 7a Zusatz: 1906 S. 1297.
§ 49 Ziff. 1 u. 6, § 51 Ziff. 3 u. 4 geändert: 1904 S. 85.
§ 51 Ziff. 5, § 52 Ziff. 1 Abs. 2 zugefügt, Ziff. 5 geändert: 1905 S. 118.
§ 53 Ziff. 2a geändert: 1910 S. 468.
§ 53 Ziff. 3, § 54 Ziff. 2 Anm. geändert: 1905 S. 118.
§ 58 Ziff. 4 Abs. 1 geändert: 1906 S. 1297.
§ 61 Ziff. 1 Abs. 1 geändert, Abs. 2 Satz 1 ersetzt, Anm. ersetzt: 1910 S. 468.
§ 63 Ziff. 6 Abs. 1 Anm. gestrichen, Abs. 2 zugefügt: 1904 S. 85.
§ 64 Ziff. 2 Abs. 2 geändert: 1910 S. 468.
§ 64 Ziff. 2 Abs. 3 zugefügt: 1904 S. 85.
§ 64 Ziff. 3 Abs. 1 geändert: 1905 S. 118.
§ 64 Ziff. 3a zugefügt: 1904 S. 85.
§ 66 Ziff. 3c geändert: 1910 S. 468.
§ 68 Ziff. 3 Abs. 1 geändert, Abs. 2 gestrichen: 1904 S. 85.
§ 70 Ziff. 1 Abs. 3 zugefügt: 1910 S. 468.
§ 71 Ziff. 2 Abs. 3, Ziff. 3a zugefügt: 1904 S. 85.
§ 72 Ziff. 1a Abs. 1, § 73 Ziff. 4b ersetzt: 1906 S. 1297.
§ 80 Ziff. 3 Abs. 1 u. 3 ersetzt, letzter Abs. geändert: 1906 S. 1297.
§ 80 Ziff. 3 letzter Abs. Zusatz, § 81 Ziff. 1 ersetzt: 1904 S. 85.
§ 82 Ziff. 2a Anm. zugefügt: 1906 S. 1297; geändert: 1910 S. 468.
§ 82 Ziff. 2c, bb ersetzt: 1904 S. 85.

dienst berechtigt sind. (ZBl. für das Deutsche Reich). Vom 22. Jan. 1873 RGBl. S. 38[4]) [5]).

---

§ 82 Ziff. 5a Anmerkungen ersetzt: 1906 S. 1297.
§ 83 Ziff. 4, § 84 Ziff. 2a geändert: 1910 S. 468.
§ 84 Ziff. 4 Abs. 2 zugefügt: 1904 S. 85.
§ 85 Ziff. 3 Abs. 3 zugefügt } 1910 S. 468.
§ 88 Ziff. 3 Abs. 1 geändert }
§ 88 Ziff. 3 Abs. 2 geändert: 1906 S. 1297 u. 1910 S. 468.
§ 89 Ziff. 1 Abs. 1 geändert: 1912 S. 528.
Ziff. 2 Satz 2 zugefügt: 1906 S. 1297, geändert: 1910 S. 468.
Ziff. 5c ersetzt: 1904 S. 85.
§ 90 Ziff. 2a, 2b Anmerkungen zugefügt, Ziff. 2c geändert, Ziff. 4 Abs. 1 geändert: 1904 S. 85.
§ 90 Ziff. 4 Abs. 2 geändert: 1904 S. 85 und Zusatz: 1906 S. 1297.
§ 90 Ziff. 8 ersetzt: 1906 S. 1297 (s. 1904 S. 85).
§ 91 Ziff. 2 Abs. 1 Anm. zugefügt: 1910 S. 468.
Ziff. 3 durch Ziff. 3 u. 4 ersetzt: 1904 S. 85.
§ 92 Ziff. 4 zwischengeschoben, bisherige Ziff. 4 u. 5 werden 5 u. 6: 1906 S. 1297.
Ziff. 4 Abs. 1 Zusatz, Abs. 2 ersetzt: 1910 S. 468.
§ 93 Ziff. 2, Ziff. 7a Abs. 2, Ziff. 8 Abs. 1, Ziff. 9 Abs. 3 geändert: 1910 S. 468.
§ 94 Ziff. 1 Abs. 3 gestrichen, Ziff. 2 Abs. 1 Zusatz: 1904 S. 85.
§ 94 Ziff. 5 geändert: 1910 S. 468.
Ziff. 8b Abs. 1 u. 2 geändert: 1906 S. 1297.
Ziff. 12 geändert: 1910 S. 468.
§ 98 Ziff. 4 geändert: 1906 S. 1297.
§ 103 Ziff. 7 Abs. 4 gestrichen, Ziff. 10 Abs. 4 Anm. zugefügt: 1904 S. 85.
§ 111 Ziff. 1 Abs. 4 zugefügt: 1906 S. 1297.
Ziff. 2 Abs. 2 zugefügt: 1910 S. 468.
Ziff. 7 Abs. 2 und Zitat gestrichen, Ziff. 16a geändert: 1905 S. 118.
§ 116 Ziff. 2 Abs. 1, Abs. 3 u. Zitat ersetzt, Ziff. 9 Abs. 2 zugefügt, § 117 Ziff. 4 Zitat geändert: 1905 S. 118.

465 **G. über die Friedenspräsenzstärke des deutschen Heeres. Vom 27. März 1911 RGBl. S. 99.**

§ 121 Ziff. 1b u. 2b ersetzt: 1904 S. 85.
§ 125 Ziff. 1 letzter Abs. ersetzt: 1910 S. 468.
Ziff. 2a geändert: 1904 S. 85.
Ziff. 3 ersetzt: 1904 S. 85;
Abs. 1d zugefügt, Abs. 2 ersetzt: 1910 S. 468.
Ziff. 4 Abs. 2 zugefügt: 1904 S. 85.
Ziff. 4a zugefügt: 1906 S. 1297;
Abs. 1 u. 2 geändert: 1910 S. 468.
§ 126 Ziff. 1 Abs. 2 zwischengeschoben: 1904 S. 85.
§ 127 Ziff. 3 u. 4 ersetzt: 1906 S. 1297;
§ 129 zugefügt: 1904 S. 85.
§ 130 zugefügt: 1910 S. 468.
Muster 6 Spalte 13 geändert: 1904 S. 85.
Anm. 1 Abs. 1 ersetzt: 1910 S. 468.
Anm. 3 u. 5 geändert: 1904 S. 85.
Muster 7 Anm. 1, Muster 11 Spalte 5 u. Anm. 1 geändert: 1904 S. 85.
Muster 12 Ziff. 4 zugefügt: 1906 S. 1297.
Muster 13 Anm. geändert: 1910 S. 468.
Muster 14 ersetzt: 1904 S. 85.
Anm. 3 zugefügt: 1910 S. 468.
Muster 16 Abs. 4 zwischengeschoben: 1906 S. 1297.
Muster 18 u. 20 geändert: 1904 S. 85.
Muster 21 ersetzt: 1906 S. 1297.
Muster 24 zugefügt: 1904 S. 85.
Muster 25 zugefügt: 1910 S. 468.
Anlage 1, Landwehrbezirkseinteilung für das Deutsche Reich, vielfach geändert. Die die Änderungen enthaltenden Bekanntmachungen sind in der die letzte Änderung enthaltenden Bek. v. 5. Febr. 1913 ZBl. S. 159 aufgeführt.
Anlage 2, Prüfungsordnung zum einjährig-freiwilligen Dienste,
§ 3 Abs. 2 zugefügt: 1906 S. 1297.
Zusatz: 1910 S. 468.
§ 16 ersetzt: 1904 S. 85.

§ 1 Abs. 1 geändert, Abs. 2 ersetzt, § 2 geändert: G. v. 14. Juni 1912 RGBl. S. 389.

(Schutztruppen s. unter Schutzgebiete.)

Marine.

· **G. betr. die deutsche Flotte. In der Fassung vom 27. Juni 1912 RGBl. S. 435.** 466

(Wegen Reichsdienstflagge der Marine s. oben Anm. zu Nr. 37.

E. betr. die Geschäftsführung der oberen Marinebehörde. Vom 15. Juni 1871 RGBl. S. 272. 467

Anlage 4 ersetzt: 1904 S. 85.
Ziff. 3a zugefügt: 1906 S. 1297.
Zusatz: 1910 S. 468.
Ziff. 5 Abs. 4 Satz 2 zwischengeschoben: 1905 S. 118, geändert: 1906 S. 1297.
Muster a1 zugefügt, bisheriges Muster a wird a2, Muster a2 geändert: 1906 S. 1297.
Anlage 5, Verzeichnis der für die Zurückstellung der im Auslande lebenden Militärpflichtigen zuständigen Kaiserlichen Behörden (1904 S. 85 zugefügt) ersetzt: 1906 S. 1306.

3) Verzeichnis der Zivilvorsitzenden der im Deutschen Reiche bestehenden Ersatzkommissionen: Bek. v. 18. Nov. 1911 ZBl. S. 681.
Geändert: ZBl. v. 1912 S. 783.

4) Gesamtverzeichnis derjenigen Lehranstalten, welche gemäß § 90 der Wehrordnung zur Ausstellung von Zeugnissen über die Befähigung für den einjährig-freiwilligen Militärdienst berechtigt sind. Vom 14. Sept. 1912 ZBl. S. 733.

5) Bezeichnung der Prüfungskommissionen für Einjährig-Freiwillige, bei welchen die russische Sprache als Prüfungsgegenstand an Stelle der englischen treten darf: Bek. v. 11. Juni 1901 ZBl. S. 190.
Geändert: Bek. v. 26. Sept. 1901 ZBl. S. 343, v. 18. Mai 1902 ZBl. S. 111.

Geändert: E. betr. die Trennung des Oberkommandos der Marine von der Verwaltung derselben. Vom 30. März 1889 RGBl. S. 47.

468 **E. betr. die Veränderung der Organisation der Marine-Intendantur. Vom 18. Juni 1872 RGBl. S. 361.**

Militärgerichtsbarkeit.

469 **Militär-Strafgesetzbuch für das Deutsche Reich. Vom 20. Juni 1872 RGBl. S. 174.**

Gutt. Samml. Nr. **67**, Romen.

(Berichtigungen:

§ 95 Abs. 1 RGBl. v. 1873 S. 138.

§ 141 Abs. 3 Zeile 2 (Freiheitsstrafe), § 158 Zeile 2 (feines) RGBl. v. 1872 S. 288.)

§ 5 Abs. 2 geändert: G. v. 6. Febr. 1911 RGBl. S. 31.

Anlage zum Militärstrafgesetzbuch (zu § 5) Ziff. A V eingeschaltet, bisherige Nr. V wird Nr. VI: G. v. 6. Febr. 1911 RGBl. S. 31.

Anlage Ziff. B ergänzt: V. betr. die Klasseneinteilung der Militärbeamten des Reichsheeres und der Marine. Vom 1. Aug. 1908 RGBl. S. 483.

Einführungsgesetz zum Militärstrafgesetzbuch. Vom 20. Juni 1872 RGBl. S. 173.

§ 2 Abs. 2 geändert: Einführungsgesetz zur Militärstrafgerichtsordnung. Vom 1. Dez. 1898 RGBl. S. 1289.

470 **Militärstrafgerichtsordnung. Vom 1. Dez. 1898 RGBl. S. 1189**[1] [2]. Gutt. Samml. Nr. **3**, Romen.

---

1) V. betr. Voraussetzungen, unter denen nach Inkrafttreten der Militärstrafgerichtsordnung das Gericht die Öffentlichkeit der Hauptverhandlung wegen Gefährdung

(Druckfehler: § 137 Zeile 1 [Anwesenheit] RGBl. v. 1899 S. 132.)

§ 1 Nr. 2, 3 u. 7, § 5 Nr. 2 geändert, § 55 ersetzt, § 59 geändert: G. v. 6. Febr. 1911 RGBl. S. 31.

Einführungsgesetz zur Militärstrafgerichtsordnung. Vom 1. Dez. 1898 RGBl. S. 1289.

V. betr. das Inkrafttreten der Militärstrafgerichtsordnung. Vom 28. Dez. 1899 RGBl. v. 1900 S. 1.

G. betr. die Einrichtung eines besonderen Senats für das bayerische Heer bei dem Reichsmilitärgericht in Berlin. Vom 9. März 1899 RGBl. S. 135. 471

(Wegen Militärstrafgerichtsbarkeit über Schutztruppen und in den Schutzgebieten s. Nr. 529 f., wegen Disziplinarstrafmittel gegen Militärpersonen des Beurlaubtenstandes s. Nr. 462.)

G. betr. die Dienstvergehen der richterlichen Militärjustizbeamten und die unfreiwillige Versetzung derselben in eine andere Stelle oder in den Ruhestand. Vom 1. Dez 1898 RGBl. S. 1297[3]). 472

G. betr. die freiwillige Gerichtsbarkeit und andere Rechtsangelegenheiten in Heer und Marine. Vom 28. Mai 1901 RGBl. S. 185. 473

(Wegen Beurkundung von Sterbefällen usw. von Militärpersonen s. Nr. 95, 96.)

---

der Disziplin ausschließen soll. Vom 28. Dez. 1899 ZBl. v. 1900 S. 496.

2) Geschäftsordnung für das Reichsmilitärgericht. Vom 13. März 1909 ZBl. S. 110.

3) E. betr. die Geschäftsordnung für den bei dem Reichsmilitärgerichte bestehenden Disziplinarhof für richterliche Militärjustizbeamte. Vom 30. Jan. 1902 ZBl. S. 63.

Naturalleistungen für die bewaffnete Macht.

474 G. über die Kriegsleistungen. Vom 13. Juni 1873 RGBl. S. 129.

V. betr. die Ausführung des G. über die Kriegsleistungen. Vom 1. April 1876 RGBl. S. 137.

Geändert durch a) V. v. 6. Juni 1885 RGBl. S. 197, b) V. v. 14. April 1888 RGBl. S, 142, c) V. zur Ergänzung der V. v. 14. April 1888. Vom 27. Juni 1890 RGBl. S. 75, d) V. v. 29. Dez. 1906 RGBl. v. 1907 S. 5:

I Ziff. 3[1] ersetzt: 1888 S. 142.

I Ziff. 3[2] ersetzt: 1907 S. 5.

I Ziff. 4[1] ersetzt: 1888 S. 142.

Abs. 2 geändert (Tagesfuragesatz an Heu auf 2500 Gramm erhöht:1)

Vorletzter Abs. eingeschoben: 1890 S. 75, geändert (Tagesfuragesatz an Heu auf 7500 Gramm erhöht):2)

I Ziff. 5[1] Abs. 5 zugefügt: 1885 S. 197.

I Ziff. 5[3] ersetzt: 1888 S. 142.

Beilage A[2] ersetzt: 1888 S. 142.

Beilagen B u. C ersetzt:3)

V. betr. die Form der Marschrouten für Kriegsverhältnisse. Vom 18. April 1882 RGBl. S. 47.

---

1) Erhöhung des Tagesfuragesatzes für die Pferde im Falle eines Krieges auf Märschen und in Kantonnierungen: Bek. v. 8. Sept. 1897 ZBl. S. 274.

2) Bek. betr. Abänderung der Ausführungsbestimmungen zum Kriegsleistungsgesetz in bezug auf den Furagesatz für schwere Pferde kaltblütigen Schlages. Vom 3. Nov. 1893 ZBl. S. 310.

3) Bek. betr. die auf Grund des G. über die Kriegsleistungen gebildeten Lieferungsverbände und die hin-

In Formular Ziff. 3 ersetzt: V. v. 27. Juni 1890 RGBl. S. 75.

In Bestimmungen Abschnitte B, C, D, E ersetzt: V. v. 14. April 1888 Art. II RGBl. S. 144.

G. betr. die Quartierleistung für die bewaffnete Macht während des Friedenszustandes. Vom 25. Juni 1868 BGBl. S. 523. 475

§ 3 Abs. 2 aufgehoben: G. betr. den Servistarif und die Klasseneinteilung der Orte. Vom 28. Mai 1887 § 2 RGBl. S. 159.

Beilage A ergänzt (zu II, vorübergehendes Quartierraumerfordernis): G. betr. Abänderung bzw. Ergänzung des G. betr. die Quartierleistung für die bewaffnete Macht während des Friedenszustandes. Vom 21. Juni 1887 Art. I RGBl. S. 245.

Beilagen B u. C ersetzt: G. betr. den Servistarif und die Klasseneinteilung der Orte. (Siehe Nr. 477.)

Instruktion zur Ausführung des G. betr. die Quartierleistung usw. v. 25. Juni 1868. Vom 31. Dez. 1868 BGBl. v. 1869 S. 1.

§ 15 ersetzt: E. v. 23. März 1908 RGBl. S. 132.

Beilage lit. A ersetzt durch Beilagen A 1 u. A 2 der V. zur Ausführung des Gesetzes über die Naturalleistungen

---

sichtlich der Kriegsleistungen der Gemeinden zuständigen Behörden. Vom 24. Juli 1894 ZBl. S. 341.

(Berichtigung. Beilage C, 1 (Preußen) Spalte III: ZBl. v. 1894 S. 426.)

Beilage B Nr. 13 geändert: Bek. v. 29. Juni 1903 ZBl. S. 210.

Beilage C Nr. 3, 11, 22 geändert: Bek. v. 1. Nov. 1907 ZBl. S. 549.

Nr. 6, 13, 23 geändert: Bek. v. 29. Juni 1903 ZBl. S. 210.

für die bewaffnete Macht im Frieden. Vom 13. Juli 1898 RGBl. S. 921, Ziff. I zu § 6.

Beilage B ersetzt:[1])

Beilage lit. E ersetzt, Beilage F kommt in Fortfall: E. v. 23. März 1908 RGBl. S. 132.

476 **G. über die Naturalleistungen für die bewaffnete Macht im Frieden. Vom 24. Mai 1898 RGBl. S. 361**[2]). Gutt. Samml. Nr. 69, Hippel.

§ 9 Nr. 2 Abs. 1 ersetzt, Abs. 2 u. 3 gestrichen, Abs. 4 ersetzt, § 16 Abs. 3 zugefügt: G. v. 9. Juni 1906 RGBl. S. 735.

V. zur Ausführung des Gesetzes. Vom 13. Juli 1898 RGBl. S. 921.

Geändert durch Erlasse a) v. 10. Juli 1904 RGBl. S. 301, b) v. 16. Juli 1906 RGBl. S. 855, c) v. 6. Aug. 1907 RGBl. S. 417, d) v. 27. Mai 1909 RGBl. S. 470:

I zu § 9 Ziff. 2 ersetzt: 1906 S. 855.

III zu § 14 A letzter Absatz Ziff. a u. b ersetzt: 1904 S. 301.

III zu § 14 B Abs. 3 zugefügt: 1907 S. 417.

Beilage C 1 Zusatz: 1904 S. 301.

---

1) Verzeichnis der in den einzelnen Bundesstaaten mit Leitung des Marschwesens beauftragten Verwaltungsbehörden: Bek. v. 19. Aug. 1905 ZBl. S. 218.

2) Tarif der Vorspannvergütungssätze und Klasseneinteilung der Lieferungsverbände. Vom 25. Febr. 1901 ZBl. S. 48.

Klasseneinteilung der Lieferungsverbände geändert

in Provinz Westfalen: Bek. v. 19. Jan. 1905 ZBl. S. 17 u. v. 14. Dez. 1905 ZBl. S. 389.

in Rheinprovinz: Bek. v. 10. Juli 1902 ZBl. S. 240 u. v. 14. Dez. 1905 ZBl. S. 389.

in Baden: Bek. v. 8. Jan. 1903 ZBl. S. 11.

Beilage C 2 geändert: 1906 S. 855.
Zusatz: 1904 S. 301.
Beilagen C 3 u. C 4 Zusatz: 1904 S. 301.
Beilage D 2 geändert: 1906 S. 855.
Beilage E Spalte 7 geändert: 1909 S. 470.
Beilage F zugefügt: 1904 S. 301 (die darin enthaltenen „Bestimmungen" aufgehoben durch die Ausführungsbestimmungen zu den Verordnungen über die Tagegelder usw. vom 29. Sept. 1910 RGBl. S. 1071).

G. betr. den Servistarif und die Klasseneinteilung der Orte. Vom 6. Juli 1904 RGBl. S. 272 (vgl. G. v. 28. Mai 1887 § 2 RGBl. S. 159.) 477

Beilage I geändert: G. v. 17. Mai 1906 RGBl. S. 473.
(Militärtransportordnung für Eisenbahnen s. unter Eisenbahnwesen!)

Sonstige Bezüge der Militärpersonen.

(Besoldungsgesetz s. Nr. 84.)

V. betr. Tagegelder, Fuhrkosten und Umzugskosten der Beamten der Militär- und Marineverwaltung. Vom 11. Dez. 1906 RGBl. S. 869. 478

Zu § 1: V. betr. die Tagegelder, die Fuhrkosten und die Umzugskosten der Reichsbeamten. Vom 8. Sept. 1910 § 28 Abs. 2 RGBl. S. 1000.

V. betr. die Vergütung für Dienstreisen der Marinebeamten zwischen Kiel und Friedrichsort. Vom 22. Juni 1884 RGBl. S. 65. 479

V. betr. die Umzugskosten des Personals des Marinelazaretts zu Yokohama bei Versetzungen aus dem Inlande dorthin bzw. bei Rückversetzungen nach dem Inlande. Vom 24. Mai 1881 RGBl. S. 101. 480

481 **G. betr. die Gewährung einer Ehrenzulage an die Inhaber des Eisernen Kreuzes von 1870/71. Vom 2. Juni 1878 RGBl. S. 99.**

E. betr. die Bestimmung derjenigen militärischen Dienstauszeichnungen, welche außer dem preußischen Militär-Ehrenzeichen zweiter Klasse neben dem Besitze des Eisernen Kreuzes zweiter Klasse zum Bezuge der Ehrenzulage nach Maßgabe des Gesetzes v. 2. Juni 1878 berechtigen. Vom 19. Nov. 1878 RGBl. S. 301.

Militärpensionswesen — Gutt. Samml. Nr. 79, Romen.

482 **G. über die Pensionierung der Offiziere einschließlich Sanitätsoffiziere des Reichsheeres, der Kaiserlichen Marine und der Kaiserlichen Schutztruppen. Vom 31. Mai 1906 RGBl. S. 565**[1]**).**

483 **G. über die Versorgung der Personen der Unterklassen des Reichsheeres, der Kaiserlichen Marine und der Kaiserlichen Schutztruppen. Vom 31. Mai 1906 RGBl. S. 593**[2]**).**

484 **Ah. Order betr. Anrechnung von Kriegsjahren aus Anlaß der Aufstände der Bondelswart-Hottentotten**

1) Bestimmungen zur Ausführung des Offizierpensionsgesetzes vom 31. Mai 1906. Vom 19. Juni 1906 ZBl. S. 659.

Bek. betr. Genehmigung der Ausführungsbestimmungen des Bundesrats zu § 35 des Offizierpensionsgesetzes durch den Reichstag. Vom 28. Juni 1907 ZBl. S. 296.

2) Bestimmungen zur Ausführung des Mannschaftsversorgungsgesetzes vom 31. Mai 1906. Vom 19. Juni 1906 ZBl. S. 662.

Muster der in Ziff. 7 Abs. 7 vorgeschriebenen Quittungsbücher ersetzt: Bek. v. 16. April 1912 ZBl. S. 280.

und der Hereros in Südwestafrika 1903/04. Vom 29. Sept. 1904 RGBl. S. 381.

Order betr. Anrechnung von Kriegsjahren aus Anlaß der Aufstände im südwestafrikanischen Schutzgebiete. Vom 12. Okt. 1905 RGBl. S. 761.

Order betr. Anrechnung des Jahres 1906 als Kriegsjahr aus Anlaß der Aufstände im südwestafrikanischen Schutzgebiete. Vom 27. Febr. 1906 RGBl. S. 430.

O. betr. Anrechnung des Jahres 1905 als Kriegsjahr aus Anlaß des Aufstandes in Deutsch-Ostafrika. Vom 30. Jan. 1907 RGBl. S. 39.

O. betr. Anrechnung des Jahres 1907 als Kriegsjahr aus Anlaß der Aufstände im südwestafrikanischen Schutzgebiete. Vom 12. April 1907 RGBl. S. 154.

E. betr. die Anrechnung der Jahre 1905 und 1906 als Kriegsjahre aus Anlaß von Gefechten und Kriegszügen in Deutsch-Ostafrika und Kamerun. Vom 17. Nov. 1906 RGBl. v. 1907 S. 742.

E. betr. die Anrechnung der Jahre 1905, 1906 und 1907 als Kriegsjahre aus Anlaß des Aufstandes in Deutsch-Ostafrika. Vom 14. Jan. 1908 RGBl. S. 13.

E. betr. die Anrechnung der Jahre 1904, 1905 und 1906 als Kriegsjahre aus Anlaß von Gefechten und militärischen Unternehmungen in Kamerun. Vom 21. Okt. 1908 RGBl. S. 513.

E. betr. die Anrechnung der Jahre 1907 und 1908 als Kriegsjahre aus Anlaß von militärischen Unternehmungen in Südwestafrika und Kamerun. Vom 1. April 1909 RGBl. S. 433.

E. betr. die Anrechnung des Jahres 1908 als Kriegsjahr aus Anlaß von militärischen Unternehmungen in Südwestafrika. Vom 17. März 1910 RGBl. S. 595.

E. betr. die Anrechnung der deutsch-englischen Yola-Croßschnellen Grenzexpedition von Anfang September 1908 bis Ende

April 1909 als Kriegsjahr. Vom 10. Aug. 1911 RGBl. S. 905.

184a Zivilversorgung der Militärpersonen:1–6)

---

1) Grundsätze für die Besetzung der mittleren, Kanzlei- und Unterbeamtenstellen bei den Reichs- und Staatsbehörden mit Militäranwärtern und Inhabern des Anstellungsscheins. Vom 20. Juni 1907 ZBl. S. 317.

Grundsätze und Anlagen A bis E geändert durch Bek. a) v. 13. April 1912 ZBl. S. 279, b) v. 5. Aug. 1912 ZBl. S. 670:

§ 1 Abs. 4 u. Abs. 7 geändert: 1912 S. 670.
§ 11 Abs. 1 Zusatz: 1912 S. 279.
§ 18 Ziff. 2 u. 4 geändert: 1912 S. 670.
§ 19 Abs. 3 Nr. 6 zwischengeschoben, bisherige Nr. 6 wird Nr. 7: 1912 S. 279.
§ 22 Abs. 2 u. 3, Anlagen A bis E geändert: 1912 S. 670.

Anlage F (Verzeichnis der den Militäranwärtern usw. im Reichsdienste vorbehaltenen Stellen) ersetzt: Bek. v. 15. Juni 1911 ZBl. S. 297.
Geändert: Bek. v. 26. Sept. 1912 ZBl. S. 782.

Anlage G Anmerkung 2 I geändert: Bek. v. 5. Aug. 1912 ZBl. S. 670.

Anlage H (Verzeichnis der Vermittelungsbehörden) Ziff. 1, Preußen, a, m geändert, o zugefügt, Ziff. 26, Elsaß-Lothringen, a, b, c geändert, d zugefügt: Bek. v. 30. Aug. 1912 ZBl. S. 688 (wegen Inkrafttretens s. Bek. v. 20. Sept. 1912 ZBl. S. 762).

2) Gesamtverzeichnis der den Militäranwärtern in den Bundesstaaten vorbehaltenen Stellen. Vom 3. Aug. 1903 ZBl. S. 485.

1. Nachtrag dazu. Vom 31. Aug. 1904 ZBl. S. 318.
2. „ „ Vom 27. Sept. 1905 ZBl. S. 294.
3. „ „ Vom 7. Sept. 1906 ZBl. S. 1184 (Berichtigung ZBl. v. 1906 S. 1220).

3) Verzeichnis der Behörden usw., die hinsichtlich der den Militäranwärtern und den Inhabern des Anstellungsscheins

Fürsorgegesetz für militärische Luftfahrer. Vom 29. Juni 1912 RGBl. S. 415. 485

G. v. 22. Mai 1895 RGBl. S. 237 (betr. Gewährung von Beihilfen an Kriegsteilnehmer)[7]. 486

Fürsorge für Angehörige der Militärpersonen.

Militärhinterbliebenengesetz. Vom 17. Mai 1907 RGBl. S. 214[8]. 487

---

im Reichsdienst vorbehaltenen Stellen als Anstellungsbehörden anzusehen sind. Vom 15. Juni 1911 ZBl. S. 304 Geändert: Bek. v. 26. Sept. 1912 ZBl. S. 782.

4) Verzeichnis derjenigen Behörden, an welche die Bewerbungen um Stellen der Königlich Bayerischen Militärverwaltung zu richten sind. Vom 12. Sept. 1901 ZBl. S. 328.

5) Grundsätze für die Besetzung der mittleren, Kanzlei- und Unterbeamtenstellen bei den Kommunalbehörden usw. mit Militäranwärtern und Inhabern des Anstellungsscheins. Vom 20. Juni 1907 ZBl. S. 345.
§ 9 Abs. 1 Zusatz: Bek. v. 13. April 1912 ZBl. S. 279.
§ 11 Abs. 2 geändert: Bek. v. 5. Aug. 1912 ZBl. S. 670.
§ 18 Abs. 3 zugefügt: Bek. v. 13. April 1912 ZBl. S. 279.

6) Gesamtverzeichnis der Privateisenbahnen und der durch Private betriebenen Eisenbahnen, denen die Verpflichtung auferlegt ist, bei der Besetzung von Beamtenstellen Militäranwärter und Inhaber des Anstellungsscheins vorzugsweise zu berücksichtigen. Vom 14. Febr. 1912 ZBl. S. 199.

7) Ausführungsbestimmungen über die Gewährung von Beihilfen an Kriegsteilnehmer. Bek. v. 24. März 1911 ZBl. S. 75.

8) Bestimmungen über die Wohltaten des Potsdamschen großen Militär-Waisenhauses: ZBl. v. 1901 S. 417.

488 **G. betr. die Unterstützung von Familien in den Dienst eingetretener Mannschaften. Vom 28. Febr. 1888 RGBl. S. 59.**

489 **G. betr. die Unterstützung von Familien der zu Friedensübungen einberufenen Mannschaften. Vom 10. Mai 1892 RGBl. S. 661.**

Bek. betr. die Ausführungsvorschriften zu dem Gesetze. Vom 2. Juni 1892 RGBl. S. 668.

§ 2 Abs. 1 Zusatz: Bek. v. 15. Nov. 1902 RGBl. S. 278.

§§ 3, 8 u. 9 ersetzt: Bek. v. 12. Dez. 1898 RGBl. S. 1305.

Muster A ersetzt: Bek. v. 9. Nov. 1911 RGBl. S. 949.

Muster B ersetzt, Muster C zugefügt: Bek. v. 12. Dez. 1898 RGBl. S. 1305.

(Wegen Zurückbeförderung der Hinterbliebenen im Auslande angestellter Personen des Soldatenstandes s. Nr. 89, wegen Fürsorge für die Hinterbliebenen militärischer Luftfahrer s. Nr. 485.)

Besteuerung der Militärpersonen.

490 **V. betr. die Einführung der in Preußen geltenden Vorschriften über die Heranziehung der Militärpersonen zu Kommunalauflagen im ganzen Bundesgebiet. Vom 22. Dez. 1868 BGBl. S. 571.**

Geändert (außerdienstliches Einkommen): G. betr. die Heranziehung von Militärpersonen zu den Gemeindeabgaben. Vom 28. März 1886 RGBl. S. 65.

Kriegswesen, Waffen- usw. Ausfuhrverbote.

491 **G. betr. die Bildung eines Reichskriegsschatzes. Vom 11. Nov. 1871 RGBl. S. 403.**

B. betr. die Verwaltung des Reichskriegsschatzes. Vom 22. Jan. 1874 RGBl. S. 9.

§ 2 geändert: B. v. 31. März 1897 RGBl. S. 169.

G. über die **Vorbereitung des Kriegszustandes in Elsaß-Lothringen.** Vom 30. Mai 1892 RGBl. S. 667. 492

G. betr. die **Prisengerichtsbarkeit.** Vom 3. Mai 1884 RGBl. S. 49. 493

G. betr. den **Schutz der Brieftauben und den Brieftaubenverkehr im Kriege.** Vom 28. Mai 1894 RGBl. S. 463[1]. 494

Festungswesen, Reichskriegshäfen.

G. betr. die Geldmittel zur Umgestaltung und **Ausrüstung von deutschen Festungen.** Vom 30. Mai 1873 RGBl. S. 123. 495

G. betr. die **Beschränkungen des Grundeigentums in der Umgebung von Festungen.** Vom 21. Dez. 1871 RGBl. S. 459. 496

§ 37 ersetzt: Einführungsgesetz zum BGB. Vom 18. Aug. 1896 Art. 54 RGBl. S. 621.

G. betr. die **Reichs-Kriegshäfen.** Vom 19. Juni 1883 RGBl. S. 105. 497

---

1) Ausführungsbestimmungen zu dem G. v. 28. Mai 1894 betr. den Schutz der Brieftauben und den Brieftaubenverkehr im Kriege: Bundesratsbeschluß v. 8. Nov. 1894 ZBl. S. 457.

Bek. betr. die Benennung der innerhalb des preußischen Jadegebiets in der Gründung begriffenen Stadt, zu deren Bezirk der Kriegshafen an der Jade gehört. Vom 27. Mai 1869 BGBl. S. 375.

Kriegsdenkmünze für 1870/71.

498 E. betr. die Stiftung einer **Kriegsdenkmünze für die Feldzüge** 1870/71. Vom 20. Mai 1871 RGBl. S. 111.

E. betr. die Verleihung der Kriegsdenkmünze für Kombattanten an Offiziere, Ärzte usw. der Marine. Vom 14. März 1872 RGBl. S. 84.

E. betr. die Verleihung des Anspruchs auf die Kriegsdenkmünze für Nichtkombattanten an die nach dem Statut nicht berechtigten Offiziere, Ärzte, Beamten und Mannschaften der deutschen Armeen und der Marine. Vom 22. Mai 1871 RGBl. S. 113.

E. betr. die Verleihung des Anspruchs auf die Kriegsdenkmünze für Nichtkombattanten an Hof- und Zivilstaatsbeamte, an Angestellte der Privateisenbahngesellschaften usw. Vom 22. Mai 1871 RGBl. S. 113.

Generalstabsstiftung.

499 E. betr. die **Generalstabsstiftung**. Vom 21. März 1878 RGBl. S. 13.

G. betr. die Verwendung eines Teils des Reingewinns aus dem von dem Großen Generalstabe redigierten Werke „Der Deutsch-Französische Krieg von 1870/71“. Vom 31. Mai 1877 RGBl. S. 523.

G. betr. den Reingewinn aus dem von dem Großen Generalstabe verfaßten Werke „Der Deutsch-Französische Krieg 1870/71“. Vom 12. Juli 1884 RGBl. S. 119.

G. betr. den Reingewinn aus kriegsgeschichtlichen Werken des Großen Generalstabes. Vom 12. April 1888 RGBl. S. 141.

Anhang: F. Die Schutzgebiete.

Gutt. Samml. Nr. **49**, Zorn.

Erwerb von Schutzgebieten, Änderungen der Schutzgebietsgrenzen.

E. betr. die Erklärung Kiautschous zum Schutzgebiete. Vom 27. April 1898 RGBl. S. 171. 500

E. betr. die Erklärung des Schutzes über die Karolinen, Palau und Marianen. Vom 18. Juli 1899 RGBl. S. 541. 501

E. betr. die Erklärung des Schutzes über die Samoainseln westlich des 171. Längengrades w. L. Vom 17. Febr. 1900 RGBl. S. 135. 502

Bek. betr. den Übergang dieser Inseln in deutschen Besitz. Vom 26. März 1900 RGBl. S. 136.

E. betr. die Erklärung des Schutzes über die in Äquatorial-Afrika erworbenen Gebiete. Vom 3. Okt. 1912 RGBl. S. 511. 503

V. betr. die Vereinigung der in Äquatorial-Afrika erworbenen Gebiete mit dem Schutzgebiete Kamerun. Vom 3. Okt. 1912 RGBl. S. 512.

Abkommen betr. Festlegung der Grenze zwischen Deutsch-Ostafrika und der belgischen Kongokolonie. Vom 11. Aug. 1910 RGBl. v. 1911 S. 875. 504

Bek. betr. die Ratifikation des Abkommens und den Austausch der Ratifikationsurkunden. Vom 12. Aug. 1911 RGBl. S. 881.

Verwaltung der Schutzgebiete.
[1])

505 **Schutzgebietsgesetz.** In der Fassung v. 10. Sept. 1900 RGBl. S. 813.

§ 1 Abs. 2 zugefügt: G. v. 16. Juli 1912 RGBl. S. 443.

V. betr. die Rechtsverhältnisse in den Deutschen Schutzgebieten. Vom 9. Nov. 1900 RGBl. S. 1005.

§ 3 Satz 1 außer Kraft gesetzt: V. v. 21. Nov. 1902 § 28 RGBl. S. 290.

§ 8 Abs. 1 geändert: V. betr. das Gericht zweiter Instanz für das Schutzgebiet Kiautschou. Vom 28. Sept. 1907 RGBl. S. 735.

Gutt. Samml. Nr. **97**, Gerstmeyer und Nr. **75**, Vorwerk.

506 V. betr. die **Vereinigung von Wohnplätzen** in den Schutzgebieten zu **kommunalen Verbänden**. Vom 3. Juli 1899 RGBl. S. 366.

507 V. betr. **Zwangs- und Strafbefugnisse der Verwaltungsbehörden** in den Schutzgebieten Afrikas und der Südsee. Vom 14. Juli 1905 RGBl. S. 717.

508 V. betr. die **Einrichtung der Verwaltung** und die **Eingeborenen-Rechtspflege** in den afrikanischen und Südseeschutzgebieten. Vom 3. Juni 1908 RGBl. S. 397.

---

1) E. betr. die **Dienstflaggen** in den Schutzgebieten. Vom 13. Aug. 1893 ZBl. S. 273.

V. betr. die Rechtsverhältnisse der Landespolizei in Deutsch-Südwestafrika. Vom 4. Okt. 1907 RGBl. S. 736. 509

V. betr. die anderweite Regelung der Verwaltung und der Rechtsverhältnisse im Schutzgebiete der Marschall-, Brown- und Providence-Inseln. Vom 18. Jan. 1906 RGBl. S. 138. 510

V. betr. die Regelung der Verwaltung und Rechtspflege in den zu den Schutzgebieten nicht gehörigen Teilen der deutschen Interessensphären in Afrika. Vom 2. Mai 1894 RGBl. S. 461. 511

Kolonialbehörden, Kolonialbeamte.

E. betr. die Errichtung des Reichs-Kolonialamts. Vom 17. Mai 1907 RGBl. S. 239. 512

E. betr. — die Bildung von Kommissionen beim Reichs-Kolonialamte. Vom 17. Febr. 1908 RGBl. S. 28. 513

Kolonialbeamtengesetz. Vom 8. Juni 1910 RGBl. S. 881[1]). 514

(Zu § 2: G. betr. die Feststellung des Haushaltsetats für die Schutzgebiete auf das Rechnungsjahr 1912 vom 28. Mai 1912 RGBl. S. 346 und die in Schlußbemerkung B Ziff. 1 zum ordentlichen Etat genannte Denkschrift mit Anlagen (Besoldungsordnungen) zum Nachtragsetat für die Schutzgebiete auf das Rechnungsjahr 1910 RGBl. v. 1910 S. 810.)

V. zur Ausführung des Kolonialbeamtengesetzes vom 8. Juni 1910. Vom 3. Okt. 1910 RGBl. S. 1091.

---

1) Geschäftsordnung der Disziplinarbehörden für die Schutzgebiete: Bek. v. 3. März 1897 ZBl. S. 72.

515 **V. betr. die Verhängung von Arreststrafen gegen Angehörige der Polizeitruppe in Ostafrika.** Vom 6. Nov. 1911 RGBl. S. 953.

516 **G. betr. die Tagegelder, die Fuhrkosten und die Umzugskosten der Kolonialbeamten.** Vom 7. Sept. 1911 RGBl. S. 897.

Finanzverwaltung der Schutzgebiete.

517 **G. über die Einnahmen und Ausgaben der Schutzgebiete.** Vom 30. März 1892 RGBl. S. 369.

§§ 4a bis 4g zugefügt: G. v. 18. Mai 1908 RGBl. S. 207.

518 **G. betr. die Feststellung des Haushaltsetats für die Schutzgebiete auf das Rechnungsjahr 1912.** Vom 28. Mai 1912 RGBl. S. 346.

(Wegen Gewährung von Darlehn seitens des Reichs an die Schutzgebiete s. Nr. 115 u. 116.)

Regelung privatrechtlicher Verhältnisse in den Schutzgebieten.

519 **V. betr. die Rechte an Grundstücken in den deutschen Schutzgebieten.** Vom 21. Nov. 1902 RGBl. S. 283.

520 **V. über die Enteignung von Grundeigentum in den Schutzgebieten Afrikas und der Südsee.** Vom 14. Febr. 1903 RGBl. S. 27.

521 **V. betr. das Aufgebot von Landansprüchen im südwestafrikanischen Schutzgebiet.** Vom 2. April 1893 RGBl. S. 143.

Kaiserliche Bergverordnung für Deutsch-Südwestafrika. Vom 8. Aug. 1905 RGBl. S. 727. 522

Kaiserliche Bergverordnung für die afrikanischen und Südseeschutzgebiete mit Ausnahme von Deutsch-Südwestafrika. Vom 27. Febr. 1906 RGBl. S. 363.

V. betr. die Verleihung des Eigentumsrechts am Pomonagebiet und die Erteilung einer Bergbausonderberechtigung in diesem Gebiete. Vom 18. Mai 1912 RGBl. S. 315.

V. betr. die ausschließliche Berechtigung der Landesfiski der Schutzgebiete Afrikas und der Südsee zur Aufsuchung und Gewinnung von Mineralien im Meeresboden. Vom 13. Okt. 1910 RGBl. S. 1095. 523

V. betr. den Handel mit südwestafrikanischen Diamanten. Vom 16. Jan. 1909 RGBl. S. 270. 524

G. über die Ausgabe kleiner Aktien — im Schutzgebiete Kiautschou. Vom 23. Dez. 1911 RGBl. S. 1135. 525

Verkehrswesen in den Schutzgebieten.

V. über das Telegraphenwesen in den deutschen Schutzgebieten ausschließlich Kiautschou. Vom 15. Juni 1906 RGBl. S. 843. 526

V. über das Telegraphenwesen im Kiautschougebiete. Vom 16. Okt. 1901 RGBl. S. 379.

G. betr. Eisenbahnbauten im Ostafrikanischen Schutzgebiete. Vom 12. Dez. 1911 RGBl. S. 973. 527

(Wegen Postdampfschiffsverbindungen mit den Schutzgebieten s. unter Postwesen.)

Schutztruppen in den Schutzgebieten — Gutt. Samml. Nr. **49**, Zorn.

528 **G. betr. die Kaiserlichen Schutztruppen in den Afrikanischen Schutzgebieten und die Wehrpflicht daselbst. In der Fassung vom 18. Juli 1896 RGBl. S. 653.**

Außer Kraft gesetzt die die Versorgung der Offiziere, Beamten und der Militärpersonen der Unterklassen und die Versorgung der Hinterbliebenen betreffenden Vorschriften des Gesetzes: Gesetze über die Pensionierung der Offiziere usw. und über die Versorgung der Personen der Unterklassen des Reichsheeres usw. Vom 31. Mai 1906 § 77 bzw. § 76 RGBl. S. 592 u. 614 und Militärhinterbliebenengesetz. Vom 17. Mai 1907 § 55 RGBl. S. 232.

§ 18 ersetzt: G. v. 25. Juni 1902 RGBl. S. 237.

V. betr. die Erfüllung der Dienstpflicht bei der Kaiserlichen Schutztruppe für Südwestafrika. Vom 5. Dez. 1902 RGBl. S. 297.

529 **V. betr. die Einführung der deutschen Militärstrafgesetze in den Afrikanischen Schutzgebieten. Vom 26. Juli 1896 RGBl. S. 669.**

530 **V. betr. das strafgerichtliche Verfahren gegen Militärpersonen der Kaiserlichen Schutztruppen. Vom 2. Nov. 1909 RGBl. S. 943.**

Ausführungsbestimmungen dazu. Vom 6. Nov. 1909 RGBl. S. 954.

531 **V. betr. die Entschädigung Schutztruppenangehöriger für unschuldig erlittene Untersuchungshaft. Vom 6. Nov. 1904 RGBl. S. 441.**

G. betr. die militärische Strafrechtspflege im 532
Kiautschougebiete. Vom 25. Juni 1900 RGBl.
S. 304.

§ 2 geändert (Gültigkeitsdauer bis 1. Jan. 1918 verlängert): G. v. 16. Dez. 1911 RGBl. S. 974.

Einzelheiten betr. Schutzgebiete.

V. betr. die Ausfuhr von Angoraziegen aus dem 533
Schutzgebiete Deutsch-Südwestafrika. Vom 15. Febr.
1909 RGBl. S. 403.

V. betr. die Ausfuhr von Straußen und 534
Straußeneiern aus dem Schutzgebiete Deutsch-
Südwestafrika. Vom 15. Febr. 1909 RGBl. S. 404.

Zweiter Teil:

Beziehungen des Reichs zum Auslande.

A. Konsulatwesen.

Gutt. Samml. Nr. 21, Zorn.

(Konsularverträge s. Nr. 551 f.)

535 **G. betr. die Organisation der Bundeskonsulate sowie die Amtsrechte und Pflichten der Bundeskonsuln.** Vom 8. Nov. 1867 BGBl. S. 137[1]).

§ 16 Abs. 2 u. § 17a zugefügt: Einführungsgesetz zum BGB. Vom 18. Aug. 1896 Art. 38 RGBl. S. 613.

§§ 22—24 aufgehoben: G. über die Konsulargerichtsbarkeit. Vom 10. Juli 1879 § 48 RGBl. S. 205.

(Rechtsverhältnisse der Konsular- usw. Beamten s. unter Reichsbeamten.)

536 **Konsulatsgebührengesetz.** Vom 17. Mai 1910 RGBl. S. 847.

537 **G. über die Konsulargerichtsbarkeit.** Vom 7. April 1900 RGBl. S. 213[2])[3]).

Gutt. Samml. Nr. 75, Vorwerk und Nr. 97, Gerstmeyer.

---

1) E. an die Kaiserlichen Konsulate betr. die bei der Unterstützung hilfsbedürftiger Reichsangehöriger zu beobachtenden Grundsätze. Vom 1. April 1882 ZBl. S. 218.

§ 31 a zugefügt: G. über die Ausgabe kleiner Aktien in den Konsulargerichtsbezirken in China und im Schutzgebiete Kiautschou. Vom 23. Dez. 1911 RGBl. S. 1135.

V. zur Einführung des Gesetzes über die Konsulargerichtsbarkeit. Vom 25. Okt. 1900 RGBl. S. 999.

Zum Konsulargerichtsbarkeitsgesetze erlassene Verordnungen.

Zu § 1 Abs. 2:

V. betr. die Konsulargerichtsbarkeit in Bosnien und in der Herzegowina. Vom 23. Dez. 1880 RGBl. S. 191 (vgl. G. v. 7. Juni 1880 RGBl. S. 146). 538

V. betr. die Konsulargerichtsbarkeit in Bulgarien. Vom 27. Febr. 1908 RGBl. S. 63.

V. betr. die Einschränkung der Gerichtsbarkeit der deutschen Konsuln in Egypten. Vom 23. Dez. 1875 RGBl. S. 381 (vgl. G. v. 30. März 1874 RGBl. S. 23).

§ 3 Abs. 1 Nr. 1 ersetzt: V. v. 4. Febr. 1904 RGBl. S. 61.

§ 3 erweitert: V. v. 6. Jan. 1901 RGBl. S. 3.

§ 5 ersetzt, § 5a zugefügt: V. v. 29. Juni 1908 RGBl. S. 469.

§ 7 Abs. 1 geändert (Beschränkung der Geltungsdauer aufgehoben): V. v. 23. Dez. 1880 RGBl. S. 192 (vgl. G. v. 5. Juni 1880 RGBl. S. 145).

V. betr. die Konsulargerichtsbarkeit in der Regentschaft Tunis. Vom 21. Jan. 1884 RGBl. S. 9 (vgl. G. v. 27. Juli 1883 RGBl. S. 263).

---

2) Anordnung betr. die Konsulargerichtsbarkeit über Schutzgenossen. Vom 27. Okt. 1900 ZBl. S. 574.

3) Dienstanweisung zur Ausführung des G. über die Konsulargerichtsbarkeit. Vom 27. Okt. 1900 ZBl. S. 577.

Zu § 21:

539 V. betr. die Rechte an Grundstücken und die Anlegung von Grundbüchern in den deutschen Niederlassungen in Tientsin und Hankau. Vom 25. Okt. 1900 RGBl. S. 1000.

Zu § 24 Abs. 2:

540 V. betr. die Überweisung von Geldstrafen an die Deutschen Niederlassungsgemeinden in Tientsin und Hankau. Vom 30. Dez. 1906 RGBl. v. 1907 S. 1.

541 **G. über die Bildung deutscher Kommunalverbände in den Konsulargerichtsbezirken. Vom 3. Juni 1905 RGBl. S. 541.**

B. Verträge mit dem Auslande.

Verträge politischen Inhalts.

542 **Friedenspräliminarien zwischen dem Deutschen Reich und Frankreich. Vom 26. Febr. 1871 RGBl. S. 215.**

Friedensvertrag zwischen dem Deutschen Reich und Frankreich. Vom 10. Mai 1871 RGBl. S. 223.

Zusätzliche Übereinkunft zu dem Friedensvertrage zwischen Deutschland und Frankreich. Vom 12. Okt. 1871 RGBl. S. 363.

Deklaration des Art. 11 der zusätzlichen Übereinkunft. Vom 8. Okt. 1873 RGBl. S. 365.

Zusatzkonvention zu dem am 10. Mai 1871 zu Frankfurt a. M. geschlossenen Friedensvertrage. Vom 11. Dez. 1871 RGBl. v. 1872 S. 7.

Protokoll betr. die Festsetzung der Diözesangrenzen zwischen Deutschland und Frankreich. Vom 7. Okt. 1874 RGBl. S. 123.

Vertrag zwischen Deutschland, Österreich, Frankreich, Großbritannien, Italien, Rußland und der Türkei (Londoner Konferenz, betr. Revision des Pariser Vertrages v. 30. März 1856). Vom 13. März 1871 RGBl. S. 104. 543

Vertrag zwischen Deutschland, Österreich-Ungarn, Frankreich, Großbritannien, Italien, Rußland und der Türkei (Berliner Kongreß). Vom 13. Juli 1878 RGBl. S. 307. 544

Zusatzakte zur Schiffahrtsakte für die Donaumündungen. Vom 28. Mai 1881 RGBl. v. 1882 S. 61.

Konvention über die Ausübung des Schutzrechts in Marokko. Vom 3. Juli 1880 RGBl. v. 1881 S. 103. 545

Generalakte der Berliner (Kongo-) Konferenz. Vom 26. Febr. 1885 RGBl. S. 215. 546

Gutt. Samml. Nr. 49, Zorn.

Erklärung zwischen dem Reiche und Frankreich betr. die Regelung der Vertragsbeziehungen zwischen Deutschland und Tunis. Vom 18. Nov. 1896 RGBl. v. 1897 S. 7. 547

Generalakte der Internationalen Konferenz von Algeciras (betr. Marokko). Vom 7. April 1906 RGBl. S. 891. 548

Bek. betr. die Ratifikation der Generalakte und die Hinterlegung der Ratifikationsurkunden sowie die von den Vereinigten Staaten von Amerika bei der Unterzeichnung und der Ratifikation gemachten Vorbehalte. Vom 9. Jan. 1907 RGBl. S. 19.

G. zur Ausführung der Generalakte der Internationalen Konferenz von Algeciras vom 7. April 1906. Vom 21. Dez. 1906 RGBl. S. 889.

549 **Abkommen zwischen dem Deutschen Reiche und der Französischen Republik, betr. Marokko.** Vom 4. Nov. 1911 RGBl. v. 1912 S. 197.

(Berichtigung von Art. 4 Abs. 2 Zeile 1 der deutschen Übersetzung): RGBl. v. 1912 S. 231).

Bek. betr. die Ratifikation des Abkommens und den Austausch der Ratifikationsurkunden. Vom 16. März 1912 RGBl. S. 205.

550 **Abkommen zwischen dem Deutschen Reiche und der Französischen Republik, betr. Äquatorial-Afrika.** Vom 4. Nov. 1911 RGBl. v. 1912 S. 206.

Bek. betr. die Ratifikation des Abkommens, sowie der zu dem Vertrage gehörigen Zusatznote vom gleichen Tage und den Austausch der Ratifikationsurkunden. Vom 16. März 1912 RGBl. S. 215.

Übereinkunft zwischen dem Deutschen Reiche und der Französischen Republik betr. die Staatsangehörigkeit der Personen, die sich in den zwischen Deutschland und Frankreich ausgetauschten Gebieten in Äquatorialafrika befinden. Vom 2. Febr. 1912 RGBl. S. 495.

Bek. betr. die Ratifikation der Übereinkunft. Vom 15. Sept. 1912 RGBl. S. 497.

(Haager Friedenskonferenz s. Nr. 736 u. 737.)

Freundschafts-, Handels-, Schiffahrts-, Zoll-, Konsularverträge.

(H-Vertrag = Handelsvertrag, F- = Freundschafts-, Sch- = Schiffahrts-, K- = Konsular-, Z- = Zollvertrag.)

Deutsch-Äthiopischer F- und H-Vertrag. Vom 7. März 1905 RGBl. v. 1906 S. 470. 551

H- und Z-Vertrag zwischen dem Deutschen Reich und Belgien. Vom 6. Dez. 1891 RGBl. v. 1892 S. 241[1]). 552

Geändert durch Zusatzvertrag vom 22. Juni 1904 RGBl. v. 1905 S. 599

der Vertrag: Art. 1 Abs. 2 u. 3 zugefügt, Art. 3 Anlagen (Tarife) ersetzt, Art. 7, Art. 8, Art. 9 Abs. 5, Art. 10 ersetzt, Art. 12 A eingefügt,

Anlagen A und B (Tarife) ersetzt,

das Schlußprotokoll: zu Art. 3 ersetzt durch zu Art. 2 und 3, zu Art. 7, zu Art. 10 Abs. 1 ersetzt, zu Art. 10 Abs. 5 fällt fort.

Vereinbarung zwischen dem Deutschen Reich und Belgien über den grenzüberspringenden Fabrikverkehr. Vom 7. April 1900 RGBl. S. 781. 553

Vereinbarung desgl. zur Regelung des Verkehrs mit Branntwein und alkoholhaltigen Erzeugnissen über die deutsch-belgische Grenze. Vom 27. Juni 1911 RGBl. S. 1149. 554

F- und H-Vertrag zwischen dem Deutschen Reiche und der Republik Bolivien. Vom 22. Juli 1908 RGBl. v. 1910 S. 507. 555

---

1) Vereinbarung zwischen dem Deutschen Reiche und Belgien betr. die zollfreie Zulassung von Warenmustern: Bek. v. 15. Juni 1908 ZBl. S. 232.

556 **H-Vertrag zwischen dem Deutschen Reich und Brasilien. Vom 10. Jan. 1882 RGBl. S. 69.**

557 **G. betr. die Handelsbeziehungen zum Britischen Reiche. Vom 20. Dez. 1911 RGBl. S. 975.**

Bek. dazu. Vom 23. Dez. 1911 RGBl. S. 975.

558 **Zusatzabkommen zwischen dem Deutschen Reiche und dem Vereinigten Königreiche von Großbritannien und Irland zu der Deklaration vom 1. April 1869 betr. die von Handlungsreisenden mitgeführten Muster und Proben. Vom 10. März 1908 RGBl. S. 179.**

559 **H-, Z- und Sch-Vertrag zwischen dem Deutschen Reiche und Bulgarien. Vom 1. Aug. 1905 RGBl. v. 1906 S. 1.**

(Berichtigung im Schlußprotokoll zu Art. 4 auf S. 80 statt „75" „100": RGBl. v. 1906 S. 142.)

Notiz betr. Inkraftsetzung des Tarifs B und der darauf bezüglichen Bestimmungen des Vertrags: RGBl. v. 1906 S. 102.

Notenwechsel zwischen dem Königlich Bulgarischen Gesandten in Berlin und dem Staatssekretär des Auswärtigen Amts über die Verlängerung des H-, Z- und Sch-Vertrags vom 1. Aug. 1905. Vom 29. Sept. 1911 RGBl. v. 1912 S. 488.

560 **Bek. betr. den Notenwechsel zwischen dem Fürstlich Bulgarischen Minister der Auswärtigen Angelegenheiten und dem Kaiserlichen Generalkonsul in Sofia vom 14./23. Mai 1907 über die zollfreie Einfuhr von gebrauchtem Umzugsgut. Vom 14. Juni 1907 RGBl. S. 368.**

561 **Zusatzkonvention zu dem deutsch-chinesischen F-, Sch- und H-Vertrage vom 2. Sept 1861 nebst er-**

läuternden Spezialbestimmungen. Vom 31. März 1880 RGBl. v. 1881 S. 261.

562 F-, H- und Sch-Vertrag zwischen dem Deutschen Reich und dem Freistaate Columbien. Vom 23. Juli 1892 RGBl. v. 1894 S. 471 [1]).

563 Übereinkommen zwischen dem Deutschen Reich und Dänemark über die Aufhebung des Abschosses und Abfahrtsgeldes. Vom 5. Febr. 1891 RGBl. S. 346.

564 F-Vertrag zwischen dem Reich und dem Freistaat Ecuador. Vom 28. März 1887 RGBl. v. 1888 S. 136.

565 H-Vertrag zwischen dem Deutschen Reich und Egypten. Vom 19. Juli 1892 RGBl. v. 1893 S. 17.
Zusatzabkommen. Vom 17. März 1910 RGBl. S. 901.

566 Vereinbarung zwischen dem Deutschen Reiche und Frankreich über die gegenseitige Behandlung der Handlungsreisenden. Vom 2. Juli 1902 RGBl. v. 1903 S. 47.

(Wegen weiterer Handelsbeziehungen siehe Friedensvertrag von 1871 Nr. 542.)

567 Vereinbarung desgl. zur Regelung des Verkehrs mit Branntwein und Spirituosen an der deutsch-französischen Grenze. Vom 1. Okt. 1901 RGBl. v. 1902 S. 131.

568 H- und Sch-Vertrag zwischen dem Deutschen Reich und Griechenland. Vom 9. Juli 1884 RGBl. v. 1885 S. 23.

---

1) Kündigung des F-, H- und Sch-Vertrags zwischen dem Deutschen Reiche und der Republik Panama mit dem Freistaat Columbien durch Panama: ZBl. v. 1912 S. 782.

569 **Bek. betr. den Notenwechsel zwischen dem Kaiserlichen Gesandten in Athen und dem Königlich Griechischen Minister der auswärtigen Angelegenheiten vom 24. Febr. 1911 über die Zollbehandlung der von Handlungsreisenden mitgeführten Warenmuster.** Vom 17. Mai 1911 RGBl. S. 219.

570 **Übereinkommen zwischen Deutschland und Griechenland über die Besteuerung des beweglichen Nachlaßvermögens.** Vom 1. Dez./18. Nov. 1910 RGBl. v. 1912 S. 173.

Bek. betr. die Ratifikation des Übereinkommens. Vom 28. Febr. 1912 RGBl. S. 176.

571 **K-Vertrag zwischen dem Deutschen Reiche und Griechenland.** Vom 26. Nov. 1881 RGBl. v. 1882 S. 101.

(Großbritannien s. unter Britisches Reich.)

572 **F-, H-, Sch- und K-Vertrag zwischen dem Deutschen Reiche und dem Königreich der Hawaiischen Inseln.** Vom 25. März/19. Sept. 1879 RGBl. v. 1880 S. 121.

573 **F-, H-, Sch- und K-Vertrag zwischen dem Deutschen Reich und der Republik Honduras.** Vom 12. Dez. 1887 RGBl. v. 1888 S. 262.

574 **H- und Sch-Vertrag zwischen dem Deutschen Reiche und Japan nebst zugehörigem Zollabkommen.** Vom 24. Juni 1911 RGBl. S. 477.

Bek. betr. die Kündigungsbestimmungen des H- und Sch-Vertrags und des zugehörigen Zollabkommens. Vom 27. Dez. 1911 RGBl. S. 1155.

Bek. über eine Vereinbarung mit Japan vom 7. Juli 1911 zur vorläufigen Regelung des Konsulatwesens. Vom 31. Juli 1911 RGBl. S. 867. 575

Bek. dazu (Genehmigung des Reichstags). Vom 14. Dez. 1911 RGBl. S. 971.

H-, Z- und Sch-Vertrag zwischen dem Deutschen Reiche und Italien. Vom 6. Dez. 1891 RGBl. v. 1892 S. 97. 576

Geändert durch Zusatzvertrag vom 3. Dez. 1904 RGBl. v. 1905 S. 413

der Vertrag: Art. 2a zugefügt, Art. 6 ersetzt, Art. 7 Anlagen ersetzt, Art. 10a zugefügt, Art. 12 ersetzt, Art. 14a zugefügt,

Tarife A und B ersetzt,

das Schlußprotokoll: zu Art 7 des Vertrags ersetzt, zu Art. 10 und zu Art. 14a des Vertrags zugefügt.

K-Vertrag zwischen dem Norddeutschen Bunde und Italien. Vom 21. Dez. 1868 BGBl. v. 1869 S. 113, gültig gemäß K-Vertrag zwischen dem Deutschen Reich und Italien v. 7. Febr. 1872 RGBl. S. 134 für das Reich. 577

Zusatzvertrag zu dem K-Vertrage zwischen dem Deutschen Reich und Italien v. 7. Febr. 1872/21. Dez. 1868, betr. die Befugnis der beiderseitigen Konsuln zur Vornahme von Eheschließungen. Vom 4. Mai 1891 RGBl. S. 113.

Übereinkunft zwischen dem Deutschen Reiche und der Internationalen Gesellschaft des Kongo. Vom 8. Nov 1884 RGBl. v. 1885 S. 211. 578

H-, F- und Sch-Vertrag zwischen dem Deutschen Reiche und dem Königreich Korea. Vom 26. Nov. 1883 RGBl. v. 1884 S. 221. 579

580 **F.-, H.- und Sch.-Vertrag zwischen dem Norddeutschen Bunde und der Republik Liberia.** Vom 31. Okt. 1867 BGBl. v. 1868 S. 197.

581 **Abkommen zwischen dem Deutschen Reiche und dem Großherzogtum Luxemburg wegen Begründung einer Gemeinschaft der Schaumweinsteuer.** Vom 10. Mai 1902 RGBl. S. 232.

Zu Art. 6 Abs. 1: Bek. v. 18. März 1903 RGBl. S. 56.

Abkommen desgl. wegen Begründung einer Gemeinschaft der Zigarettensteuer. Vom 11. Juli 1906 RGBl. v. 1907 S. 67.

Abkommen desgl. wegen Begründung einer Gemeinschaft der Leuchtmittelsteuer. Vom 14. Okt. 1909 RGBl. v. 1910 S. 513.

Abkommen desgl. wegen Begründung einer Gemeinschaft der Zündwarensteuer. Vom 7. Mai 1910 RGBl. S. 959.

Abkommen desgl. wegen Begründung einer Gemeinschaft der Essigsäureverbrauchsabgabe. Vom 15. Sept. 1911 RGBl. S. 961.

582 **Abkommen zwischen dem Deutschen Reiche und dem Großherzogtum Luxemburg über den Verkehr mit Branntwein zwischen dem Gebiete der deutschen Branntweinsteuergemeinschaft und dem Großherzogtum Luxemburg.** Vom 31. Okt. 1911 RGBl. v. 1912 S. 161.

583 **Konvention zwischen dem Deutschen Reiche und dem Königreich Madagaskar.** Vom 15. Mai 1883 RGBl. v. 1885 S. 166.

584 **H.-Vertrag zwischen dem Deutschen Reiche und Marokko.** Vom 1. Juni 1890 RGBl. v. 1891 S. 378.

F-, H- und Sch-Vertrag zwischen dem Deutschen Reiche und den Vereinigten Staaten von Mexiko. Vom 5. Dez. 1882 RGBl. v. 1883 S. 247. 585

H- und Sch-Übereinkunft zwischen dem Deutschen Reiche und dem Fürstentume Montenegro. Vom 18. Juni 1907 RGBl. v. 1908 S. 28. 586

Deklaration betr. die Ausdehnung der zwischen Preußen und den Niederlanden am 16. Juni 1856 abgeschlossenen Konsularkonvention auf die Konsuln des Deutschen Reichs in den niederländischen Kolonien. Vom 11. Jan. 1872 RGBl. S. 67. 586a

Vereinbarung zwischen dem Deutschen Reiche und den Niederlanden über den grenzüberspringenden Fabrikverkehr. Vom 5. Juni 1901 RGBl. v. 1902 S. 55. 587

Vereinbarung desgl. zur Regelung des Verkehrs mit Branntwein und alkoholhaltigen Erzeugnissen an der deutsch-niederländischen Grenze. Vom 6. Juni 1910 RGBl. v. 1911 S. 103. 588

Vereinbarung desgl. über die zeitweilige zollfreie Zulassung der von Handlungsreisenden mitgeführten Muster. Vom 9. Nov. 1912 RGBl. S. 541. 588a

F-, H-, Sch- und K-Vertrag zwischen dem Deutschen Reiche und der Republik Nikaragua. Vom 4. Febr. 1896 RGBl. v. 1897 S. 171. 589

F- und H-Vertrag zwischen dem Deutschen Reiche und dem Orange-Freistaate. Vom 28. April 1897 RGBl. v. 1898 S. 93. 590

591 **H- und Z-Vertrag zwischen dem Deutschen Reiche und Österreich-Ungarn. Vom 6. Dez. 1891 RGBl. v. 1892 S. 3[1]).**

Geändert durch Zusatzvertrag vom 25. Jan. 1905 RGBl. v. 1906 S. 143, dessen Art. 7 Abs. 1 durch Erklärung über die Inkraftsetzung vom 28. Febr. 1905 RGBl. v. 1906 S. 287 geändert ist,

der Vertrag: Art. 3 nebst Anlagen A und B ersetzt, Art. 14 Abs. 4 zugefügt, Art. 16 Abs. 2 u. 3 ersetzt, Art. 17 Zusatz, Art. 19 Abs. 5 ersetzt, Art. 20 Abs. 3, Art. 23a zugefügt,

Anlagen A und B ersetzt,

Anlage C: Ziff. 3 geändert, Ziff. 5, Ziff. 8 ersetzt, Ziff. 11 zugefügt,

das Schlußprotokoll: zu Art. 1 Ziff. 2a zugefügt, Ziff. 4 ersetzt, Ziff. 5—8 zugefügt, zu Art. 2 zugefügt, zu Art. 3 Ziff. 1, Ziff. 3 u. 4 ersetzt, zu Art. 6 Ziff. 2 ersetzt, zu Art. 9 zugefügt, zu Art. 15 Abs. 1 fällt fort, Abs. 2 Eingang geändert, zu Art. 16 u. 18 Ziff. 4 ersetzt, zu Art. 19 Ziff. 1 eingeschoben, bisherige Ziff. 1 wird Ziff. 1a, zu Art. 19 Ziff. 3, zu Art. 20, zu Art. 23a zugefügt.

G. betr. die Ausführung des mit Österreich-Ungarn abgeschlossenen Zollkartells. Vom 9. Juni 1895 RGBl. S. 253.

592 **Vertrag zwischen dem Norddeutschen Bunde und Österreich, die Aufhebung des Elbzolls betr. Vom 22. Juni 1870 BGBl. S. 417.**

593 **Vertrag zwischen dem Deutschen Reiche und Österreich-Ungarn betr. den Anschluß der österreichischen Ge-**

1) Übereinkommen mit Österreich-Ungarn über die Zollabfertigung im Eisenbahnverkehr vom 25. Jan. 1905: Bek. v. 17. März 1906 ZBl. S. 493.

meinde Mittelberg an das Zollsystem des Deutschen Reichs. Vom 2. Dez. 1890 RGBl. v. 1891 S. 59.

Meistbegünstigungsvertrag zwischen dem Deutschen Reich und dem Freistaate Paraguay. Vom 21. Juli 1887 RGBl. v. 1888 S. 178. 594

F-, H- und Sch-Vertrag zwischen Deutschland und Persien. Vom 11. Juni 1873 RGBl. S. 351. 595

Vereinbarung zwischen dem Deutschen Reiche und Peru betr. die Stellung der deutschen Konsuln in Peru und der peruanischen Konsuln in Deutschland. Vom 28. Juni 1897 RGBl. v. 1899 S. 662. 596

H- und Sch-Vertrag zwischen Deutschland und Portugal. Vom 30. Nov. 1908 RGBl. v. 1910 S. 679. 597

H-, Z- und Sch-Vertrag zwischen dem Deutschen Reiche und Rumänien. Vom 21. Okt. 1893 RGBl. v. 1894 S. 1. 598

Geändert durch Zusatzvertrag vom 8. Okt./25. Sept. 1904 RGBl. v. 1905 S. 253

der Vertrag: Art. 5, Art. 6 Abs. 2 Ziff. 1, Art. 7 Anlagen (Tarife), Art. 12 Abs. 1—3 ersetzt, Art. 12a eingefügt,

Anlagen B und C (Tarife) ersetzt,

das Schlußprotokoll: zu Art. 4 Abs. zugefügt, zu Art. 5 eingefügt, zu Art. 7 ersetzt, zu Art. 12a eingefügt,

Protokoll vom 21. Okt. 1893 aufgehoben.

H- und Sch-Vertrag zwischen Deutschland und Rußland. Vom 10. Febr./29. Jan. 1894 RGBl. S. 153. 599

Geändert durch Zusatzvertrag vom 28./15. Juli 1904 RGBl. v. 1905 S. 35
der Vertrag: Art. 2 Abs. 2 eingefügt, (nunmehriger) Abs. 3 geändert, Art. 6 ersetzt, Art. 7 Anlagen ersetzt, Art. 11 Ziff. 3 Abs. 1 Zusatz, Art. 12 Abs. 2 geändert, Art. 12a eingefügt,
Tarife A und B ersetzt,
vom Schlußprotokolle
erster Teil, zum Vertragstexte: zu Art. 1 eingefügt, zu Art. 1 u. 12 Abs. 2—9 zugefügt, zu Art. 3 eingefügt, zu Art. 5, zu Art. 6 eingefügt, zu Art. 6 bis 9 geändert, zu Art. 6 u. 7 geändert, zu Art. 12 eingefügt, zu Art. 13 Abs. 2 bis 7 zugefügt,
zweiter und dritter Teil, zu den Vertragstarifen gestrichen,
vierter Teil, zu den Zollreglements: § 1 ersetzt, § 2 Abs. 3 zugefügt, § 7 geändert, § 8a eingefügt, § 10 ersetzt, §§ 12a u. 12b eingefügt, § 13 geändert, § 15 ersetzt, § 17 Abs. 1 geändert, § 20 Abs. 2 ersetzt.

600 **Abkommen zwischen dem Deutschen Reiche und Rußland über den Zuckerverkehr zwischen Deutschland und Rußland. Vom 20. Jan. 1908 RGBl. S. 144.**

601 **K-Vertrag zwischen dem Deutschen Reiche und Rußland. Vom 8. Dez./26. Nov. 1874 RGBl. v. 1875 S. 145.**

(Konvention desgl. über die Regulierung von Hinterlassenschaften s. Nr. 649.)

602 **H-Vertrag zwischen dem Deutschen Reiche und dem Freistaat El Salvador. Vom 14. April 1908 RGBl. v. 1909 S. 405.**

H- und Sch-Vertrag zwischen dem Deutschen Reiche und Schweden. Vom 2. Mai 1911 RGBl. S. 275. 603

H- und Z-Vertrag zwischen dem Deutschen Reiche und der Schweiz. Vom 10. Dez. 1891 RGBl. v. 1892 S. 195. 604

Geändert durch Zusatzvertrag vom 12. Nov. 1904 RGBl. v. 1905 S. 319

der Vertrag: Art. 1, Art. 2 Anlagen (Tarife) A und B ersetzt, Art. 3 Abs. 2 fällt fort, Art. 5 Ziff. 3, Art. 6, Art. 9 ersetzt, Art. 10a eingefügt,

Anlagen (Tarife) A und B ersetzt,

Anlage C: § 1 Abs. 1 ersetzt, §§ 4, 5, 6, 7 zugefügt,

Anlage D ersetzt,

Schlußprotokoll: Ziff. I Abs. 1 fällt fort, Ziff. II A Nr. 2—6 durch Nr. 2—7 ersetzt, Ziff. II A Abs. zugefügt, Ziff. II B u. II C durch Ziff. II B ersetzt, Ziff. V F ersetzt, Ziff. V G u. H zugefügt, Ziff. VIII Abs. I ersetzt, Ziff. IX zu Art. 10a des Vertrages zugefügt.

Übereinkunft zwischen dem Deutschen Reiche und der Schweiz betr. die Großherzoglich badische Gemeinde Büsingen. Vom 21. Sept. 1895 RGBl. v. 1896 S. 1. 605

Vertrag zwischen dem Deutschen Reiche und der Schweiz betr. die Einrichtung schweizerischer Nebenzollämter bei den auf badischem Gebiete belegenen Stationen Altenburg, Jnstetten und Lotstetten der schweizerischen Eisenbahnlinie Eglisau—Schaffhausen und die schweizerische Zollabfertigung am Grenzacherhorn. Vom 5. Dez. 1896 RGBl. v. 1897 S. 195. 606

Vertrag desgl. betr. die Errichtung deutscher Zollabfertigungsstellen auf den linksrheinischen Bahnhöfen in Basel. Vom 16. Aug. 1905 RGBl. v. 1906 S. 349.

607 **H- und Z-Vertrag zwischen dem Deutschen Reiche und Serbien. Vom 21./9. Aug. 1892 RGBl. v. 1893 S. 269.**

Geändert durch Zusatzvertrag vom 29./16. Nov. 1904 RGBl. v. 1906 S. 319

der Vertrag: Art. IV Abs. 3 zwischengeschoben, Art. IVa zugefügt, Art. V ersetzt, Art. VI Tarife B u. C ersetzt, Art. VIIa zugefügt, Art. VIII ersetzt, Art. IX Abs. 1 geändert, Art. IXa bis IXk zugefügt,

Anlagen (Tarife) B und C ersetzt,

das Schlußprotokoll: zu Art. III, zu Art. IVa, zu Art. V zugefügt, zu Art. VI Abs. 2 Nr. 1—9 und 11 fallen fort, zu Art. VI und VII Abs. 2 lit. a geändert, zu Art. IX und IXa, zu Art. IXk zugefügt.

608 **K-Vertrag zwischen dem Deutschen Reiche und Serbien. Vom 6. Jan. 1883 RGBl. S. 62.**

609 **Notenwechsel betr. die Handelsbeziehungen zwischen dem Reiche und Spanien. Vom 12. Febr. 1899 RGBl. S. 335[1].**

610 **K-Konvention zwischen dem Norddeutschen Bunde und Spanien. Vom 22. Febr. 1870 BGBl. S. 99, gültig nach Konsularkonvention zwischen Deutschland und Spanien v. 12. Jan. 1872 RGBl. S. 211 für das Reich.**

611 **F- und H-Vertrag zwischen dem Deutschen Reiche und der Südafrikanischen Republik. Vom 22. Jan. 1885 RGBl. v. 1886 S. 209.**

---

1) Verlängerung des Abkommens über die deutsch-spanischen Handelsbeziehungen: ZBl. v. 1907 S. 281.

F-Vertrag zwischen dem Deutschen Reiche und dem Könige von Tonga. Vom 1. Nov. 1876 RGBl. v. 1877 S. 517. (Siehe dazu G. betr. die Freundschaftsverträge mit Tonga —. Vom 15. Febr. 1900 RGBl. S. 37.) 612

Art. IX geändert: V. zur Ausführung des G. betr. die Freundschaftsverträge mit Tonga —. Vom 26. Juni 1902 RGBl. S. 261.

F-, H- und Sch-Vertrag zwischen dem Deutschen Reiche und der Türkei. Vom 26. Aug. 1890 RGBl. v. 1891 S. 117. 613

Zusatzübereinkunft zum H- und Sch-Vertrage zwischen dem Deutschen Reiche und der Türkei vom 26. Aug. 1890 nebst einem Vollziehungsprotokolle. Vom 25. April 1907 RGBl. S. 371.

Notenwechsel über die Verlängerung des H- und Sch-Vertrages vom 26. Aug. 1890 und der dazu getroffenen Zusatzübereinkunft vom 25. April 1907. Vom 15. Nov. 1911 RGBl. v. 1912 S. 184.

Bek. betr. den Notenwechsel zwischen dem Kaiserlichen Geschäftsträger in Konstantinopel und dem Kaiserlich Ottomanischen Minister der auswärtigen Angelegenheiten vom 10./15. Aug. 1911 über die Zollbehandlung der von Handlungsreisenden mitgeführten Warenmuster. Vom 9. Nov. 1911 RGBl. S. 922. 614

H- und Sch-Vertrag zwischen dem Deutschen Reiche und der Republik Uruguay. Vom 20. Juni 1892 RGBl. v. 1894 S. 505. 615

Der außer Kraft getretene Vertrag mit Ausnahme des Art. 6 wieder in Kraft gesetzt: Übereinkunft v. 5. Juni 1899 RGBl. v. 1900 S. 5.

616 **F-, H- und Sch-Vertrag zwischen dem Deutschen Reiche und Venezuela. Vom 26. Jan. 1909 RGBl. S. 919.**

617 **G. betr. die Handelsbeziehungen zu den Vereinigten Staaten von Amerika. Vom 5. Febr. 1910 RGBl. S. 387.**

Bek. dazu. Vom 7. Febr. 1910 RGBl. S. 388.

618 **K-Konvention zwischen Deutschland und den Vereinigten Staaten von Amerika. Vom 11. Dez. 1871 RGBl. v. 1872 S. 95.**

Verträge betr. Ein- und Auswanderung.

619 **Niederlassungsvertrag zwischen dem Deutschen Reiche und den Niederlanden. Vom 17. Dez. 1904 RGBl. v. 1906 S. 879.**

Bek. betr. die Ratifikation des Niederlassungsvertrags und den Austausch der Ratifikationsurkunden sowie eine zur Ausführung des Vertrags am 29. Okt. 1906 zwischen beiden Teilen getroffene Verständigung. Vom 6. Dez. 1906 RGBl. S. 887.

Nr. 1 ergänzt: Bek. betr. eine zur Ausführung des Niederlassungsvertrags zwischen beiden Teilen am 2. Juli 1912 getroffene Verständigung. Vom 17. Juli 1912 RGBl. S. 451.

Nr. 2 ergänzt: Bek. desgl. betr. eine am 19. Jan. 1911 getroffene Verständigung. Vom 17. Juni 1911 RGBl. S. 252.

620 **Niederlassungsvertrag zwischen dem Deutschen Reiche und der Schweizerischen Eidgenossenschaft. Vom 13. Nov. 1909 RGBl. v. 1911 S. 887.**

Vertrag desgl. betr. Regelung von Rechtsverhältnissen der beiderseitigen Staatsangehörigen im Gebiete des andern vertragschließenden Teiles. Vom 31. Okt. 1910 RGBl. v. 1911 S. 892.

Bek. über die Ratifikation der beiden Verträge sowie über den Austausch der Ratifikationsurkunden. Vom 20. Aug. 1911 RGBl. S. 894.

Vertrag zwischen dem Norddeutschen Bunde und den Vereinigten Staaten von Amerika betr. die Staatsangehörigkeit derjenigen Personen, welche aus dem Gebiete des einen Teils in dasjenige des anderen Teils einwandern. Vom 22. Febr. 1868 BGBl. S. 228. 621

[1])

Internationale Verträge betr. Zoll- und Steuerwesen.

Vertrag zwischen dem Deutschen Reiche und mehreren anderen Staaten über die Behandlung des Zuckers. Vom 5. März 1902 RGBl. v. 1903 S. 7. 622

---

1) Übereinkommen wegen gegenseitiger Unterstützung Hilfsbedürftiger und Übernahme Auszuweisender zwischen dem Reich und

Belgien. Vom 7. Juli 1877 ZBl. S. 411.

Dänemark. Vom 11. Dez. 1873 ZBl. v. 1874 S. 31.

Zusatzdeklaration dazu. Vom 25. Aug. 1881 ZBl. S. 407.

Nr. 4 Abs. 1 ersetzt: Bek. v. 9. März 1898 ZBl. S. 149 (Überschrift berichtigt: ZBl. v. 1898 S. 190).

Nr. 5 geändert: Bek. v. 17. Juli 1884 ZBl. S. 201.

Verzeichnis der in Dänemark zur Anerkennung der Staatsangehörigkeit berufenen Behörden: Bek. v. 26. Okt. 1881 ZBl. S. 427.

Italien. Vom 8. Aug. 1873 ZBl. S. 281.

Österreich-Ungarn. Bek. v. 2. Sept. 1875 ZBl. S. 475.

Rußland. Vom 10. Febr./29. Jan. 1894 ZBl. S. 81.

Zusatzakte zu dem Vertrage. Vom 28. Aug. 1907 RGBl. v. 1908 S. 135.

Protokoll betr. die Fortsetzung des am 5. **März** 1902 **in Brüssel abgeschlossenen Vertrags. Vom** 17. **März** 1912 **RGBl. S.** 249.

Bek. betr. den Beitritt Schwedens zu dem Vertrage vom 5. März 1902 über die Behandlung des Zuckers. Vom 23. Mai 1903 RGBl. S. 225.

Bek. betr. den Beitritt des Großherzogtums Luxemburg und der Republik Peru. Vom 4. Sept. 1903 RGBl. S. 277.

Bek. betr. den Beitritt der Schweiz. Vom 2. Aug. 1906 RGBl. S. 857.

Protokoll über den Beitritt Rußlands zum Zuckervertrage. Vom 19. Dez. 1907 RGBl. v. 1908 S. 140.

Bek. betr. die Ratifikation der Zusatzakte vom 28. Aug. 1907 und des Protokolls vom 19. Dez. 1907 über den Beitritt Rußlands zum Zuckervertrage seitens des Königreichs Italien. Vom 4. Juli 1908 RGBl. S. 474.

Bek. über die Ratifikation des Protokolls vom 17. März 1912 betr. die Fortsetzung der durch den Zuckervertrag vom 5. März 1902 gebildeten internationalen Vereinigung (Peru, Schweiz, Schweden). Vom 14. Aug. 1912 RGBl. S. 487.

Verträge zivilrechtlichen Inhalts — Gutt. Samml. Nr. **90**, Bogeng, und Nr. **98**, Dungs.

623 **Abkommen zur Regelung des Geltungsbereichs der Gesetze auf dem Gebiete der Eheschließung. Vom** 12. **Juni** 1902 **RGBl. v.** 1904 **S.** 221.

624 **Abkommen zur Regelung des Geltungsbereichs der Gesetze und der Gerichtsbarkeit auf dem Gebiete der Ehescheidung und der Trennung von Tisch und Bett. Vom** 12. **Juni** 1902 **RGBl. v.** 1904 **S.** 231.

Abkommen zur Regelung der **Vormundschaft** über **Minderjährige**. Vom 12. Juni 1902 RGBl. v. 1904 S. 240. 625

Bek. betr. die Ratifikation der am 12. Juni 1902 im Haag abgeschlossenen Abkommen über das internationale Privatrecht und die Hinterlegung der Ratifikationsurkunden. Vom 24. Juni 1904 RGBl. S. 249.

Bek. betr. die Hinterlegung der Ratifikationsurkunde Spaniens zu dem am 12. Juni 1902 im Haag abgeschlossenen Abkommen zur Regelung der Vormundschaft über Minderjährige. Vom 17. Juli 1904 RGBl. S. 307.

Bek. betr. die Hinterlegung der Ratifikationsurkunden Italiens und der Schweiz zu den am 12. Juni 1902 im Haag abgeschlossenen Abkommen über das internationale Privatrecht. Vom 9. Aug. 1905 RGBl. S. 716.

Bek. desgl. betr. die Hinterlegung der Ratifikationsurkunde Portugals. Vom 21. März 1907 RGBl. S. 84.

Bek. desgl. betr. die Hinterlegung der Ratifikationsurkunden Ungarns. Vom 31. Okt. 1911 RGBl. S. 919.

626

Abkommen betr. den Geltungsbereich der Gesetze in Ansehung der **Wirkungen der Ehe** auf die Rechte und Pflichten der Ehegatten in ihren persönlichen Beziehungen und auf das Vermögen der Ehegatten. Vom 17. Juli 1905 RGBl. v. 1912 S. 453.

627

Abkommen über die **Entmündigung** und gleichartige Fürsorgemaßregeln. Vom 17. Juli 1905 RGBl. v. 1912 S. 463.

Bek. betr. die Ratifikation von zwei am 17. Juli 1905 im Haag abgeschlossenen Abkommen über das internationale Privatrecht und die Hinterlegung der Ratifikationsurkunden. Vom 30. Juli 1912 RGBl. S. 475.

628 **Vertrag zwischen dem Deutschen Reiche und den Niederlanden über die gegenseitige Anerkennung der Aktiengesellschaften und anderer kommerzieller, industrieller oder finanzieller Gesellschaften. Vom 11. Febr. 1907 RGBl. v. 1908 S. 65.**

Bek. betr. die Ratifizierung des Vertrages. Vom 1. März 1908 RGBl. S. 67.

Internationaler Vertrag zum Schutze von Werken der Literatur und Kunst — Gutt. Samml. Nr. **95**, Dungs.

629 **Revidierte Berner Übereinkunft zum Schutze von Werken der Literatur und Kunst. Vom 13. Nov. 1908 RGBl. v. 1910 S. 965.**

Bek. betr. die Ratifikation der Übereinkunft durch Spanien und Norwegen. Vom 26. Okt. 1910 RGBl. S. 1096.

Bek. betr. den Beitritt Portugals und seiner Kolonien. Vom 30. Sept. 1911 RGBl. S. 910.

Bek. betr. die Ratifikation der Übereinkunft durch Großbritannien und Dänemark. Vom 18. Juli 1912 RGBl. S. 444.

Bek. betr. den Beitritt des Königreichs der Niederlande. Vom 23. Nov. 1912 RGBl. S. 551.

G. zur Ausführung der revidierten Berner Übereinkunft zum Schutze von Werken der Literatur und Kunst vom 13. Nov. 1908. Vom 22. Mai 1910 RGBl. S. 793.

V. zur Ausführung der Übereinkunft. Vom 12. Juli 1910 RGBl. S. 989.

In den Beziehungen zu und zwischen denjenigen Staaten, die die revidierte Berner Übereinkunft nicht ratifizieren, bleiben nach Art. 27 der revidierten Übereinkunft in Wirksamkeit:

Übereinkunft betr. die Bildung eines internationalen Verbandes zum Schutze von Werken der Literatur und Kunst. Vom 9. Sept. 1886 RGBl. v. 1887 S. 493. Gutt. Samml. Nr. **60**, Lindemann. 630

Übereinkunft Art. 2 Abs. 1 ersetzt, Art. 2 Abs. 5 zugefügt, Art. 3, Art. 5 Abs. 1, Art. 7, Art. 12, Art. 20 Abs. 2 ersetzt, Schlußprotokoll Nr. 1 u. 4 ersetzt: Zusatzakte v. 4. Mai 1896 RGBl. v. 1897 S. 759.

Deklaration, durch welche gewisse Bestimmungen der Berner Übereinkunft v. 9. Sept. 1886 und der am 4. Mai 1896 zu Paris unterzeichneten Zusatzakte erläutert werden. Vom 4. Mai 1896 RGBl. v. 1897 S. 769.

Bek. betr. den Beitritt für die deutschen Schutzgebiete zu dem internationalen Verbande zum Schutze von Werken der Literatur und Kunst. Vom 14. Nov. 1908 RGBl. S. 629. (Dazu E. betr. die Genehmigung zur Erklärung des Beitritts. Vom 15. Okt. 1908 RGBl. S. 628.)

Bekanntmachungen betr. den Beitritt Dänemarks mit Einschluß der Färöer. Vom 6. Juli 1903 RGBl. S. 255; der Republik Haiti. Vom 16. März 1898 RGBl. S. 106; Japans. Vom 16. Mai 1899 RGBl. S. 310; der Republik Liberia. Vom 1. Nov. 1908 RGBl. S. 585; Luxemburgs. Vom 30. Juli 1888 RGBl. S. 227; Norwegens. Vom 16. Mai 1896 RGBl. S. 107; Schwedens. Vom 3. Aug. 1904 RGBl. S. 328.

Bek. betr. den Rücktritt Montenegros. Vom 2. April 1900 RGBl. S. 211.

G. betr. die Ausführung der am 9. Sept. 1886 zu Bern abgeschlossenen Übereinkunft wegen Bildung eines internationalen Verbandes zum Schutze von Werken der Literatur und Kunst. Vom 4. April 1888 RGBl. S. 139.

V. betr. die Ausführung der Übereinkunft usw. Vom 11. Juli 1888 RGBl. S. 225.

V. desgl. Vom 29. Nov. 1897 RGBl. S. 787.

V. über den Schutz von Werken der Literatur und Kunst in den deutschen Schutzgebieten. Vom 15. Okt. 1908 RGBl. S. 627.

Einzelverträge zum Schutze der Werke der Literatur usw.

631 **Übereinkunft zwischen Deutschland und Belgien betr. den Schutz an Werken der Literatur und Kunst und an Photographien. Vom 16. Okt. 1907 RGBl. v. 1908 S. 405.**

632 **Übereinkunft desgl. zwischen Deutschland und Frankreich. Vom 8. April 1907 RGBl. S. 419.**

Bek. betr. einen Notenwechsel zwischen dem Auswärtigen Amte und der Botschaft der Französischen Republik in Berlin vom 13./14. Nov. 1908 über den Beitritt der deutschen Schutzgebiete und der französischen Kolonien zu der Übereinkunft. Vom 20. Nov. 1908 RGBl. S. 631.

633 **Übereinkunft zwischen Deutschland und Italien betr. den Schutz an Werken der Literatur und Kunst und an Photographien. Vom 9. Nov. 1907 RGBl. v. 1908 S. 80.**

634 **Übereinkommen betr. den Schutz der Urheberrechte an Werken der Literatur, Kunst und Photographie zwischen dem Deutschen Reiche und Österreich-Ungarn. Vom 30. Dez. 1899 RGBl. v. 1901 S. 131.**

635 **Übereinkommen zwischen dem Reiche und den Vereinigten Staaten von Amerika über den gegenseitigen Schutz der Urheberrechte. Vom 15. Jan. 1892 RGBl. S. 473.**

Internationaler Vertrag zum Schutze des gewerblichen Eigentums.

Bek. betr. den Beitritt des Reichs zu dem internationalen Verbande zum Schutze des gewerblichen Eigentums. Vom 9. April 1903 RGBl. S. 147. 636

Bek. betr. den internationalen Verband zum Schutze des gewerblichen Eigentums (Ratifikation der Brüsseler Zusatzakte durch die Vereinigten Staaten von Brasilien). Vom 27. April 1903 RGBl. S. 202.

Bek. desgl. (Beitritt der britischen Kolonien Neu-Seeland und Ceylon). Vom 3. Juni 1905 RGBl. S. 531.

Bek. desgl. (Beitritt des Australischen Bundes). Vom 9. Aug. 1907 RGBl. S. 424.

Bek. desgl. (Beitritt von Trinidad und Tobago). Vom 26. April 1908 RGBl. S. 161.

Bek. desgl. (Beitritt der Republik Kuba). Vom 7. Nov. 1904 RGBl. S. 440.

Bek. desgl. (Beitritt der Vereinigten Staaten von Mexiko). Vom 17. Sept. 1903 RGBl. S. 279.

Bek. desgl. (Beitritt Österreichs und Ungarns). Vom 24. Dez. 1908 RGBl. S. 654.

Bek. desgl. (Beitritt von San Domingo). Vom 20. Juli 1910 RGBl. S. 945.

Bek. desgl. (Beitritt Serbiens). Vom 21. Sept. 1909 RGBl. S. 926.

Einzelverträge betr. gewerblichen Rechtsschutz — Gutt. Samml. Nr. 22a, Stephan.

Übereinkunft zwischen Deutschland und Belgien betr. den Schutz der gewerblichen Muster und Modelle. Vom 12. Dez. 1883 RGBl. v. 1884 S. 188. 637

638 **Abkommen zwischen dem Deutschen Reiche und Dänemark betr. den gegenseitigen Schutz der Muster und Modelle. Vom 12. Juni 1909 RGBl. S. 915.**

639 **Übereinkommen zwischen dem Reich und Italien über den gegenseitigen Patent-, Muster- und Markenschutz. Vom 18. Jan. 1892 RGBl. S. 293.**

Art. 1—4 aufgehoben, Art. 5 Abs. 1 Zusatz, Art. 6 u. 8 aufgehoben: Abkommen vom 4. Juni 1902 RGBl. v. 1903 S. 178.

Abkommen zur Abänderung des Übereinkommens vom 18. Jan. 1892. Vom 4. Juni 1902 RGBl. v. 1903 S. 178.

640 **Übereinkommen zwischen dem Deutschen Reiche und Österreich betr. den gegenseitigen gewerblichen Rechtsschutz. Vom 17. Nov. 1908 RGBl. S. 655.**

641 **Übereinkommen zwischen dem Deutschen Reiche und der Schweiz betr. den gegenseitigen Patent-, Muster- und Markenschutz. Vom 13. April 1892 RGBl. v. 1894 S. 511.**

Art. 1—4 aufgehoben, Art. 5 Abs. 3 u. 4 zugefügt, Art. 6, 8 u. 9, Schlußprotokoll und Zusatzprotokoll aufgehoben: Abkommen v. 26. Mai 1902 RGBl. v. 1903 S. 181.

Abkommen zur Abänderung des Übereinkommens vom 13. April 1892. Vom 26. Mai 1902 RGBl. v. 1903 S. 181.

642 **Übereinkommen zwischen dem Deutschen Reiche und Serbien betr. den gegenseitigen Muster- und Markenschutz. Vom 21./9. Aug. 1892 RGBl. v. 1893 S. 317.**

643 **Übereinkommen zwischen dem Deutschen Reiche und Ungarn betr. den gegenseitigen gewerblichen Rechtsschutz. Vom 17. Nov. 1908 RGBl. S. 659.**

Abkommen zwischen dem Deutschen Reiche und den Vereinigten Staaten von Amerika betr. den gegenseitigen gewerblichen Rechtsschutz. Vom 23. Febr. 1909 RGBl. S. 895. 644

Schutz deutscher Warenbezeichnungen im Auslande — Gutt. Samml. Nr. 22 b, Stephan.

Bek. betr. den Schutz deutscher Warenbezeichnungen in auswärtigen Staaten. Vom 22. Sept. 1894 RGBl. S. 521. 645

Bek. betr. den Schutz deutscher Warenbezeichnungen in
Argentinien. Vom 13. März 1909 RGBl. S. 320.
Ekuador. Vom 27. März 1903 RGBl. S. 122.
Guatemala. Vom 17. Aug. 1899 RGBl. S. 543.
Kostarika. Vom 1. Okt. 1901 RGBl. S. 375.
Mexiko. Vom 16. Mai 1899 RGBl. S. 284.

Verträge betr. Gewährung von Rechtshilfe.

[1])

---

1) Übereinkommen zwischen dem Deutschen Reiche und der Schweiz wegen Herbeiführung eines unmittelbaren Geschäftsverkehrs zwischen den deutschen und den schweizerischen Gerichtsbehörden. Vom 1./10. Dez. 1878 ZBl. v. 1879 S. 6.

Verzeichnis der schweizerischen Behörden, denen der direkte Verkehr mit den deutschen Gerichtsbehörden gemäß der Erklärung vom 13. Dez. 1878 zukommt: Bek. v. 17. März 1906 ZBl. S. 514.

(Druckfehlerberichtigung unter Wallis: ZBl. v. 1906 S. 571.)

Verzeichnis derjenigen Amtsstellen der schweizerischen Kantone, an welche sich die deutschen Behörden wegen Rechtshilfe in Strafsachen wenden können: Bek. v. 20. Juni 1903 ZBl. S. 193.

Verträge zivilprozessualen Inhalts.

646 **Abkommen über den Zivilprozeß. Vom 17. Juli 1905 RGBl. v. 1909 S. 410.**

Bek. betr. — das Inkrafttreten des Abkommens. Vom 24. April 1909 RGBl. S. 409 (enthält auch Verzeichnis der das Abkommen ratifizierenden Mächte).

Bek. betr. die Hinterlegung der Ratifikationsurkunde Luxemburgs zu dem Abkommen —. Vom 16. Aug. 1909 RGBl. S. 907.

Bek. betr. die Inkraftsetzung des Abkommens in den dänischen Antillen. Vom 10. Juni 1912 RGBl. S. 401.

G. zur Ausführung des Abkommens über den Zivilprozeß vom 17. Juli 1905. Vom 5. April 1909 RGBl. S. 430.

647 **Bek. betr. — die im Anschluß an das Abkommen von Deutschland mit den Niederlanden, mit Luxemburg und mit Norwegen zur weiteren Vereinfachung des Rechtshilfeverkehrs getroffenen Vereinbarungen. Vom 16. Aug. 1909 RGBl. S. 907.**

Bek. desgl. betr. die mit Schweden getroffene Vereinbarung. Vom 9. Febr. 1910 RGBl. S. 455.

Bek. desgl. betr. die mit der Schweiz getroffene Vereinbarung. Vom 7. Mai 1910 RGBl. S. 674.

Bek. desgl. betr. die mit Österreich und mit Dänemark getroffenen Vereinbarungen. Vom 3. Juni 1910 RGBl. S. 871.

Bek. desgl. betr. die mit Frankreich getroffene Vereinbarung. Vom 6. April 1911 RGBl. S. 161.

Bek. betr. das Inkrafttreten der Vereinbarung. Vom 28. April 1911 RGBl. S. 194.

648 **Bek. betr. die wechselseitige Befreiung der Angehörigen des Deutschen Reichs und Österreichs**

von der ihnen als Ausländern in bürgerlichen Rechtsstreitigkeiten obliegenden Verpflichtung zur Sicherheitsleistung für die Prozeßkosten. Vom 23. Dez. 1897 RGBl. S. 792.

Bek. betr. die wechselseitige Befreiung der Angehörigen des Deutschen Reichs und Rußlands von der ihnen als Ausländer in Rechtsstreitigkeiten obliegenden Verpflichtung zur Sicherheitsleistung, Vorschußzahlung und Gebührenentrichtung. Vom 30. Sept. 1897 RGBl. S. 775.

Verträge betr. Angelegenheiten der freiwilligen Gerichtsbarkeit.

Konvention über die Regulierung von Hinterlassenschaften zwischen dem Deutschen Reiche und Rußland. Vom 12. Nov./31. Okt. 1874 RGBl. v. 1875 S. 136[1]). 649

Vertrag zwischen dem Deutschen Reiche und der Österreichisch-Ungarischen Monarchie wegen Beglaubigung der von öffentlichen Behörden und Beamten ausgestellten oder beglaubigten Urkunden. Vom 25. Febr. 1880 RGBl. v. 1881 S. 4. 650

Vertrag zwischen dem Deutschen Reiche und der Österreichisch-Ungarischen Monarchie wegen Ausdehnung des Vertrages v. 25. Febr. 1880 auf Bosnien und die Herzegowina. Vom 13. Juni 1881 RGBl. S. 253.

---

1) Bek. betr. die Handhabung der deutsch-russischen Nachlaßkonvention vom 12. Nov./31. Okt. 1874. Vom 7. Dez. 1909 ZBl. S. 1476.

Bek. betr. diejenigen obersten Verwaltungsbehörden und höheren Verwaltungsbehörden im Deutschen Reiche und in der Österreichisch-Ungarischen Monarchie, sowie in Bosnien und in der Herzegowina, deren Urkunden nach den Verträgen zwischen dem Deutschen Reiche und der Österreichisch-Ungarischen Monarchie vom 25. Febr. 1880 und 13. Juni 1881 einer Beglaubigung nicht bedürfen. Vom 18. Juli 1901 RGBl. S. 323.

651 **Vertrag zwischen dem Deutschen Reiche und der Schweiz über die Beglaubigung öffentlicher Urkunden.** Vom 14. Febr. 1907 RGBl. S. 411.

(Berichtigung des Verzeichnisses in Abschnitt „Deutsches Reich" unter B Ziff. XV bis XVII: RGBl. v. 1907 S. 418.)

Verzeichnis Abschnitt „Deutsches Reich" unter B XIII geändert: Bek. v. 19. Juli 1907 RGBl. S. 415.

Verzeichnis Abschnitt „Die Schweiz" unter B geändert: Bek. v. 19. Juli 1907 RGBl. S. 415, v. 11. Sept. 1911 RGBl. S. 907, v. 14. Nov. 1912 RGBl. S. 535.

Bek. betr. die Ratifikation des Vertrags und die Auswechselung der Ratifikationsurkunden, sowie —. Vom 19. Juli 1907 RGBl. S. 415.

Verträge strafrechtlichen und strafprozessualen Inhalts.

652 **Vertrag zwischen Deutschland und Belgien, betr. die Bestrafung der auf den beiderseitigen Gebieten begangenen Forst-, Feld-, Fischerei- und Jagdfrevel.** Vom 29. April 1885 RGBl. S. 251.

653 **Bek. betr. die Entschädigung der Angehörigen Dänemarks, Norwegens und Schwedens für unschuldig erlittene Untersuchungshaft.** Vom 3. Mai 1906 RGBl. S. 465.

Auslieferungsverträge — Gutt. Samml. Nr. **86**, Cohn.

Auslieferungsverträge zwischen dem Deutschen Reiche und

Belgien. Vom 24. Dez. 1874 RGBl. v. 1875 S. 73. 654
(Berichtigungen des deutschen Textes in Art. 1 Ziff. 7, Art. 4 am Schluß, Art. 9 im Eingang: Bek. v. 29. Dez. 1878 RGBl. v. 1879 S. 2.)
Art. 9 Abs. 2 u. 3 ersetzt: Zusatzvertrag v. 28. Nov. 1900 RGBl. v. 1901 S. 203.

Brasilien. Vom 17. Sept. 1877 RGBl. v. 1878 S. 293. 655

Griechenland. Vom 12. März/27. Febr. 1907 RGBl. S. 545. 656
Bek. betr. die Ratifikation des Auslieferungsvertrags und den Austausch der Ratifikationsurkunden, sowie eine in Ansehung der Bestimmungen des Artikel 2 des Vertrags durch Schriftwechsel vom 30. Mai 1907 getroffene Verständigung. Vom 17. Aug. 1907 RGBl. S. 558.

Großbritannien. Vom 14. Mai 1872 RGBl. S. 229. 657
Vertrag zwischen dem Deutschen Reiche und Großbritannien über die gegenseitige Auslieferung von Verbrechern zwischen Deutschland und gewissen britischen Protektoraten. Vom 17. Aug. 1911 RGBl. v. 1912 S. 153.
Bek. betr. die Ratifikation des Vertrags. Vom 20. Jan. 1912 RGBl. S. 156.
Vertrag zwischen dem Deutschen Reiche und Großbritannien über die Auslieferung der Verbrecher zwischen den Deutschen Schutzgebieten sowie anderen von Deutschland abhängigen Gebieten und den Ge-

14*

bieten Ihrer Großbritannischen Majestät. Vom 5. Mai 1894 RGBl. S. 535.

Vertrag desgl. über die gegenseitige Auslieferung von Verbrechern zwischen den Deutschen Schutzgebieten und gewissen britischen Protektoraten. Vom 30. Jan. 1911 RGBl. S. 175.

Bek. betr. die Ratifikation des Vertrags. Vom 4. April 1911 RGBl. S. 178.

658 **Italien.** Vom 31. Okt. 1871 RGBl. S. 446.

659 **Kongostaat: Vertrag zwischen dem Deutschen Reiche und dem Kongostaate über die Auslieferung der Verbrecher und die Gewährung sonstiger Rechtshilfe in Strafsachen zwischen den Deutschen Schutzgebieten in Afrika und dem Gebiete des Kongostaates. Vom 25. Juli 1890 RGBl. v. 1891 S. 91.**

Berichtigungen in Art. 4 u. 14 des französischen Textes: RGBl. v. 1891 S. 111.

660 **Luxemburg.** Vom 9. März 1876 RGBl. S. 223.

Art. 1 Abs. 1 Nr. 15, Art. 6 Abs. 1 Schluß, Art. 9 Abs. 2 u. 3, Art. 13 Abs. 1 ersetzt: Zusatzvertrag. Vom 6. Mai 1912 RGBl. S. 491, Bek. betr. die Ratifikation des Zusatzvertrags. Vom 27. Aug. 1912 RGBl. S. 493.

661 **den Niederlanden.** Vom 31. Dez. 1896 RGBl. v. 1897 S. 731.

Vertrag zwischen dem Deutschen Reiche und den Niederlanden über die Auslieferung der Verbrecher zwischen den Deutschen Schutzgebieten sowie den sonst von Deutschland abhängigen Gebieten und dem Gebiete der Niederlande sowie den Niederländischen Kolonien und auswärtigen Besitzungen. Vom 21. Sept. 1897 RGBl. S. 747.

Norwegen. Vom 19. Jan. 1878 RGBl. S. 110. 661a
Art. 1 Abs. 1, Art. 2, Art. 3, Art. 4 Abs. 1 u. 2, Art. 6 Abs. 1, Art. 8 Abs. 2 geändert, Art. 9 Satz zugefügt, Art. 11a u. 14a zugefügt: Zusatzvertrag zwischen dem Deutschen Reiche und Norwegen. Vom 7. März 1907 RGBl. S. 239 (Berichtigung der Überschrift des norwegischen Textes: RGBl. v. 1907 S. 418).

[den Königreichen] Schweden [und Norwegen]. Vom 19. Jan. 1878 RGBl. S. 110. (Wegen Norwegen s. Nr. 661 a.) 662

der Schweiz. Vom 24. Jan. 1874 RGBl. S. 113. 663

Spanien. Vom 2. Mai 1878 RGBl. S. 213. 664

dem orientalischen Freistaat Uruguay. Vom 12. Febr. 1880 RGBl. v. 1883 S. 287. 665

den Vereinigten Staaten von Nordamerika: s. Vertrag v. 16. Juni 1852 zwischen Preußen und Vereinigten Staaten BGBl. v. 1868 S. 231, der nach Art. 3 des Vertrages v. 22. Febr. 1868 BGBl. S. 228 auf den Norddeutschen Bund ausgedehnt ist. 666

(Wegen Übereinkommen betr. gegenseitige Rechtshilfe vgl. auch Freundschafts-, Handels- usw. Verträge Nr. 551 f., Nr. 646 f.)

Verträge gegen Sklaverei, Unsittlichkeit, Völlerei — Gutt. Samml. Nr. 49, Zorn.

Generalakte der Brüsseler Antisklavereikonferenz nebst Deklaration. Vom 2. Juli 1890 RGBl. v. 1892 S. 605. 667

Erklärung dazu Abs. 5 geändert: Erklärung vom 15. Juni 1910 RGBl. v. 1912 S. 373, Bek. betr. die Ratifikation der Erklärung vom 15. Juni 1910 und die Hinterlegung der Ratifikationsurkunden. Vom 5. Juni 1912 RGBl. S. 375.

V. betr. Ausführungsbestimmungen zu der Generalakte der Brüsseler Antisklavereikonferenz. Vom 17. Febr. 1893 RGBl. S. 13.

Internationale Konvention, betr. die Revision der in der Generalakte vorgesehenen Behandlung der Spirituosen bei ihrer Zulassung in bestimmten Gebieten Afrikas. Vom 3. Nov. 1906 RGBl. v. 1908 S. 5.

668 **Übereinkommen zwischen dem Deutschen Reiche und Großbritannien, betr. das Eintreten des Deutschen Reichs an Stelle Preußens in den Vertrag vom 20. Dez. 1841 wegen Unterdrückung des Handels mit afrikanischen Negern. Vom 29. März 1879 RGBl. v. 1880 S. 100. (Wegen seiner Geltung vgl. Art. 24 u. 96 der Generalakte der Brüsseler Antisklavereikonferenz.)**

669 **Abkommen zwischen dem Deutschen Reiche und anderen Staaten über Verwaltungsmaßregeln zur Gewährung wirksamen Schutzes gegen den Mädchenhandel. Vom 18. Mai 1904 RGBl. v. 1905 S. 695.**

Bek. dazu. Vom 12. Juli 1905 RGBl. S. 705.

Druckfehlerberichtigung Abs. 2 am Schlusse „22. Juni": RGBl. v. 1905 S. 708.

Bek. betr. den Beitritt des Deutschen Reichs für die Deutschen Schutzgebiete. Vom 28. Aug. 1907 RGBl. S. 721.

Bek. betr. die Ratifizierung des Abkommens durch Portugal. Vom 9. Aug. 1905 RGBl. S. 715.

Bek. betr. das Abkommen (Ratifizierung durch die Niederlande, Beitritt der Vereinigten Staaten von Amerika). Vom 3. Aug. 1908 RGBl. S. 481.

Bek. betr. den Beitritt Großbritanniens für eine Anzahl seiner Kolonien und Besitzungen sowie Luxemburgs. Vom 22. Juli 1911 RGBl. S. 861.

Bek. betr. den Beitritt Großbritanniens für Mauritius. Vom 14. Nov. 1912 RGBl. S. 536.

Übereinkommen zwischen dem Deutschen Reiche und Belgien zum Schutze verkuppelter weiblicher Personen. Vom 4. Sept. 1890 RGBl. v. 1891 S. 375. 670

Übereinkommen desgl. mit den Niederlanden. Vom 15. Nov. 1889 RGBl. v. 1891 S. 356.

Abkommen zur Bekämpfung der Verbreitung unzüchtiger Veröffentlichungen. Vom 4. Mai 1910 RGBl. v. 1911 S. 209. 671

Bek. betr. die Hinterlegung der Ratifikationsurkunden Deutschlands, Belgiens, Dänemarks, Spaniens, der Vereinigten Staaten von Amerika, Frankreichs, Großbritanniens, Italiens und der Schweiz zu dem am 4. Mai 1910 in Paris unterzeichneten Abkommen zur Bekämpfung der Verbreitung unzüchtiger Veröffentlichungen. Vom 5. Mai 1911 RGBl. S. 215.

Bek. betr. den Beitritt Luxemburgs zu dem Abkommen und die Inkraftsetzung des Abkommens in den Deutschen Schutzgebieten. Vom 15. Sept. 1911 RGBl. S. 908.

Bek. betr. die Hinterlegung der Ratifikationsurkunde Portugals zu dem Abkommen. Vom 21. Nov. 1911 RGBl. S. 957.

Bek. betr. die Hinterlegung der Ratifikationsurkunde Rußlands zu dem Abkommen und die Inkraftsetzung des Abkommens in Zanzibar und in Kanada. Vom 5. Jan. 1912 RGBl. S. 149.

Bek. betr. den Beitritt Norwegens zu dem Abkommen sowie die Inkraftsetzung des Abkommens in der Südafrikanischen Union und in Neufundland. Vom 1. März 1912 RGBl. S. 187.

Bek. betr. die Inkraftsetzung des Abkommens in Neuseeland. Vom 15. März 1912 RGBl. S. 217.

Bek. betr. die Hinterlegung der Ratifikationsurkunden Österreich-Ungarns und der Niederlande zu dem Abkommen sowie die Inkraftsetzung des Abkommens im Bereiche des Australischen Bundes. Vom 25. Juni 1912 RGBl. S. 417.

Bek. betr. die Inkraftsetzung des Abkommens in Island und den Dänischen Antillen. Vom 27. Sept. 1912 RGBl. S. 505.

672 Internationaler Vertrag zur **Unterdrückung des Branntweinhandels unter den Nordseefischern** auf hoher See. Vom 16. Nov. 1887 RGBl. v. 1894 S. 427.

G. betr. die Ausführung des Vertrages. Vom 4. März 1894 RGBl. S. 151.

Verträge betr. Zulassung der in den Grenzgemeinden wohnhaften Medizinalpersonen.

673 **Konvention zwischen dem Deutschen Reiche und Belgien, betr. die gegenseitige Zulassung der in den Grenzgemeinden wohnhaften Medizinalpersonen zur Ausübung der Praxis.** Vom 7. Febr. 1873 RGBl. S. 55.

Übereinkunft desgl. zwischen Deutschland und Luxemburg. Vom 4. Juni 1883 RGBl. v. 1884 S. 19.

Übereinkunft zwischen dem Deutschen Reiche und den Niederlanden, betr. die gegenseitige Zulassung der in den Grenzgemeinden wohnhaften Ärzte, Wundärzte und Hebammen zur Ausübung der Praxis. Vom 11. Dez. 1873 RGBl. v. 1874 S. 99.

Übereinkunft betr. die Ausdehnung der Übereinkunft auf die Tierärzte. Vom 23. Febr. 1898 RGBl. v. 1899 S. 221.

Übereinkunft zwischen dem Deutschen Reiche und Österreich-Ungarn, betr. die gegenseitige Zulassung der an der Grenze wohnhaften Medizinalpersonen zur Ausübung der Praxis. Vom 30. Sept. 1882 RGBl. v. 1883 S. 39.

Übereinkunft desgl. zwischen Deutschland und der Schweiz. Vom 29. Febr. 1884 RGBl. S. 45.

Verträge betr. Gesundheitswesen.

Internationale Übereinkunft betr. Maßregeln gegen Pest, Cholera und Gelbfieber. Vom 3. Dez. 1903 RGBl. v. 1907 S. 425. 674

Bek. betr. den Beitritt der britischen Kolonie Gambia zu der Übereinkunft. Vom 13. Jan. 1908 RGBl. S. 12.

Bek. betr. den Beitritt der Leeward-Inseln, der Falkland-Inseln, der Oranjefluß-Kolonie sowie von Süd-Nigeria [und von Jamaika]. Vom 8. Dez. 1908 RGBl. S. 645.

Bek. betr. den Austritt von Jamaika aus dem Verbande der Übereinkunft. Vom 18. April 1910 RGBl. S. 663.

Bek. betr. den Beitritt von Britisch-Indien (nur hinsichtlich der Pest). Vom 15. Juni 1909 RGBl. S. 514.

Bek. betr. den Beitritt des Australischen Bundes. Vom 26. Mai 1909 RGBl. S. 468.

Bek. betr. den Beitritt von Neuseeland. Vom 19. April 1910 RGBl. S. 663.

Bek. betr. den Beitritt der Fiji-Kolonie. Vom 5. Sept. 1910 RGBl. S. 991.

Bek. betr. den Beitritt von Zanzibar. Vom 11. Dez. 1911 RGBl. S. 971.

Bek. betr. den Beitritt Dänemarks. Vom 6. Aug. 1910 RGBl. S. 961.

Bek. betr. den Beitritt Mexikos. Vom 8. Juli 1909 RGBl. S. 769.

Bek. betr. den Beitritt Norwegens. Vom 30. Juni 1911 RGBl. S. 274.

Bek. betr. die Hinterlegung der Ratifikationsurkunde Portugals zu der Übereinkunft. Vom 8. Nov. 1911 RGBl. S. 922.

Bek. betr. den Beitritt Schwedens zu der Übereinkunft. Vom 29. Jan. 1908 RGBl. S. 15.

Bek. betr. die Hinterlegung der Ratifikationsurkunde Spaniens zu der Übereinkunft. Vom 8. März 1909 RGBl. S. 318.

Bek. betr. den Austritt der niederländischen Kolonien in Westindien aus dem Verbande der Übereinkunft. Vom 7. Juni 1909 RGBl. S. 512.

Bek. desgl. betr. den Austritt von Niederländisch Ostindien. Vom 23. Dez. 1912 RGBl. S. 570.

Hinsichtlich der die Übereinkunft vom 3. Dez. 1903 nicht ratifizierenden oder ihr nicht beitretenden Mächte bleiben nach Art. 184 RGBl. v. 1907 S. 514 in Gültigkeit die folgenden internationalen Sanitätsübereinkünfte:

675 **Internationale Sanitätskonvention. Vom 3. April 1894 nebst Zusatzerklärung. Vom 30. Okt. 1897 RGBl. v. 1898 S. 973.**

Bek. betr. die Anwendung der Internationalen Sanitätskonvention auf britische Kolonien. Vom 17. April 1899 RGBl. S. 266.

Internationale Übereinkunft betr. Maßregeln gegen die Cholera. Vom 15. April 1893 RGBl. v. 1894 S. 343. 676

Beitrittsprotokoll betr. Großbritannien und Irland. RGBl. v. 1894 S. 366.

Bek. über die seitens der Niederlande erfolgte Ratifikation der Übereinkunft. Vom 9. Sept. 1894 RGBl. S. 519.

Bek. über den Beitritt Serbiens und Liechtensteins zu der Übereinkunft. Vom 15. Februar 1895 RGBl. S. 152.

Bek. über die Ausdehnung der Übereinkunft auf die britischen Kolonien Natal, Ceylon, Lagos, St. Helena und Kanada. Vom 14. Dez. 1895 RGBl. S. 461.

Bek. über den Beitritt Rumäniens zu der Übereinkunft. Vom 18. Okt. 1897 RGBl. S. 776.

Internationale Sanitätsübereinkunft betr. Maßregeln gegen die Einschleppung und Verbreitung der Pest. Vom 19. März 1897 RGBl. v. 1900 S. 43. 677

Anlage, Kapitel I, Art. 35 der „Maßnahmen an Bord der Pilgerschiffe" ersetzt: Deklaration v. 24. Jan. 1900 RGBl. S. 821.

1—4)

---

1) Bestimmungen über gemeinsame Maßregeln zur Bekämpfung der Cholera in den deutsch-russischen Grenzbezirken. Vom 2. Mai 1907 ZBl. v. 1908 S. 2.

Anlage, Verzeichnis der Grenzbezirke, ersetzt: Übereinkommen vom 8. März 1910 ZBl. S. 95.

2) Deutsch-Belgisches Abkommen betr. den Austausch von Nachrichten über das Auftreten ansteckender Krankheiten in den Grenzbezirken. Vom 7./13. Aug. 1907 ZBl. v. 1908 S. 36.

Ergänzt: Abkommen vom 26./29. Mai 1910 ZBl. S. 259.

3) Abkommen zwischen der Kaiserlich Deutschen Regierung und der Regierung der Französischen Republik betr. den

678 **Vertrag zwischen dem Deutschen Reiche und Luxemburg über die gegenseitige Zulassung des zum menschlichen Genusse bestimmten Fleisches zum freien Verkehre. Vom 14. Mai 1904 RGBl. v. 1905 S. 709[1]).**

Internationale Meterkonvention.

679 **Internationale Meterkonvention. Vom 20. Mai 1875 RGBl. v. 1876 S. 191.**

Anl. 1 (Reglement) Art. 6, 19, 20 ersetzt: Bek. v. 13. Okt. 1908 RGBl. S. 509.

Bek. betr. den Beitritt Großbritanniens, Serbiens und Rumäniens zu der internationalen Meterkonvention. Vom 30. Dez. 1884 RGBl. v. 1885 S. 1.

Bek. betr. den Beitritt Japans. Vom 9. Nov. 1885 RGBl. S. 287.

Bek. betr. den Beitritt Mexikos. Vom 23. Febr. 1891 RGBl. S. 19.

Verträge betr. Förderung der Landwirtschaft.

679a [2])

Austausch von Nachrichten über das Auftreten von ansteckenden Menschen- und Tierkrankheiten in den beiderseitigen Grenzbezirken. ZBl. v. 1911 S. 607.

4) Deutsch-Luxemburgisches Abkommen betr. den Austausch von Nachrichten über das Auftreten von Typhus und Pocken. Vom 14. Dez. 1909 ZBl. S. 1492.

1) Bek. betr. das aus Luxemburg eingehende, zum menschlichen Genusse bestimmte Fleisch. Vom 1. Aug. 1905 ZBl. S. 198.

2) Übereinkunft über die Errichtung eines internationalen landwirtschaftlichen Instituts in Rom. Vom 7. Juni 1905 ZBl. v. 1908 S. 132.

Verträge betr. Veterinärwesen.

Viehseuchenübereinkommen zwischen dem Deutschen Reiche und Österreich-Ungarn. Vom 25. Jan. 1905 RGBl. v. 1906 S. 287. 680

Anlagen I u. IIa geändert:[1])

Anlage IIb ersetzt:[2])

Verträge zum Schutz gegen Pflanzenseuchen.

Internationale Reblauskonvention. Vom 3. Nov. 1881 RGBl. v. 1882 S. 125. 681

Art. 3 Abs. 3 zugefügt: Deklaration v. 15. April 1889 RGBl. S. 203.

Bek. betr. den Beitritt zu der internationalen Reblauskonvention seitens

Belgiens. Vom 7. Juli 1882 RGBl. S. 138.
Italiens. Vom 28. Jan. 1888 RGBl. S. 8.
Luxemburgs. Vom 15. Sept. 1882 RGBl. S. 139.
der Niederlande. Vom 2. Jan. 1884 RGBl. S. 7.
Rumäniens. Vom 19. Jan. 1892 RGBl. S. 239.
Serbiens. Vom 24. Okt. 1884 RGBl. S. 215.
Spaniens. Vom 6. Juni 1891 RGBl. S. 348.

Bek. betr. die Ratifikation der Übereinkunft. Vom 3. Mai 1910 ZBl. S. 194.

Bek. betr. den Beitritt von Tunis, des Australischen Bundes, von Canada, Britisch Indien, Mauritius, Neuseeland, Erythräa nebst Italienisch Somaliland und San Merino zu der Übereinkunft. Vom 3. Jan. 1911 ZBl. S. 20.

1) Bekanntmachungen betr. Veränderungen in dem Verzeichnis der in den Anlagen zum Viehseuchenübereinkommen zwischen dem Deutschen Reiche und Österreich-Ungarn aufgeführten Sperrgebiete. Vom 7. Sept. 1907 ZBl. S. 432, 19. März 1909 ZBl. S. 79, 10. Jan. 1910 ZBl. S. 11, 14. Nov. 1910 ZBl. S. 656, 27. Sept. 1911 ZBl. S. 516, 23. April 1912 ZBl. S. 302, 2. Aug. 1912 ZBl. S. 670.

2) Bek. v. 13. Dez. 1912 ZBl. S. 901.

Verträge betr. Tierschutz.

682 **Übereinkunft zum Schutze der für die Landwirtschaft nützlichen Vögel.** Vom 19. März 1902 RGBl. v. 1906 S. 89.

Bek. betr. die Ratifizierung der Übereinkunft durch Portugal. Vom 29. Nov. 1907 RGBl. S. 762.

Verträge betr. Fischerei.

683 **Internationaler Vertrag betr. die polizeiliche Regelung der Fischerei in der Nordsee außerhalb der Küstengewässer.** Vom 6. Mai 1882 RGBl. v. 1884 S. 25. (In Kraft getreten am 15. Mai 1884: RGBl. v. 1884 S. 48.)

Art. 8 Abs. 5 ersetzt: Erklärung v. 1. Febr. 1889 RGBl. v. 1890 S. 5.

G. zur Ausführung der internationalen Konvention v. 6. Mai 1882, betr. die polizeiliche Regelung usw. Vom 30. April 1884 RGBl. S. 48.

684 **Vertrag zwischen Deutschland, den Niederlanden und der Schweiz betr. die Regelung der Lachsfischerei im Stromgebiete des Rheins.** Vom 30. Juni 1885 RGBl. v. 1886 S. 192.

Verträge betr. Arbeiterschutz.

685 **Internationales Abkommen über das Verbot der Nachtarbeit der gewerblichen Arbeiterinnen.** Vom 26. Sept. 1906 RGBl. v. 1911 S. 5.

Bek. betr. die Hinterlegung der Ratifikationsurkunden Deutschlands, Österreich-Ungarns, Belgiens, Frankreichs, Großbritanniens und Irlands, Luxemburgs, der Niederlande, Portugals und der Schweiz zu dem am 26. Sept.

1906 in Bern unterzeichneten internationalen Abkommen über das Verbot der Nachtarbeit der gewerblichen Arbeiterinnen sowie den Beitritt Italiens und Schwedens zu diesem Abkommen. Vom 31. Dez. 1910 RGBl. v. 1911 S. 16.

Internationales Abkommen über das Verbot der Verwendung von weißem (gelbem) Phosphor zur Anfertigung von Zündhölzern. Vom 26. Sept. 1906 RGBl. v. 1911 S. 17. 686

Bek. betr. die Hinterlegung der Ratifikationsurkunden Deutschlands, Dänemarks, Frankreichs, Luxemburgs, der Niederlande und der Schweiz zu dem Abkommen und den Beitritt Italiens, Großbritanniens und Irlands sowie Spaniens zu dem Abkommen. Vom 31. Dez. 1910 RGBl. v. 1911 S. 23.

Bek. betr. den Beitritt der Südafrikanischen Union und Südrhodesiens. Vom 28. April 1911 RGBl. S. 207.

Bek. betr. den Beitritt Neuseelands. Vom 22. Jan. 1912 RGBl. S. 165.

Verträge betr. Gewerbeschutz.

Bek. betr. den Schutz deutscher Gewerbetreibender gegen unlauteren Wettbewerb in Egypten. Vom 17. Aug. 1912 RGBl. S. 487. 687

Weltpostverein — Gutt. Samml. Nr. 7, König.

Weltpostvertrag. Vom 26. Mai 1906 RGBl. v. 1907 S. 593. 688

Übereinkommen betr. den Austausch von Briefen und Kästchen mit Wertangabe. Vom 26. Mai 1906 RGBl. v. 1907 S. 636. 689

690 **Übereinkommen betr. den Postanweisungsdienst. Vom 26. Mai 1906 RGBl. v. 1907 S. 656.**

691 **Vertrag betr. den Austausch von Postpaketen. Vom 26. Mai 1906 RGBl. v. 1907 S. 672.**

692 **Übereinkommen betr. den Postauftragsdienst. Vom 26. Mai 1906 RGBl. v. 1907 S. 700.**

693 **Übereinkommen betr. den Postbezug von Zeitungen und Zeitschriften. Vom 26. Mai 1906 RGBl. v. 1907 S. 710.**

Postverträge mit einzelnen Staaten.

Postverträge zwischen

694 **dem Norddeutschen Bunde und Belgien. Vom 29. Mai 1868 BGBl. S. 343.**

dem Norddeutschen Bunde und Belgien betr. den gegenseitigen Austausch von kleinen Paketen und von Geldsendungen. Vom 26. März 1868 BGBl. S. 205.

Art. 11 ersetzt, Art. 17 Abs. 6 geändert, Art. 18 ersetzt: Additionalvertrag zu dem Vertrage v. 26. März 1868. Vom 22. Nov. 1874 RGBl. v. 1875 S. 12.

695 **Deutschland und Brasilien. Vom 30. Sept. 1873 RGBl. v. 1874 S. 85.**

696 **Deutschland und Chile. Vom 22. März 1874 RGBl. v. 1875 S. 88.**

697 **dem Norddeutschen Bunde und Dänemark. Vom 7./9. April 1868 BGBl. S. 157.**

Deutschland und Frankreich. Vom 14. Febr. 1872 RGBl. S. 111. 698

dem Generalpostamte des Norddeutschen Bundes und dem Generalpostamte des Vereinigten Königreichs von Großbritannien und Irland. Vom 25. April 1870 BGBl. S. 565. 699

Deutschland und Italien. Vom 11. Mai 1873 RGBl. S. 222. 700

Deutschland und Luxemburg. Vom 19. Juni 1872 RGBl. S. 338. 701

dem Norddeutschen Bunde und den Niederlanden. Vom 1. Sept. 1868 BGBl. v. 1870 S. 547. 702

Deutschland und der österreichisch-ungarischen Monarchie. Vom 7. Mai 1872 RGBl. v. 1873 S. 1. 703

Deutschland und Peru. Vom 11. Juni 1874 RGBl. v. 1875 S. 161. 704

Deutschland und Portugal. Vom 9. Mai 1872 RGBl. v. 1873 S. 93. 705

Additionalvertrag zum Postvertrage mit Rußland. Vom 26./14. Mai 1872 RGBl. S. 238. 706

dem Norddeutschen Bunde und Schweden. Vom 23./24. Febr. 1869 BGBl. S. 73. 707

Additionalvertrag dazu. Vom 20. März 1870 BGBl. S. 87.

II. Additionalvertrag zu dem Postvertrage zwischen dem Norddeutschen Bunde und Schweden v. 23./24. Febr. 1869. Vom 25. Mai 1873 RGBl. S. 198.

708 Deutschland und Spanien. Vom 19. April 1872 RGBl. S. 137.

709 den Postverwaltungen des Norddeutschen Bundes und der Vereinigten Staaten von Nordamerika behufs der Vervollkommnung des Postdienstes im gegenseitigen Verkehr. Vom 21. Okt. 1867 BGBl. v. 1868 S. 26.

Art. 5 Nr. 1—5, Art. 7 u. 11 aufgehoben und ersetzt: Additionalvertrag zu der Konvention. Vom 7./23. April 1870 BGBl. S. 594, dessen Art. 1 durch Additionalartikel vom 14. Mai/31. März 1871 RGBl. S. 245 geändert ist.

Portopflichtige Korrespondenz mit ausländischen Behörden.

710 Bek. betr. die portopflichtige Korrespondenz zwischen den Behörden des Reichs und Österreich-Ungarns. Vom 31. Okt. 1873 RGBl. S. 366.[1])

Verträge betr. Telegraphenwesen.

711 Internationaler Funkentelegraphenvertrag. Vom 3. Nov. 1906 RGBl. v. 1908 S. 411.

Bek. betr. den Beitritt der deutschen Schutzgebiete. Vom 5. Dez. 1908 RGBl. S. 645.

Bek. betr. die Ratifikation des Vertrages durch Frankreich, Österreich, Ungarn, Portugal, Rußland und die Türkei

---

1) Bek. betr. die Behandlung der portopflichtigen Korrespondenz zwischen deutschen und schweizerischen Behörden. Vom 20. Febr. 1878 ZBl. S. 95.

Bek. desgl. zwischen württembergischen und schweizerischen Behörden. Vom 26. Febr. 1878 ZBl. S. 105.

und den Beitritt von Curaçao, Tunis und Zanzibar zu dem Vertrage. Vom 16. April 1910 RGBl. S. 601.

Bek. betr. die Ratifikation des Vertrages durch Monako und den Beitritt der französischen Kolonien, Niederländisch Indiens und der Südafrikanischen Union zu dem Vertrage. Vom 20. März 1911 RGBl. S. 101.

Bek. betr. den Beitritt Marokkos. Vom 31. Mai 1911 RGBl. S. 245.

Bek. betr. die Ratifikation des internationalen Funkentelegraphenvertrags vom 3. Nov. 1906 durch Persien, den Beitritt Persiens zum Zusatzabkommen vom gleichen Tage und den Beitritt der belgischen Kongokolonie zu beiden Abkommen. Vom 21. Nov. 1911 RGBl. S. 963.

Bek. betr. die Ratifikation des Vertrags durch Argentinien und den Beitritt Egyptens, von Bosnien und der Herzegowina und der portugiesischen Kolonien zu dem Vertrage. Vom 26. April 1912 RGBl. S. 263.

Bek. betr. die Ratifikation des Vertrags durch die Vereinigten Staaten von Amerika, Griechenland, Italien und Uruguay sowie betr. den Beitritt von San Marino, Siam, der japanischen Besitzungen und der spanischen Gebiete am Golf von Guinea zu dem Vertrage. Vom 18. Juli 1912 RGBl. S. 447.

Internationaler Vertrag zum Schutze der unterseeischen Telegraphenkabel. Vom 14. März 1884 RGBl. v. 1888 S. 151. 712

Gutt. Samml. Nr. 7, Fischer-König.

Bek. betr. den Beitritt der britischen Kolonien und Besitzungen Kanada, Neufundland, Kap, Natal, Neusüdwales, Tasmanien, West-Australien und Neu-Seeland zu dem Vertrage. Vom 26. Nov. 1888 RGBl. S. 292.

Bek. betr. den Beitritt von Tunis. Vom 6. Sept. 1889 RGBl. S. 194.

G. zur Ausführung des internationalen Vertrages zum Schutze der unterseeischen Telegraphenkabel. Vom 21. Nov. 1887 RGBl. v. 1888 S. 169.

Verträge betr. Eisenbahnwesen.

713 **Bek. betr. die Bestimmungen über die technische Einheit im Eisenbahnwesen.** Vom 25. Mai 1908 RGBl. S. 362.

714 **Internationales Übereinkommen über den Eisenbahnfrachtverkehr.** Vom 14. Okt. 1890 RGBl. v. 1892 S. 793.

Geändert durch a) Zusatzübereinkommen. Vom 16. Juni 1898 RGBl. v. 1901 S. 295, b) Zweites Zusatzübereinkommen. Vom 19. Sept. 1906 Art. 1 RGBl. v. 1908 S. 515:

Art. 5 Abs. 5 zugefügt, Art. 6 Abs. 1 lit. c, lit. h, lit. l Eingang und Ziff. 1 ersetzt, Ziff. 3 deutscher Text ersetzt: 1908 S. 515.

Art. 6 lit. l Abs. 4 zugefügt, Art. 7 Abs. 4 ersetzt und Abs. 5 zugefügt: 1901 S. 295.

Art. 7 Abs. 5 lit. d, Abs. 6 zugefügt, Art. 10 Abs. 3 Satz 1 französischer Text geändert, Abs. 5 ersetzt, Art. 12 Abs. 1 Zusatz: 1908 S. 515.

Art. 12 Abs. 4 ersetzt: 1901 S. 295.

Art. 12 Abs. 4 Satz 1 ersetzt: 1908 S. 515.

Art. 13 Abs. 1 ersetzt: 1901 S. 295.

Art. 13 Abs. 1 Satz 1 deutscher Text geändert, Satz 2 gestrichen: 1908 S. 515.

Art. 13 Abs. 5 zugefügt: 1908 S. 515.

Art. 15 Abs. 1 ersetzt: 1901 S. 295.

Art. 15 Abs. 1 Satz 1 ersetzt: 1908 S. 515.

Art. 15 Abs. 2 deutscher Text geändert, Abs. 5 ersetzt, Art. 16 Abs. 2 Satz 1 und Art. 17 französischer

Text geändert, Art. 18 Abs. 3 Satz zugefügt, Art. 24 Abs. 1 ersetzt: 1908 S. 515.

Art. 26 Abs. 2 ersetzt, Art. 31 Ziff. 1, 3, 6 ersetzt, Art. 36 Abs. 1 Zusatz, Art. 38 Abs. 2 geändert, Art. 40 französischer Text geändert: 1901 S. 295.

Art. 40 Abs. 4 Zusatz: 1908 S. 515.

Art. 44 Ziff. 2 geändert: 1901 S. 295.

Art. 45 Abs. 1 geändert: 1908 S. 515.

Art. 45 Abs. 4 zugefügt: 1901 S. 295.

Art. 59 Abs. 1 ersetzt: 1908 S. 515.

Anlage (zu Art. 1), Liste der Eisenbahnstrecken, auf die das Internationale Übereinkommen über den Eisenbahnfrachtverkehr Anwendung findet, ersetzt: Bek. v. 28. März 1912 RGBl. S. 233.

Geändert durch Bek. a) v. 30. April 1912 RGBl. S. 264, b) v. 29. Juni 1912 RGBl. S. 418, c) v. 27. Sept. 1912 RGBl. S. 505, d) v. 21. Nov. 1912 RGBl. S. 550:

Abschnitt Deutschland: 1912 S. 418.

" Österreich-Ungarn: 1912 S. 505 u. 550.

" Italien: 1912 S. 505.

" Rußland: 1912 S. 264.

" Schweden: 1912 S. 418.

Zusatzerklärung zu dem Internationalen Übereinkommen über den Eisenbahnfrachtverkehr vom 14. Okt. 1890. Vom 20. Sept. 1893 RGBl. v. 1896 S. 707.

Bek. betr. den Beitritt Dänemarks zum Internationalen Übereinkommen über den Eisenbahnfrachtverkehr. Vom 20. Aug. 1897 RGBl. S. 723.

Reglement betr. die Errichtung eines Zentralamts. RGBl. v. 1892 S. 870. 715

Art. I Abs. 3 ersetzt: Zweites Zusatzübereinkommen zu dem Internationalen Übereinkommen über den Eisenbahnfrachtverkehr vom 14. Okt. 1890. Vom 19. Sept. 1906 Art. 2 RGBl. v. 1908 S. 524.

716 Ausführungsbestimmungen zum Übereinkommen über den internationalen Eisenbahnfrachtverkehr. RGBl. v. 1892 S. 874.

Geändert durch a) Zusatzvereinbarung zum Internationalen Übereinkommen v. 14. Okt. 1890 betr. die Beifügung zusätzlicher Vorschriften zu § 1 der Ausführungsbestimmungen und die Änderung der Anlage 1 zu diesen Bestimmungen. Vom 16. Juli 1895 RGBl. S. 465. (Dazu: Bek. betr. die Ratifikation dieser Zusatzvereinbarung seitens der Niederlande sowie Österreichs und Ungarns. Vom 7. Nov. 1896 RGBl. S. 711 und Berichtigung dieser Bek. in vorletzter Zeile „am 1. Okt. 1896" RGBl. v. 1896 S. 762), b) Zusatzübereinkommen zu dem Internationalen Übereinkommen über den Eisenbahnfrachtverkehr v. 14. Okt. 1890. Vom 16. Juni 1898 Art. 2 RGBl. v. 1901 S. 303, c) Zweites Zusatzübereinkommen. Vom 19. Sept. 1906 Art. 3 RGBl. v. 1908 S. 525:

§ 1 ersetzt: 1908 S. 525.

§ 2 Abs. 1 ersetzt: 1901 S. 303.
Zusätze: 1908 S. 525.

§ 2 Abs. 3 deutscher Text geändert: 1901 S. 303.

§ 2 Abs. 4 Satz beigefügt, neuer Abs. 5 eingeschaltet: 1908 S. 525.

§ 2 Abs. 8 u. 9 zugefügt: 1901 S. 303.

§ 2 bisherige Abs. 5—9 erhalten Nummern 6—10: 1908 S. 525.

§ 3 ersetzt: 1901 S. 303.
§ 3 Abs. 1, Abs. 4 Satz 1 ersetzt: 1908 S. 525.

§ 4 Abs. 2 zugefügt, § 5 ersetzt: 1901 S. 303.

§ 6 Abs. 4, Abs. 6 ersetzt, § 7 Abs. 2 zugefügt, § 8 Abs. 1, § 9 Abs. 2 ersetzt: 1908 S. 525.

§ 9 Abs. 3 ersetzt: 1901 S. 303.

Anlage 1 ersetzt: 1895 S. 465.

Nr. I u. Nr. III französischer Text geändert: 1901 S. 303.

Nr. VI, Nr. VII Abs. 2 ersetzt, Nr. VIIIa fällt weg, Nr. IX ersetzt: 1908 S. 525.

Nr. X französischer Text geändert: 1901 S. 303.

Nr. XI ersetzt: 1908 S. 525.

Nr. XII ersetzt: 1901 S. 303.

Nr. XV ersetzt, Nr. XVa, Nr. XVb zugefügt, Nr. XVI bis Nr. XXIII, Nr. XXV, Nr. XXVI ersetzt, Nr. XXVIa zugefügt: 1908 S. 525.

Nr. XXVII Abs. 1 Ziff. 3 französischer Text geändert: 1901 S. 303.

Nr. XXIX Abs. 4, Nr. XXIXa zugefügt, Nr. XXXI, Nr. XXXII ersetzt, Nr. XXXV geändert: 1908 S. 525.

Nr. XXXVI, Nr. XXXVIII französischer Text geändert: 1901 S. 303.

Nr. XL ersetzt: 1908 S. 525.

Nr. XLII französischer Text geändert: 1901 S. 303.

Nr. XLIIa zugefügt: 1908 S. 525.

Nr. XLIII, Nr. XLIV französischer Text geändert: 1901 S. 303.

Nr. XLIV Ziff. 5, Nr. XLIVa, Nr. XLIVb zugefügt, Nr. XLVI, Nr. XLVII ersetzt, Nr. XLVIIIa, Nr. XLIXa, Nr. XLIXb zugefügt, Nr. L ersetzt, Nr. La zugefügt, Nr. LI, Nr. LIII ersetzt, Schlußbestimmung fällt weg: 1908 S. 525.

Anlage 2 ersetzt: 1908 S. 581.

Anlage 3a zugefügt: 1901 S. 303.

Anlage 4 ersetzt: 1908 S. 574.

717 Protokoll zum Internationalen Übereinkommen über den Eisenbahnfrachtverkehr. Vom 14. Okt. 1890 RGBl. v. 1892 S. 918.

Ziff. I Abs. 1 Zusatz, Ziff. V zugefügt: Zusatzübereinkommen v. 16. Juni 1898 Art. 3 RGBl. v. 1901 S. 314.

718 Bek. betr. ein Sonderabkommen zum internationalen Übereinkommen über den Eisenbahnfrachtverkehr für die deutsch-österreichischen Verkehre. Vom 15. Mai 1902 RGBl. S. 153.

719 Bek. betr. Vereinbarung erleichternder Vorschriften für den wechselseitigen Verkehr zwischen den Eisenbahnen Deutschlands, der Niederlande, Österreichs und Ungarns sowie der Schweiz rücksichtlich der nach dem internationalen Übereinkommen v. 14. Okt. 1890 von der Beförderung ausgeschlossenen oder bedingungsweise zugelassenen Gegenstände. Vom 29. Jan. 1894 (Ziff. I) RGBl. S. 113.

Bek. betr. den Beitritt Luxemburgs und Belgiens zu der Vereinbarung. Vom 30. April 1894 RGBl. S. 403.

720 Bek. betr. die Vereinbarung leichterer Vorschriften für den wechselseitigen Verkehr zwischen den Eisenbahnen Deutschlands und Luxemburgs. Vom 25. Sept. 1912 RGBl. S. 500.

Bek. betr. die Vereinbarung leichterer Vorschriften für den wechselseitigen Verkehr zwischen den Eisenbahnen Deutschlands und der Niederlande. Vom 16. Sept. 1910 RGBl. S. 1017.

Bek. betr. die Vereinbarung leichterer Vorschriften für den wechselseitigen Verkehr zwischen den Eisenbahnen Deutschlands einerseits und Österreichs und Ungarns anderseits. Vom 4. Mai 1912 RGBl. S. 265.

Bek. betr. die Vereinbarung leichterer Vorschriften für den wechselseitigen Verkehr zwischen den Eisenbahnen Deutschlands und der Schweiz. Vom 4. Nov. 1908 RGBl. S. 595.
1—4)

Verträge betr. den Bau und Betrieb einzelner Bahnen.

Übereinkunft zwischen Deutschland und Belgien betr. den Betrieb des auf belgischem Gebiete belegenen Teils der Wilhelm-Luxemburg-Eisenbahnen. Vom 11. Juli 1872 RGBl. v. 1873 S. 339. 721

---

1) Bek. betr. die Bestimmungen über die zollsichere Einrichtung der Eisenbahnwagen im internationalen Verkehre. Vom 25. Mai 1908 ZBl. S. 210.

2) Vereinbarung zwischen Deutschland und Österreich-Ungarn wegen gegenseitiger Anerkennung der Leichenpässe: Bek. v. 2. April 1890 ZBl. S. 78.
Verzeichnis der zur Ausstellung von Leichenpässen in Österreich-Ungarn — zuständigen Behörden und Dienststellen ersetzt: Bek. v. 14. Juni 1902 ZBl. S. 165.

3) Vereinbarung zwischen dem Deutschen Reiche und der Schweiz über die gegenseitige Anerkennung von Leichenpässen: Bek. v. 21. Dez. 1909 ZBl. S. 1500.
Zusatzabkommen zu der Vereinbarung: Bek. v. 18. Nov. 1911 ZBl. S. 720.

4) Übereinkommen mit Österreich-Ungarn über die Desinfektion der Eisenbahnviehwagen vom 25. Jan. 1905: Bek. v. 17. März 1906 ZBl. S. 493 u. 502.

Staatsvertrag zwischen dem Deutschen Reiche und Belgien betr. die Aachen-Mastrichter Eisenbahn. Vom 15. April 1897 RGBl. S. 708.

Staatsvertrag desgl. wegen Herstellung von Eisenbahnverbindungen zwischen Löwen und Aachen sowie zwischen Malmedy und Stavelot. Vom 15. Aug. 1903 RGBl. v. 1907 S. 745.

722 Staatsvertrag zwischen Deutschland und Dänemark betr. die Eisenbahn von Heide über Friedrichstadt, Husum, Tondern nach Ribe. Vom 18. Dez. 1887 RGBl. v. 1888 S. 3.

723 Übereinkunft zwischen Italien und der Schweiz wegen Herstellung und Subventionierung einer Eisenbahn über den St. Gotthard v. 15. Okt. 1869 RGBl. v. 1871 S. 378, der Deutschland in der durch G. v. 2. Nov. 1871 RGBl. S. 375 genehmigten Übereinkunft v. 28. Okt. 1871 RGBl. S. 376 beigetreten ist.

Art. 2, 3, 4, 9, 11 ersetzt, Art. 16 geändert: Nachtragsvertrag zwischen Deutschland, Italien und der Schweiz zu dem Vertrage v. 15. Okt. 1869 betr. den Bau und die Subventionierung der Gotthard-Eisenbahn. Vom 12. März 1878 RGBl. v. 1879 S. 270.

724 Übereinkunft zwischen dem Deutschen Reiche und Luxemburg über die Herstellung und den Betrieb einer Eisenbahn von Esch a. d. Alzette nach Rüssingen und Audun le Tiche und von Rüssingen nach Redingen. Vom 11. Okt. 1876 RGBl. S. 234.

Vertrag zwischen Deutschland und Luxemburg betr. die Herstellung einer Eisenbahn von St. Vith nach Ulflingen. Vom 21. Juli 1883 RGBl. v. 1884 S. 66.

Schlußprotokoll zu dem Vertrage. Vom 21. Juli 1883 RGBl. v. 1884 S. 117.

Vertrag zwischen dem Reiche und Luxemburg über den Betrieb der Wilhelm-Luxemburg-Eisenbahnen. Vom 11. Nov. 1902 RGBl. v. 1903 S. 183.

Staatsvertrag zwischen dem Reiche und Luxemburg betr. die Herstellung einer Nebenbahn von Diedenhofen nach Bad Mondorf. Vom 4. Febr. 1903 RGBl. S. 258.

Staatsvertrag desgl. wegen Herstellung einer Eisenbahnverbindung von Bollingen über Öttingen nach Rümelingen. Vom 15. März 1911 RGBl. S. 915.

Übereinkunft zwischen dem Deutschen Reiche und 725
den Niederlanden betr. die Herstellung einer Eisenbahn von Boxtel über Gennep nach Cleve und Wesel. Vom 18. Aug. 1871 RGBl. v. 1872 S. 39.

Übereinkommen behufs einiger Abänderungen (Zweigbahn von Gennep nach Cleve fällt fort) der Übereinkunft v. 18. Aug. 1871. Vom 13. Nov. 1874 RGBl. v. 1875 S. 120.

Übereinkunft zwischen dem Deutschen Reiche und den Niederlanden betr. die Herstellung

einer Eisenbahn von Ihrhove nach Nieuwe Schans. Vom 3. Juni 1874 RGBl. v. 1875 S. 101;

einer direkten Eisenbahnverbindung zwischen München-Gladbach und Antwerpen. Vom 13. Nov. 1874 RGBl. v. 1875 S. 112;

einer direkten Eisenbahnverbindung zwischen Dortmund und Enschede. Vom 13. Nov. 1874 RGBl. v. 1875 S. 123;

einer Eisenbahn von Zütphen über Winterswyk und Borken bis in die Nähe von Gelsenkirchen, nebst einer Zweigbahn nach Bocholt. Vom 31. Juli 1875 RGBl. v. 1877 S. 397.

Staatsvertrag zwischen Deutschland und den Niederlanden betr. die Eisenbahn von Sittard nach Herzogenrath. Vom 28. Nov. 1892 RGBl. v. 1893 S. 163.

Staatsvertrag zwischen dem Deutschen Reiche und den Niederlanden betr. die Eisenbahn

von Ahaus nach Enschede. Vom 27. Juni 1899 RGBl. v. 1900 S. 557;

von Neuenhaus nach Coevorden. Vom 23. Juli 1908 RGBl. S. 635.

726 Vertrag zwischen dem Deutschen Reiche und Österreich-Ungarn wegen Herstellung

einer Eisenbahn zwischen Görlitz und Reichenberg. Vom 21. Mai 1872 RGBl. S. 353;

einer Eisenbahn zwischen Leobschütz und Jägerndorf und einer Eisenbahn zwischen Neiße und Olbersdorf. Vom 21. Mai 1872 RGBl. S. 362;

einer Eisenbahn von Altwasser über Friedland und Halbstadt nach Chotzen. Vom 2. März 1877 RGBl. S. 415;

der Eisenbahnverbindungen von Mittelsteine nach Ottendorf (Braunau), von Hannsdorf über Lindewiese nach Ziegenhals, von Lindewiese über Barzdorf (Heinersdorf) nach Ottmachau und von Ratibor nach Troppau. Vom 14. März 1885 RGBl. S. 198;

der Eisenbahnverbindung von Tannwald nach Petersdorf. Vom 5. Nov. 1898 RGBl. v. 1899 S. 533;

der Eisenbahnverbindung von Friedeberg a. Q. nach Heinersdorf. Vom 20. Nov. 1902 RGBl. v. 1903 S. 261;

einer Eisenbahnverbindung von Troppau über Katharein und Piltsch nach Bauerwitz. Vom 9. Jan. 1904 RGBl. S. 361.

Übereinkunft zwischen dem Deutschen Reiche und Rußland wegen Herstellung 727

einer Eisenbahn von Lyck nach Brest-Litewsk. Vom 8. Juli/26. Juni 1871 RGBl. v. 1872 S. 23;

einer Eisenbahnverbindung zwischen Marienburg und Warschau. Vom 22./10. April 1876 RGBl. S. 171.

Staatsvertrag zwischen dem Deutschen Reiche und Rußland wegen Herstellung einer Eisenbahnverbindung zwischen

der Preußischen Staatsbahn bei Skalmierzyce und der Warschau-Kalischer Eisenbahn. Vom 6. Dez. 1904 RGBl. v. 1905 S. 11;

der Preußischen Staatsbahn bei Herby und der Herby-Czenstochauer Eisenbahn. Vom 6. Dez. 1904 RGBl. v. 1905 S. 21.

Art. 5 und 6 geändert durch nachstehenden Notenwechsel. Notenwechsel vom 1./14. Nov. 1911 betr. die Ausdehnung der Bestimmungen des Staatsvertrags vom 6. Dez. 1904 auf die Eisenbahn Herby-Kielzy. RGBl. v. 1912 S. 179.

Staatsvertrag zwischen dem Deutschen Reiche und Schweden wegen Herstellung einer Eisenbahn-Dampf- 728

Fährenverbindung zwischen Saßnitz und Trelleborg. Vom 15. Nov. 1907 RGBl. v. 1908 S. 165.

729 **Übereinkunft mit der Schweiz wegen Gotthardbahn** s. oben Nr. 723.

Staatsvertrag zwischen dem Deutschen Reiche und der Schweiz betr. eine Eisenbahnverbindung zwischen Pfetterhausen und Bonfol. Vom 7. Mai 1906 RGBl. v. 1908 S. 1.

Verträge betr. Verkehr mit Kraftfahrzeugen.

730 Internationales Abkommen über den Verkehr mit Kraftfahrzeugen. Vom 11. Okt. 1909 RGBl. v. 1910 S. 603.

Bek. betr. die Ratifikation des Abkommens und die Regelung des internationalen Verkehrs mit Kraftfahrzeugen (mit V. des Bundesrats über den internationalen Verkehr mit Kraftfahrzeugen). Vom 21. April 1910 RGBl. S. 640.

V. des Bundesrats über den internationalen Verkehr mit Kraftfahrzeugen Anlage A und Muster 1 ergänzt durch die nachstehenden Bekanntmachungen.

Bek. betr. die Ratifikation des Abkommens durch Belgien und die dadurch erforderlich gewordenen Änderungen der zur Regelung des internationalen Verkehrs mit Kraftfahrzeugen vom Bundesrate getroffenen Bestimmungen. Vom 24. Mai 1910 RGBl. S. 838.

Bek. betr. die Ratifikation des Abkommens durch die Niederlande und die dadurch erforderlich gewordenen Änderungen usw. Vom 24. Sept. 1910 RGBl. S. 1065.

Bek. betr. den Beitritt von Luxemburg, Schweden und der Schweiz zu dem Abkommen sowie die dadurch erforderlich gewordenen Änderungen usw. Vom 6. April 1911 RGBl. S. 179.

Bek. betr. die Inkraftsetzung des Abkommens in der französischen Kolonie Algerien und die dadurch erforderlich gewordenen Änderungen usw. Vom 22. Sept. 1911 RGBl. S. 909.

Bek. betr. die Ratifikation des Abkommens durch Rumänien und Portugal, die Inkraftsetzung des Abkommens in einer Anzahl britischer Kolonien und Protektorate sowie im französischen Protektorate Tunis und die dadurch erforderlich gewordenen Änderungen usw. Vom 29. April 1912 RGBl. S. 261.

Bek. betr. die Annahme eines besonderen Unterscheidungszeichens für Kraftfahrzeuge durch Britisch Indien und die dadurch erforderlich gewordenen Änderungen usw. Vom 21. Sept. 1912 RGBl. S. 499.

Verträge betr. Schiffahrt.

[1] [2]

Übereinkunft betr. die Eichung der Binnenschiffe. Vom 4. Febr. 1898 RGBl. v. 1899 S. 299. 731

Bek. betr. zusätzliche Abmachungen zu der Übereinkunft. Vom 1. Juni 1908 RGBl. S. 398.

---

1) Übereinkommen zwischen dem Deutschen Reiche und mehreren auswärtigen Staaten wegen gegenseitiger Unterstützung hilfsbedürftiger Seeleute: Bek. v. 12. Juli 1890 ZBl. S. 263.

2) Bestimmungen über die gegenseitige Anerkennung der Schiffsmeßbriefe in Deutschland und
Belgien. Vom 7. Dez. 1896 ZBl. S. 624.
Nachtrag dazu. Vom 10. Dez. 1898 ZBl. S. 479.
Dänemark. Vom 11. Nov. 1895 ZBl. S. 386.
Frankreich. Vom 10. Juni 1905 ZBl. S. 152.
Griechenland. Vom 13. Febr. 1897 ZBl. S. 61.
Großbritannien. Vom 28. Juli 1896 ZBl. S. 415.
Japan. Vom 2. Juli 1900 ZBl. S. 414.

732 **Vertrag zwischen dem Deutschen Reiche und den Niederlanden, betr. die Verbindung des niederländischen Kanalnetzes mit den Kanälen links der Ems auf preußischem Gebiete. Vom 12. Okt. 1876** RGBl. v. 1877 S. 539.

733 **Vertrag zwischen dem Deutschen Reiche und dem Königreiche der Niederlande über die Unterhaltung des Leuchtfeuers auf Borkum sowie über die Betonnung, Bebakung und Beleuchtung der Fahrstraßen der Unterems und ihrer Mündungen. Vom 16. Okt. 1896** RGBl. v. 1897 S. 603.

Verträge betr. Arbeiterversicherung.

734 **Abkommen zwischen dem Deutschen Reiche und Luxemburg über Unfallversicherung. Vom 2. Sept. 1905** RGBl. S. 753.

Bek. betr. das Abkommen. Vom 23. Sept. 1905 RGBl. S. 756.

735 **Vertrag desgl. zwischen dem Deutschen Reiche und den Niederlanden. Vom 27. Aug. 1907** RGBl. S. 763.

Italien. Vom 20. April 1909 ZBl. S. 190.
den Niederlanden. Vom 1. Dez. 1900 ZBl. S. 619.
Norwegen. Vom 20. Nov. 1896 ZBl. S. 583.
Österreich-Ungarn. Vom 24. Juni 1896 ZBl. S. 173.
Berichtigung in Nr. 1: ZBl. v. 1896 S. 571.
Rußland. Vom 23. März 1902 ZBl. S. 74.
Schweden. Vom 30. Dez. 1911 ZBl. v. 1912 S. 28.
Spanien. Vom 13. Juni 1912 ZBl. S. 538.
den Vereinigten Staaten von Amerika. Vom 20 Febr. 1897 ZBl. S. 62.

Bek. betr. die Ratifikation des Vertrags. Vom 1. Dez. 1907 RGBl. S. 769.

Ausführungsbestimmungen zu dem Vertrage. Vom 16. Dez. 1907 RGBl. S. 773.

Bek. betr. Festsetzung von Mittelwerten für den Gulden niederländischer Währung und die Mark deutscher Währung auf dem Gebiete der Unfallversicherung. Vom 29. Jan. 1908 RGBl. S. 15.

Verträge kriegsrechtlichen Inhalts.

Die auf der Haager Friedenskonferenz am 29. Juli 1899 unterzeichneten Abkommen und Erklärungen: 736
Gutt. Samml. Nr. 99, Wehberg.

a) Abkommen zur friedlichen Erledigung internationaler Streitfälle. RGBl. v. 1901 S. 393.

b) Abkommen betr. die Gesetze und Gebräuche des Landkriegs. RGBl. v. 1901 S. 423.

c) Abkommen betr. die Anwendung der Grundsätze der Genfer Konvention vom 22. Aug. 1864 auf den Seekrieg. RGBl. v. 1901 S. 455.

(An die Stelle der unter a, b, c genannten Abkommen sind für die Beziehungen der die Abkommen der Zweiten Haager Friedenskonferenz ratifizierenden Mächte diese Abkommen getreten.)

d) Erklärung betr. das Verbot des Werfens von Geschossen und Sprengstoffen aus Luftschiffen oder auf anderen ähnlichen neuen Wegen. RGBl. v. 1901 S. 470.

e) Erklärung betr. das Verbot der Verwendung von Geschossen mit erstickenden oder giftigen Gasen. RGBl. v. 1901 S. 474.

f) Erklärung betr. das Verbot von Geschossen, die sich leicht im menschlichen Körper ausdehnen oder platt drücken. RGBl. v. 1901 S. 478.

Bek. betr. die Ratifikation der auf der Haager Friedenskonferenz am 29. Juli 1899 unterzeichneten Abkommen und Erklärungen und die Hinterlegung der Ratifikationsurkunden, sowie die von den Vereinigten Staaten von Amerika, von Rumänien und von Serbien bei der Unterzeichnung und der Ratifikation des Abkommens zur friedlichen Erledigung internationaler Streitfälle gemachten Vorbehalte. Vom 10. Sept. 1901 RGBl. S. 482.

Bek. über die Hinterlegung der Ratifikationsurkunde der Vereinigten Staaten von Amerika zu dem auf der Haager Friedenskonferenz am 29. Juli 1899 unterzeichneten Abkommen betr. die Gesetze und Gebräuche des Landkriegs. Vom 9. Mai 1902 RGBl. S. 168.

Bek. über die Hinterlegung der Ratifikationsurkunden Chinas zu den auf der Haager Friedenskonferenz am 29. Juli 1899 unterzeichneten Abkommen und Erklärungen. Vom 15. Juni 1905 RGBl. S. 553.

737 **Zwölf auf der Zweiten Haager Friedenskonferenz abgeschlossene Abkommen vom 18. Okt. 1907:** Gutt. Samml. Nr. **99**, Wehberg.

1. **Abkommen zur friedlichen Erledigung internationaler Streitfälle. RGBl. v. 1910 S. 5.**
2. **Abkommen betr. die Beschränkung der Anwendung von Gewalt bei der Eintreibnng von Vertragsschulden. RGBl. v. 1910 S. 59.**
3. **Abkommen über den Beginn der Feindseligkeiten. RGBl. v. 1910 S. 82.**
4. **Abkommen betr. die Gesetze und Gebräuche des Landkriegs. RGBl. v. 1910 S. 107.**

5. **Abkommen betr. die Rechte und Pflichten der neutralen Mächte und Personen im Falle eines Landkriegs.** RGBl. v. 1910 S. 151.
6. **Abkommen über die Behandlung der feindlichen Kauffahrteischiffe beim Ausbruche der Feindseligkeiten.** RGBl. v. 1910 S. 181.
7. **Abkommen über die Umwandlung von Kauffahrteischiffen in Kriegsschiffe.** RGBl. v. 1910 S. 207.
8. **Abkommen über die Legung von unterseeischen selbsttätigen Kontaktminen.** RGBl. v. 1910 S. 231.
9. **Abkommen betr. die Beschießung durch Seestreitkräfte in Kriegszeiten.** RGBl. v. 1910 S. 256.
10. **Abkommen betr. die Anwendung der Grundsätze des Genfer Abkommens auf den Seekrieg** RGBl. v. 1910 S. 283.
11. **Abkommen über gewisse Beschränkungen in der Ausübung des Beuterechts im Seekriege.** RGBl. v. 1910 S. 316.
12. **Abkommen betr. die Rechte und Pflichten der Neutralen im Falle eines Seekriegs.** RGBl. v. 1910 S. 343.

Bek. über die Ratifikation von zwölf auf der Zweiten Haager Friedenskonferenz abgeschlossenen Abkommen vom 18. Okt. 1907 und die Hinterlegung der Ratifikationsurkunden sowie über die von den Vereinigten Staaten von Amerika, von Österreich-Ungarn und von Rußland gemachten Vorbehalte. Vom 25. Jan. 1910 RGBl. S. 375.

Bek. über den Beitritt der Vereinigten Staaten von Amerika zu dem Haager Abkommen vom 18. Okt. 1907 betr. die Rechte und Pflichten der Neutralen im Falle eines Seekriegs, sowie über den Beitritt Nikaraguas zu diesem und elf anderen auf der Zweiten Haager Friedenskonferenz abgeschlossenen Abkommen vom 18. Okt. 1907. Vom 25. Jan. 1910 RGBl. S. 382.

Bek. über den Beitritt Chinas zu fünf auf der Zweiten Haager Friedenskonferenz abgeschlossenen Abkommen vom 18. Okt. 1907. Vom 14. Febr. 1910 RGBl. S. 457.

Bek. über die Ratifikation von zwölf auf der Zweiten Haager Friedenskonferenz abgeschlossenen Abkommen vom 18. Okt. 1907 durch Haiti und über die Ratifikation von elf dieser Abkommen durch Siam. Vom 6. Mai 1910 RGBl. S. 673.

Bek. über die Ratifikation von elf auf der Zweiten Haager Friedenskonferenz abgeschlossenen Abkommen vom 18. Okt. 1907 durch die Schweiz. Vom 27. Juni 1910 RGBl. S. 913.

Bek. desgl. durch Belgien. Vom 8. Sept. 1910 RGBl. S. 992.

Bek. über die Ratifikation von zwölf auf der Zweiten Haager Friedenskonferenz abgeschlossenen Abkommen vom 18. Okt. 1907 durch Norwegen. Vom 13. Okt. 1910 RGBl. S. 1092.

Bek. desgl. durch Frankreich. Vom 26. Nov. 1910 RGBl. S. 1105.

Bek. desgl. durch Guatemala. Vom 27. April 1911 RGBl. S. 193.

Bek. über die weitere Ratifikation eines der auf der Zweiten Haager Friedenskonferenz abgeschlossenen Abkommen vom 18. Okt. 1907 durch Schweden. Vom 28. Aug. 1911 RGBl. S. 895.

Bek. über die Ratifikation von zwölf auf der Zweiten Haager Friedenskonferenz abgeschlossenen Abkommen vom 18. Okt. 1907 durch Panama. Vom 18. Okt. 1911 RGBl. S. 914.

Bek. über die Ratifikation von elf auf der Zweiten Haager Friedenskonferenz abgeschlossenen Abkommen vom 18. Okt. 1907 durch Portugal. Vom 14. Dez. 1911 RGBl. S. 972.

Bek. über die Ratifikation von zwölf auf der Zweiten Haager Friedenskonferenz abgeschlossenen Abkommen vom 18. Okt. 1907 durch Japan. Vom 16. Febr. 1912 RGBl. S. 169.

Bek. über die Ratifikation von elf auf der Zweiten Haager Friedenskonferenz abgeschlossenen Abkommen vom 18. Okt. 1907 durch Rumänien. Vom 13. April 1912 RGBl. S. 257.

Bek. über die Ratifikation von sechs auf der Zweiten Haager Friedenskonferenz abgeschlossenen Abkommen vom 18. Okt. 1907 durch Kuba. Vom 30. April 1912 RGBl. S. 301.

Bek. über die Ratifikation von elf auf der Zweiten Haager Friedenskonferenz abgeschlossenen Abkommen vom 18. Okt. 1907 durch Luxemburg. Vom 6. Nov. 1912 RGBl. S. 530.

Abkommen zur Verbesserung des Loses der Verwundeten und Kranken bei den im Felde stehenden Heeren (Genfer Konvention). Vom 6. Juli 1906 RGBl. v. 1907 S. 279. 738

Bek. betr. den Beitritt des Reichs zur Genfer Konvention vom 22. Aug. 1864 und die Ratifikation des am 6. Juli 1906 in Genf unterzeichneten Abkommens zur Verbesserung des Loses der Verwundeten und Kranken bei den im Felde stehenden Heeren. Vom 29. Mai 1907 RGBl. S. 303.

Bek. betr. die Ratifikation des Abkommens durch Großbritannien, die Hinterlegung weiterer Ratifikationsurkunden von Signatarmächten und den späteren Beitritt anderer Mächte zu dem Abkommen. Vom 6. Mai 1910 RGBl. S. 676.

Bek. betr. den Beitritt der Republik Paraguay zu dem Abkommen. Vom 22. März 1911 RGBl. S. 105.

Bek. betr. die Ratifikation des Abkommens durch Schweden und durch Rumänien, sowie den Beitritt der Republik Costarica zu dem Abkommen. Vom 26. Aug. 1911 RGBl. S. 896.

Bek. betr. die Ratifikation des Abkommens durch Portugal. Vom 27. Nov. 1911 RGBl. S. 964.

Bek. betr. die Ratifikation des Abkommens durch Honduras und den Beitritt Salvadors zu dem Abkommen. Vom 5. Jan. 1912 RGBl. S. 150.

Bek. betr. die Ratifikation des Abkommens durch Guatemala. Vom 18. Mai 1912 RGBl. S. 317.

Bek. betr. die Ratifikation des Abkommens durch Bulgarien. Vom 25. Juni 1912 RGBl. S. 416.

739 **Abkommen über die Lazarettschiffe.** Vom 21. Dez. 1904 RGBl. v. 1907 S. 722.

Bek. betr. die Ratifikation des Abkommens und die Hinterlegung der Ratifikationsurkunden sowie den Vorbehalt, mit dem das Abkommen vom Reiche unterzeichnet und ratifiziert worden ist. Vom 9. Sept. 1907 RGBl. S. 730.

Bek. betr. die Ratifikation des Abkommens durch Persien und den Beitritt Schwedens zu dem Abkommen. Vom 11. März 1909 RGBl. S. 333.

Alphabetisches Register.

(Die Zahlen bedeuten die Randnummern.)

A.

C.

(S. auch unter K und Z.)

D.

G.

H.

M.

N.

O.

P.

S.

V.

Y.

Z.

Druck von A. W. Hayn's Erben (Curt Gerber), Potsdam.

8. Die Reichsgesetze über den **Unterstützungswohnsitz, die Freizügigkeit, den Erwerb und Verlust der Bundes- und Staatsangehörigkeit.** Von Geheimrat Dr. **J. Krech,** Mitglied des Bundesamtes für das Heimatwesen. 8. **Aufl.** 1912. 3 M. 60 Pf.

9. Sammlung **kleinerer strafrechtlicher Reichsgesetze.** Von Dr. **R. H. Kriegsmann,** Privatdozent in Kiel. **3. Aufl.** 1910. 4 M.

10. Das **Reichsbeamtengesetz** von **J. Pieper. 2. Aufl.** 1901. 4 M. 50 Pf.

Reichsbeamtengesetz von 1907 siehe Nr. 82.

11. **Zivilprozeßordnung mit Gerichtsverfassungsgesetz** n der Fassung vom 1. Juni 1910. Von **R. Sydow.** Fortgeführt von **L. Busch. 13. Aufl.** 8°. 1910. 7 M.

12. **Strafprozeßordnung und Gerichtsverfassungsgesetz** nebst den Gesetzen, betr. die Entschädigung der im Wiederaufnahmeverfahren freigesprochenen Personen und die Entschädigung für unschuldig erlittene Untersuchungshaft. Von Dr. **A. Hellweg,** Reichsgerichtsrat. **16. Aufl.** von Professor Dr. **Kohlrausch.** 1912. 3 M.

13. **Konkursordnung und Anfechtungsgesetz.** Von **R. Sydow.** Fortgeführt von **L. Busch. 11. Aufl.** 1911. 2 M. 80 Pf.

14. **Gerichtsverfassungsgesetz** mit Einführungsgesetz. Herausgegeben von **R. Sydow.** Fortgeführt von **L. Busch. 9. Aufl.** 1905. Mit Nachtrag, enthaltend die Novelle vom 1. Juni 1909. 1 M. 50 Pf.

15. Das **Deutsche Gerichtskostengesetz** nebst den Gebührenordnungen für Gerichtsvollzieher, Zeugen und Sachverständige. Von **R. Sydow.** Weiter bearbeitet von Reichsgerichtsrat **L. Busch** und Gerichtsassessor **Arno Busch. 9. Aufl.** 1912. 2 M. 60 Pf.

16. **Rechtsanwaltsordnung.** Von **R. Sydow. 5. Aufl.** von Justizrat **M. Jacobsohn.** 1907. Mit Nachtrag, enthaltend die Bestimmungen vom 22. Mai 1910. 1 M. 20 Pf.

17. Die **Deutsche Gebührenordnung für Rechtsanwälte und das Preußische Gebührengesetz** vom 27. September/6. Oktober 1899. Von **R. Sydow.** Fortgeführt von **L. Busch. 10. Aufl.** 1911. 2 M. 70 Pf.

18. **Reichsstempelgesetz** vom 15. Juli 1909 in der durch das Zuwachssteuergesetz vom 14. Februar 1911 geänderten Fassung. (Börsen-, Lotterie- [Spiel- und Wette-], Frachturkunden-, Fahrkarten-, Kraftfahrzeug-, Tantieme-, Scheck- und Grundstücksübertragungssteuer.) Mit den gesamten Ausführungsbestimmungen. **11. Aufl.** von Geh. Regierungsrat **P. Loeck.** 1912. 8⁰. 6 M.

19. Die **Seegesetzgebung.** Von Dr. **W. E. Knitschky. 4. Aufl.** bearbeitet von Oberlandesgerichtsrat **Otto Rudorff** in Hamburg. 1908. Mit Anhang, enthaltend die Bestimmungen von 1909. 6 M.

20. **Krankenversicherungsgesetz.** Von weil. Dr. **E. von Woedtke. 11. Aufl.** von Geh. Reg.-Rat Dr. **G. Eucken-Addenhausen.** 1905. 3 M.

21. Die **Konsulargesetzgebung.** Von Professor Dr. **Ph. Zorn. 3. Aufl.** bearbeitet von Reg.-Assessor Dr. **A. Zorn.** 1911. 4 M. 50 Pf.

22. **Patentgesetz.** Nebst Ausführungsbestimmungen, völkerrechtlichen Verträgen und der Patentanwalts-Ordnung. **7. Aufl.** bearbeitet von **R. Lutter,** Geh. Reg.-Rat im Kaiserl. Patentamt. 1908. 2 M. 80 Pf.

23. **Gewerbe-Unfallversicherungsgesetz.** Von weil. Dr. **E. von Woedtke. 9. Aufl.** von **Franz Caspar,** Direktor im Reichsamt des Innern. 1907. 2 M. 50 Pf.

24. **Aktiengesellschaft und Kommanditgesellschaften auf Aktien.** Von Kammergerichtsrat Dr. **H. Keyßner** und Justizrat Dr. **H. Veit Simon. 6. Aufl.** von Amtsrichter **L. Keyßner.** 1911. 3 M.

25. **Brausteuergesetz.** vom 15. Juli 1909. Von **A. Düffe,** Oberzollrevisor. **2. Aufl.** 1910. 3 M.

26. Die Reichsgesetzgebung über **Münz- und Notenbankwesen.** Papiergeld, Prämienpapiere und Reichsschulden. Von Dr. jur **R. Koch,** Präsident des Reichsbankdirektoriums, **6. Aufl.** 1910. 4 M.

27. Die Gesetzgebung, betr. das **Gesundheitswesen** im Deutschen Reich. Von Dr. jur. **C. Goesch** und Dr. med. **J. Karsten.** 1888. 1 M. 60 Pf.

28. **Bau-Unfallversicherungsgesetz.** Vom 30. Juni 1900. Von **R. Chrzescinski,** Kaiserl. Regierungsrat. **3. Aufl.** 1900. 2 M.

29. **Erwerbs- und Wirtschaftsgenossenschaften.** Von **L. Parisius** und Dr. **H. Crüger. 14. neu bearb. Aufl.** von Dr. **H. Crüger.** 1912. 1 M. 80 Pf.

30. **Invalidenversicherungsgesetz** vom 13. Juli 1899. Von weil. Dr. **E. von Woedtke. 10. Aufl.** von Regierungsrat **H. Follmann.** 1906. 4 M. (Vergriffen!) Neue Fassung S. 109 Reichsversicherungsordnung.

31. **Gewerbegerichtsgesetz.** Von Stadtrat **L. Mugdan. 7. Aufl.** bearbeitet von **W. Cuno**, Oberbürgermeister zu Hagen i. W. 1911. 2 M. 50 Pf.

32. Reichsgesetz, betr. die **Gesellschaften mit beschränkter Haftung.** Von **L. Parisius** und Dr. **H. Crüger. 12. Aufl.** von Dr. **H. Crüger.** 1912. 1 M. 80 Pf.

33. **Vereins- und Versammlungsrecht.** Von Dr. **E. Ball. 2. Aufl.** von Dr. **F. Friedenthal.** 1907. 2 M. 50 Pf.

Reichs-Vereinsgesetz vom 19. April 1908 siehe Nr. 88.

34. Die **Abzahlungsgeschäfte.** Gesetz vom 16. Mai 1894. **3. vermehrte Aufl.** besorgt von Dr. **E. Wilke**, Landgerichtsrat. 1910. 1 M. 25 Pf.

35. Die **Reichs-Eisenbahngesetzgebung.** Von **W. Coermann**, Kaiserl. Amtsrichter. 1895. 2 M. 25 Pf.

36. Gesetze, betr. die **privatrechtlichen Verhältnisse der Binnenschiffahrt und der Flößerei.** Von **E. Löwe**, Landgerichtsrat. **4. Aufl.** 1909. 3 M.

37. Gesetz gegen den **unlauteren Wettbewerb.** Von Justizrat **A. Pinner. 6. Aufl.** 1912. 1 M. 50 Pf.

38/39. **Bürgerliches Gesetzbuch nebst Einführungsgesetz** von Dr. **A. Achilles.** In Verbindung mit Professor Dr. **André**,

Kammergerichtsrat **Ritgen**, Reichsgerichtsrat Dr. **Strecker**, Senatspräsident Dr. **v. Unzner** herausgegeben von Geh. Ober-Justizrat **Greiff. 7. Aufl.** 8°. 1912. 7 M.

40. Gesetz, betr. die **Pflichten der Kaufleute bei Aufbewahrung fremder Wertpapiere (Depotgesetz).** Mit Erläuterungen. Von **F. Lusensky**, Geh. Ober-Regierungsrat. **2. Aufl.** 1905. 1 M.

41. **Börsengesetz.** In der Fassung der Novelle vom 8. Mai 1908. **2. Aufl.** Von Wirkl. Geh. Ober-Regierungsrat **Th. Hemptenmacher**, Staatskommissar an der Berliner Börse. 1908. 2 M.

42. **Grundbuchordnung** nebst den preußischen Ausführungsbestimmungen. Mit Einleitung. Von Prof. Dr. **O. Fischer. 6. Aufl.** 1912. 2 M.

43. **Zwangsvollstreckung in das unbewegliche Vermögen** im Reiche und in Preußen. Mit Einleitung, Kosten- und Gebührentabellen. Von Dr. **J. Krech**, Kaiserl. Geh. Regierungsrat und Professor Dr. **O. Fischer. 6. Aufl.** 1910. 2 M.

44. Das Reichsgesetz über das **Auswanderungswesen** vom 9. Juni 1897. Von Professor Dr. **Felix Stoerk.** 1899. 2 M. 25 Pf.

45. Das **Entmündigungsrecht** unter Berücksichtigung der für Preußen geltenden Vorschriften nebst der preußischen Justiz-Ministerial-Verfügung vom 28. November 1899. Von Landgerichtsrat Dr. **P. Koll** in Cöln. 1900. 1 M. 50 Pf

46. Die Gesetze des Reiches und Preußens über die **freiwillige Gerichtsbarkeit.** Von **Herm. Jastrow,** Amtsgerichtsrat. **5. Aufl.** 1911. 3 M. 60 Pf.

47. Das **deutsche Vormundschaftsrecht** und das preuß. Gesetz über die Fürsorgeerziehung Minderjähriger nebst den dazu gehörigen preußischen Nebengesetzen. Von Oberverwaltungsgerichtsrat **Max Schultzenstein** und Amtsgerichtsrat Dr. **Paul Köhne. 2. Aufl.** 1901. 3 M.

48. Gesetze und Verordnungen, betr. den **Drogen-, Gift- und Farbenhandel** außerhalb der Apotheken. Von Dr. **J. Broh,** Rechtsanwalt. 1899. 1 M. 25 Pf.

49. Deutsche **Kolonialgesetzgebung.** Von Professor Dr. **Philipp Zorn.** 1901. 4 M. 50 Pf.

50. Der **Viehkauf** (Viehgewährschaft) nach dem Bürgerlichen Gesetzbuche. Nebst Verordn. betr. die Hauptmängel und Gewährsfristen beim Viehhandel. Von Rechtsanwalt Dr. **H. Stölzle** und Königl. Kreistierarzt **H. Weiskopf. 4. Aufl.** 1908. 4 M.

51. **Hypothekenbankgesetz** vom 13. Juli 1899. Von Dr. **H. Göppert. 2. Aufl.** Bearbeitet von Geh. Reg.-Rat Dr. **Seidel.** 1911. 2 M. 40 Pf.

52. Gesetz, betreffend die gemeinsamen **Rechte der Besitzer von Schuldverschreibungen.** Von Dr. **Heinrich Göppert.** 1900. 2 M.

53. **Reichspreßgesetz** vom 7. Mai 1874. Mit Kommentar von **A. Born,** Erster Bürgermeister der Stadt Marienburg (Westpr.). 1911. **2. Aufl.** 2 M.

54. Die Reichsgesetzgebung über den Verkehr mit **Nahrungsmitteln, Genußmitteln** und **Gebrauchsgegenständen.** Von Dr. **Georg Lebbin,** Nahrungsmittelchemiker in Berlin. 1900. 2 M. 25 Pf.

55. Das Recht der **Beschlagnahme von Lohn- und Gehaltsforderungen.** Von Justizrat **Georg Meyer. 4. Aufl.** 1910. 2 M. 60 Pf.

56. Gesetz, betr. die **Bekämpfung gemeingefährlicher Krankheiten.** Nebst Ausführungsbestimmungen. Von Dr. **Bruno Burkhardt,** Regierungsrat, Mitglied des Kaiserl. Gesundheitsamts. 1900. 1 M. 40 Pf.

57. **See-Unfallversicherungsgesetz.** Von Dr. **Max Mittelstein,** Oberlandesgerichtsrat in Hamburg. 1901. 2 M.

58. **Das Recht der unehelichen Kinder** nach dem BGB. Von **Hermann Jastrow,** Amtsgerichtsrat. 1901. 1 M. 80 Pf.

59. Reichsgesetz über die **Beurkundung des Personenstandes und die Eheschließung.** Von Dr. **F. Fidler,** Amtsgerichtsrat. 1912. **2. Aufl.** 2 M. 50 Pf.

60. Gesetz, betreffend das **Urheberrecht an Werken der Literatur und der Tonkunst** in der Fassung vom 22. Mai 1910. Von Geh. Justizrat **Otto Lindemann. 3. Aufl.** 1910. 1 M. 60 Pf.

61. Gesetz über das **Verlagsrecht.** Von Justizrat **E. Heinitz. 2. Aufl.** Bearbeitet von Rechtsanwalt Dr. **Br. Marwitz.** 1911. 1 M. 80 Pf.

62. Gesetz über **private Versicherungsunternehmungen.** Von **H. Könige,** Reichsgerichtsrat. **2. Aufl.** 1910. 4 M. 20 Pf.

63. **Gesetzestafel des Deutschen Reichsrechts.** Systematisch geordnete Nachweisung des z. Z. geltenden Reichsrechts. Ergänzungsband zu der Guttentag'schen Sammlung Deutscher Reichsgesetze. Von **Hugo Bruhns,** Syndikus. 1902. 8°. 2 M. 50 Pf.

64. Gesetzsammlung betr. den **Handel mit Drogen und Giften.** Reichsgesetzliche Bestimmungen und Anhang mit den landesgesetzlichen Verordnungen sämtlicher Bundesstaaten, Von Rechtsanwalt **H. Sonnenfeld,** Syndikus der Berliner Drogisten-Innung. **2. Aufl.** 1912. 4 M.

65. Das **Weingesetz** in der Fassung von 1909. Mit Ausführungsbestimmungen von Dr. **Georg Lebbin,** Nahrungsmittelchemiker. **2. Aufl.** 1909. 2 M. 50 Pf.

66. Die **Eisenbahn-Gesetzgebung.** Von **W. Pietsch,** Rechnungsrat im Reichs-Eisenbahn-Amt. **2. Aufl.** 1913. 3 M. 60 Pf.

67. **Militär-Strafgesetzbuch für das Deutsche Reich** vom 20. Juni 1872 nebst dem Einführungsgesetz. Von Wirkl. Geh. Kriegsrat Dr. jur. **A. Romen** und Kriegsgerichtsrat Dr. jur. **C. Rissom.** 1912. 6 M.

68. Das **Fleischbeschaugesetz.** Vom 3. Juni 1900. Von Dr. **Georg Lebbin,** Nahrungsmittelchemiker und Rechtsanwalt Dr. **Georg Baum.** 1903. 4 M.

69. Reichsgesetz über die **Naturalleistungen der bewaffneten Macht im Frieden** nebst den in Preußen geltenden Bestimmungen. Von Regierungsassessor Dr. **Walter v. Hippel.** 1903. 1 M. 25 Pf.

70. Das **Reichs-Haftpflichtgesetz**, vom 7. Juni 1871. Von Regierungsrat Dr. **G. Eger.** 1903. 3 M.

71. **Kinderarbeit in gewerblichen Betrieben**, vom 30. März 1903. Von **H. Spangenberg**, Oberverwaltungsgerichtsrat. **2. Aufl.** 1904. 1 M. 60 Pf.

72. **Unfallversicherungsgesetz für Land- und Forstwirtschaft** von weil. Dr. **E. von Woedtke**, fortgesetzt von **Alfred Radtke**, Geh. Regierungsrat und Senatspräsident im Reichsversicherungsamt. **2. Aufl.** 1904. 4 M. 50 Pf.

73. **Entschädigung für unschuldig erlittene Verhaftung und Bestrafung.** Nebst Anhang, enthaltend die dazu gehörigen Nebengesetze über Schadensersatz. Von Dr. jur. **A. Romen**, Wirkl. Geh. Kriegsrat. 1904. 2 M.

74. Die **Kaufmannsgerichte** nebst den preuß. Ausführungsbestimmungen. Von Professor Dr. **Max Apt. 3. Aufl.** 1905. 2 M.

75. Reichsgesetz über die **Konsulargerichtsbarkeit.** Von Dr. jur. **A. F. Vorwerk**, Rechtsanwalt in Schanghai. 2. Ausgabe, mit dem Schutzgebietsgesetz und der Ausführungsverordnung, betr. die Rechtsverhältnisse in den Schutzgebieten. 1908. 2 M.

76. **Die Rechtshilfe im Verkehr mit den ordentlichen Gerichten nach deutschem Reichsrecht.** Von Landrichter Dr. **A. Friedländer.** 1906. 1 M. 80 Pf.

77. **Das Reichserbschaftssteuergesetz.** Vom 3. Juni 1906. Von **Ulrich Hoffmann**, Rechnungsrat im Königl. Preuß. Finanzministerium. **2. Aufl.** 1911. 5 M.

78. **Zigarettensteuergesetz.** Vom 15. Juli 1909. Von Dr. **Cuno,** Regierungsassessor. **2. Aufl.** in Vorbereitung, nach Erlaß der sämtlichen Ausführungsbestimmungen.

79. **Die Militärpensionsgesetze** vom 31. Mai 1906 nebst Ausführungsbestimmungen. Zum Gebrauch für Heer, Marine und Schutztruppe von Dr. jur. **A. Romen,** Wirklicher Geheimer Kriegsrat.
   a) I. Teil: Offizierpensionsgesetz. 1907. 3 M. 50 Pf.
   b) II. Teil: Mannschaftsversorgungsgesetz. 1908. 3 M. 50 Pf.

80. Reichsgesetzgebung über **gerichtliche Registerführung.** Von **Otto Lindemann,** Geh. Justizrat. 1906. 3 M.

81. Gesetz, betr. **Urheberrecht an Werken der bildenden Künste und der Photographie.** Von Dr. **Ludwig Fuld,** Rechtsanwalt. 1907. 1 M.

82. **Reichsbeamtengesetz** in der Fassung vom 18. Mai 1907 und seine Ergänzungen von Geheimrat Professor Dr. **Adolf Arndt.** 1908. 3 M.

83. Reichsgesetz über **den Versicherungsvertrag** nebst Einführungsgesetz. Von Dr. **Paul Hager** und Dr. **E. Bruck. 2. vermehrte und verbesserte Auflage.** 1910. 5 M.

84. **Sammlung kleinerer privatrechtlicher Reichsgesetze** von Oberlandesgerichtsrat **Georg Müller.** 1908. 6 M. 50 Pf.

85. **Scheckgesetz** mit Einleitung usw. Von Prof. Dr. **Max Apt. 5. Aufl.** Mit Postscheckordnung vom 6. Nov. 1908 und im Anhang „Besteuerung des Schecks". 1909. 2 M.

Postscheckordnung vom 6. Nov. 1908. Apart mit Erläuterungen und Ausführungsbestimmungen. (30 Pf.)

86. **Die Auslieferungsverträge des Deutschen Reiches** von Landrichter **A. Cohn.** 1908. 4 M.

87. Gesetz zum **Schutz der Warenbezeichnungen.** Von Geh. Reg.-Rat, Mitglied des Patentamts Dr. **Freund** und Rechtsanwalt **Magnus. 5. Aufl.** 1909. 3 M. 50 Pf.

88. **Vereinsgesetz** vom 19. April 1908. Von Dr. jur. **A. Romen,** Wirkl. Geh. Kriegsrat. **3. Aufl.** 1912. 2 M. 50 Pf.

89. **Vogelschutzgesetz** vom 30. Mai 1908 nebst den das Flugwild betr. Bestimmungen der Preußischen Jagdordnung von Dr. jur. **Leo von Boxberger.** 1908. 1 M.

90. Die Haager Abkommen über das **Internationale Privatrecht** von Dr. **G. A. E. Bogeng.** 1908. 2 M. 20 Pf.

91. **Eisenbahn-Verkehrsordnung** vom 23. Dez. 1908. Mit Ausführungsbestimmungen. Von Regierungsassessor bei der Eisenbahndirektion Breslau Dr. **Ernst Blume.** 1909. 2 M. 50 Pf.

92. Gesetz, betr. den **Verkehr mit Kraftfahrzeugen.** Von Amtsrichter **R. Kirchner. 2. Ausgabe** ergänzt durch die Bundesratsverordnung vom 3. Febr. 1910 und das Internationale Uebereinkommen vom 11. Okt. 1909. 1910. 3 M.

93. Gesetz über die **Sicherung der Bauforderungen** von Justizrat Dr. **E. Harnier. 3. Aufl.** 1912. 1 M. 60 Pf.

94. **Haftpflicht der Reichs- und Staats-Beamten** von Dr. **H. Delius. 2. Aufl.** 1909. Mit dem Nachtrag, enth. das Gesetz über die Haftung des Reichs für seine Beamten vom 22. Mai 1910. 3 M. 50 Pf.

95. Die Berner Uebereinkunft über **internationales Urheberrecht** von Dr. **Herm. Dungs**, vortrag. Rat im Reichsjustizamt. 1910. 1 M.

96. **Branntweinsteuergesetz** vom 15. Juli 1909. Unter Berücksichtigung der für das Reich erlassenen Ausführungsbestimmungen. Von Geh. Reg.-Rat **Johs. Nay**, vortrag. Rat im Reichsschatzamt. 1910. 3 M. 50 Pf.

97. **Schutzgebietsgesetz** nebst der Verordnung betr. die Rechtsverhältnisse in den Schutzgebieten, dem Gesetz über die Konsulargerichtsbarkeit sowie den Ausführungsbest. und ergänzenden Vorschriften. Von **Johs. Gerstmeyer**, Wirkl. Legationsrat und vortrag. Rat im Reichskolonialamt. 1910. 3 M.

98. **Sechs Haager Abkommen** über **Internationales Privatrecht**. Von Dr. **Herm. Dungs**, vortrag. Rat im Reichs-Justizamt. 1910. 1 M. 50 Pf.

99. **Die Abkommen der Haager Friedenskonferenz** von Dr. jur. **Hans Wehberg**. 1910. 3 M.

100. Gesetz über den **Absatz von Kalisalzen**. Von Geh. Bergrat **Carl Voelkel**. 1910. 2 M. 40 Pf.

101. **Zuwachssteuergesetz** vom 14. Februar 1911. Von Dr. **W. Cuno**, Regierungsrat im Reichsschatzamt. 1911. 3 M. 60 Pf.

102. **Urheberrecht an Mustern und Modellen** u. Ges. betr. Schutz v. Gebrauchsmustern von Reg.-Rat **Johs. Neuberg**, Mitgl. d. K. Patentamts. 1911. 2 M. 40 Pf.

103. **Reichs-Viehseuchengesetz** vom 26. Juni 1909 nebst Ausführungsvorschriften u. dem preuß. Ausführungsgesetz. Von Landrat Dr. **Walter v. Hippel**. **2. Aufl.** 1912. 4 M. 50 Pf.

104. **Versicherungsgesetz** für Angestellte vom 20. Dez. 1911. Von Rechtsanwalt **O. Bernstein** und Dr. **J. Kupferberg**. 2. **Aufl.** 1912. 3 M. 50 Pf.

105. **Das Geldwesen in den deutschen Schutzgebieten.** Von **W. Hintze,** Geheimer exped. Sekretär im Reichskolonialamt. 1912. 2 M.

106—109. Reichs-Versicherungs-Ordnung nebst Einführungsgesetz: 4 Bände.

106. Erstes, fünftes und sechstes Buch. **Gemeinsame Vorschriften. — Beziehungen der Versicherungsträger zu einander und zu anderen Verpflichteten — Verfahren.** Bearbeitet von Dr. **K. Lippmann,** Reg.-Rat Geh. Rat Dr. **L. Laß und H. Siefart,** vortrag. Räte im Reichsamt des Innern. 1912. Im **Druck.**

107. Zweites Buch. **Krankenversicherung.** Von Geh. Reg.-Rat **H. Siefart,** vortrag. Rat im Reichsamt des Innern. 1912. Im Druck.

108. Drittes Buch. **Unfallversicherung.** Von Geh. Reg.-Rat **A. Radtke,** Senatsvorsitzender im Reichsversicherungsamt. 1912. Im Druck.

109. Viertes Buch. **Invaliden- und Hinterbliebenenversicherung.** Bearbeitet von Geh. Ober-Regierungs-Rat **B. Jaup,** vortragender Rat im Reichsamt des Innern und **H. Follmann,** Geh. Reg.-Rat im Reichsversicherungsamt. 1912. 4 M.

Guttentag'sche Sammlung

Preußischer Gesetze.

Text-Ausgaben mit Anmerkungen. Taschenformat.

---

1. Die **Verfassungs-Urkunde** für den Preußischen Staat. Mit Einleitung, vollständigem Kommentar. Von Prof. Dr. **Adolf Arndt. 7. Aufl.** 1911. 4 M.

2. Preußische **Beamten-Gesetzgebung.** Enthaltend die wichtigsten Beamtengesetze in Preußen. Von **C. Pfafferoth. 4., neubearb. Aufl.** 1905. Mit Anhang: Abänderung vom 27. Mai 1907. 2 M.

3. **Die Aufnahme des Nottestaments** durch die bestellten Urkundspersonen. Anweisung mit Musterbeispielen und Abriß des Erbrechts von Amtsgerichtsrat **C. Kurtz.** 1904. 1 M. 50 Pf.

4. **Gebührenordnung** für **Notare** vom 25. Juli 1910. **4. Aufl.** bearbeitet von Justizrat **Rausnitz.** 1910. 2 M. 20 Pf.

5. Gesetz vom **24. April 1854 (betr. die außerehel. Schwängerung).** Von Dr. **Schulze.** 1873. 75 Pf.
   Gültiges Recht siehe: Reichsgesetze Nr. 58.

6. Die Preuß. **Ausführungsgesetze und Verordnungen zu den Reichs-Justizgesetzen.** Von **R. Sydow. 3. vermehrte Aufl.** 1895. 2 M. 40 Pf. Siehe Seite 24, Busch-Eylau, Ausführungsgesetze.

7. Allg. **Gerichtsordnung** und Preuß. **Konkursordnung.** Von **F. Vierhaus.** Vergriffen.

8. **Vormundschaftsordnung.** Von **F. Schultzenstein.**
   Gültiges Recht siehe: Reichsgesetze Nr. 47.

9. Die Preußische **Grundbuchgesetzgebung.** Von Prof. Dr. **Fischer.** Vergriffen. Siehe: Reichsgesetze Nr. 42.

10. **Einkommensteuergesetz.** Von **A. Fernow,** Geh. Ober-Finanzrat. **7. Aufl.** 1908/9. Mit Nachtrag, enth. die Bestimmungen v. 22. März und 26. Mai 1909. 3 M. 25 Pf.

11. **Gewerbesteuergesetz.** Von **A. Fernow,** Geh. Ober-Finanzrat. **5., vermehrte Aufl.** 1910. 3 M.

12. **Allgemeines Berggesetz** für die Preußischen Staaten vom 24. Juni 1865. Von **W. Westhoff** und **W. Schlüter. 2. Aufl.** 1907. Mit Nachtrag von 1909. 5 M. Neue Aufl. im Druck.

13. **Ergänzungssteuergesetz** (Vermögenssteuergesetz). Von **A. Fernow,** Geh. Ober-Finanzrat. **4. vermehrte Aufl.** 1907. 2 M. 40 Pf.

14. **Kommunalabgabengesetz.** Vom 14. Juli 1893 und Gesetz wegen Aufhebung direkter Staatssteuern. Von Dr. **F. Adickes,** Oberbürgermeister. **5. Aufl.** Bearbeitet von Stadtrat Dr. **Woell.** 1911. 2 M. 40 Pf.

15. Die **Kreisordnungen** für den Preußischen Staat. Von **O. Kolisch,** Landgerichtsrat. 1894. 4 M.

16. **Konzessionierung gewerblicher Anlagen.** Preuß. Ausführungs-Anweisung zu §§ 16 u. ff. der Gewerbe-Ordnung. Von Dr. **W. v. Rüdiger,** Geh. Regierungs- u. Gewerberat. **2. Aufl.** 1901. 2 M.

17. Preußisches **Gerichtskostengesetz.** Vom 25. Juli 1910. Mit Kostentabellen. Von Dr. **P. Simeón, Kammergerichtsrat. 6. Aufl.** 1910. 3 M. 60 Pf.

18. Preußisches **Stempelsteuergesetz** vom 30. Juni 1909. Mit sämtlichen Ausführungsbestimmungen. Von **P. Loeck**, Geh. Regierungsrat. **7. Aufl.** 8°. 1911. 7 M.

19. Das **Jagdscheingesetz.** Mit ausführlichen Erläuterungen. Von **F. Kunze**, Wirklichem Geh. Ober-Regierungsrat. **2. Aufl.** 1899. 2 M.

20. Die **preußischen Erbschaftssteuergesetze.** Unter Berücksichtigung der Novelle vom 31. Juli 1895. Von **U. Hoffmann**, Rechnungsrat im Königl. preuß. Finanzministerium. 1905. 4 M.

(**Reichs**-Erbschaftssteuergesetz s. Reichsgesetze Nr. 77).

21. Gesetz über die **Handelskammern.** Von **F. Lusensky**, Geh. Regierungsrat. **2. Aufl.** 1909. 3 M.

22. Gesetz, betr. **Anstellung und Versorgung der Kommunalbeamten.** Von Dr. **W. Ledermann**, Magistratsassessor zu Berlin. 1899. 1 M. 25 Pf.

23. **Ausführungsgesetz zum Bürgerlichen Gesetzbuche.** Von Kammergerichtsrat Dr. **P. Siméon. 2. Aufl.** 1905. 1 M. 80 Pf. Siehe auch B u s c h - E y l a u S. 24.

24. Die **Hinterlegungsordnung** in der Fassung des Ausführungsgesetzes zum BGB. vom 20. Sept. 1899 nebst Ausführungsbestimmungen. Von Regierungsrat Dr. **Georg Bartels. 2. Aufl.** 1908. 2 M.

25. **Preußische Kommunalbeamtengesetzgebung.** Von Magistrats-Assessor Dr. **Fr. Kremski**, Berlin. 1901. 3 M.

26. Gesetze über das **Diensteinkommen der Lehrer und Lehrerinnen, Ruhegehalt und Fürsorge für Hinterbliebene.** Tabelle zur Berechnung der Ruhegehalts-, Witwen- und Waisenbezüge. Von Dr. **Ed. Cremer,** Beigeordneter. 1900. 2 M. 40 Pf.

27. Gesetz, betreffend die **Warenhaussteuer.** Von Geh. Ober-Finanzrat Dr. **G. Strutz.** 1900. 1 M. 20 Pf.

28. Gesetz über die **Fürsorgeerziehung Minderjähriger.** Von Landgerichtsdirektor Dr. **P. F. Aschrott. 2. umgearbeitete Aufl.** 1907. 2 M. 80 Pf.

29. Gesetz, betr. **die ärztlichen Ehrengerichte, das Umlagerecht und die Kassen der Aerztekammern.** Von Amtsgerichtsrat Dr. **F. Fidler.** 1901. 1 M. 50 Pf.

30. Das **Preußische Staatsschuldbuch** und **Reichsschuldbuch.** Von Wirkl. Geh. Ober-Finanzrat **J. Mücke.** 1902. 2 M.

31a. **Die geltenden Preußischen Gesindeordnungen.** Herausgegeben in zwei Bänden von **Stephan Gerhard,** Rechtsanwalt in Berlin. 1902.

Band I: Gesindeordnung für die altpreußischen Provinzen vom 8. Nov. 1810, mit Erläuterungen unter Berücksichtigung der Ergänzungsgesetze und der Rechtsverhältnisse der Gesindevermieter, sowie die Gesindeordnungen für Neuvorpommern und Rügen und für die Rheinprovinz. 2 M. 50 Pf.

31b. **Band II:** Gesindeordnungen für Hannover, Schleswig-Holstein, Hessen-Nassau und den Regierungsbezirk Hohenzollern. 2 M. 50 Pf.

Siehe auch Seite 25: Ratgeber von Grieben.

32. **Die Städteordnung für die sechs östlichen Provinzen** Preußens vom 30. Mai 1853. Von Dr. jur. **Walter Ledermann,** Stadtrat zu Berlin. 8°. 1902. 6 M. Neue Aufl. im Druck.

33. **Rentenguts- und Anerbenrechts-Gesetzgebung in Preußen.** Von Landgerichtsrat **M. Peltasohn** und Rechtsanwalt **Bruno Peltasohn.** 1903. 3 M.

34. Sammlung der wichtigsten **preußischen Strafgesetze** nebst Anhang: Gesetz betr. polizeiliche Strafverfügungen vom 23. April 1883. Von **Otto Lindemann,** Geheimen Justizrat. 1912. **2. Aufl.** 3 M. 50 Pf.

35. **Geschäftsordnung für Gerichtsvollzieher.** Gerichtsvollzieherordnung und Gebührensätze von Amtsgerichtssekretär **Emil Exner.** 1904. 3 M. 50 Pf.

36. **Polizeiverordnungen in Preußen.** Von **Otto Lindemann,** Geheimen Justizrat. 1912. **2. Aufl.** 2 M. 50 Pf.

37. Gesetz über die **Enteignung von Grundeigentum** vom 11. Juni 1874. Von Oberlandesgerichtsrat **O. Meyer. 2. Aufl.** 1911. 2 M. 25 Pf.

38. **Kreis- und Provinzial-Abgabengesetz.** Vom 23. April 1906. Von **Fr. Schmidt,** Gemeindevorsteher. 1906. 1 M. 25 Pf.

39. Gesetz, betr. die **Unterhaltung der öffentl. Volksschulen.** Von Dr. **A. Marcks,** Reg.-Rat. 1906. 2 M.

40. **Verwaltungsstrafverfahren** bei Zuwiderhandlungen gegen die Zollgesetze und indirekte Reichs- und Landesabgaben, sowie die Bestimmungen über die Schlacht- und Wildpretsteuer vom 26. Juli 1897. Von Dr. **Richard Katzenstein,** Gerichtsassessor. 1907. 3 M. 60 Pf.

41. Die **preußischen Jagdpolizeigesetze.** Von **Fr. Kunze,** Wirkl. Geh. Oberregierungsrat und **R. Kühnemann,** Rechtsanwalt. **2. Aufl.** 1907. 3 M. 60 Pf.

42. Die Gesetzgebung über die **Allgemeine Landesverwaltung** und über die **Zuständigkeit der Verwaltungs- und Verwaltungsgerichtsbehörden.** Von Rechtsanwalt Dr. **Karl Friedrichs.** 1908. 3 M.

43. Gesetz betr. die **Zulassung einer Verschuldungsgrenze** für land- und forstwirtschaftlich benutzte Grundstücke nebst Ausführungsvorschriften. Von Dr. jur. **R. Leweck,** Syndikus der Ostpreuß. Landschaft. 1908. 2 M. 40 Pf.

44. **Quellenschutzgesetz** nebst den Ausführungsbestimmungen von **Carl Voelkel,** Geheimer Bergrat. 1909. 1 M.

45. **Rechtsverhältnisse der Juden in Preußen** von Dr. jur. **Max Kollenscher,** Rechtsanwalt. 1910. 2 M. 40 Pf.

46. **Austritt aus der Landeskirche** vom 14. Mai 1873. Von Gerichtsassessor **Hrch. Chr. Caro.** 1911. 2 M. 40 Pf.

47. Gesetz, betr. die **Feuerbestattung** vom 14. Sept. 1911 nebst Ausführungsanweisung von Amtsgerichtsrat Dr. **W. Lohmann.** 1911. 1 M. 50 Pf.

48. **Zweckverbandsgesetz für Großberlin** vom 19. Juli 1911 nebst Abdruck des allgemeinen Zweckverbandsgesetzes. Von Magistratsräten Dr. **Ludw. Brühl,** Dr. **Kurt Gordan** und Stadtrat Dr. **Walter Ledermann** in Berlin. 1912. 4 M.

49. **Gesetze gegen die Verunstaltung landschaftlich hervorragender Gegenden** mit Ausführungsanweisuugen. Von Regierungsrat **Otto Goldschmidt.** 1912. 2 M. 50 Pf.

50. **Gesetz, betr. die Anlegung und Veränderung von Straßen und Plätzen in Städten und ländlichen Ortschaften** vom 2. Juli 1875 von Oberlandesgerichtsrat **O. Meyer.** 1912. 3 M.

Guttentag'sche Sammlung
von Text-Ausgaben mit Sachregister ohne Anmerkungen.

Taschenformat, elegant in Leinen gebunden.

Zivilprozeßordnung mit **Gerichtsverfassungsgesetz** und **Einführungsgesetzen.** Neue Fassung. Mit der Novelle vom 22. Mai 1910. 2 M.

Konkursordnung mit **Einführungsgesetz.** 80 Pf.

Bürgerliches Gesetzbuch nebst **Einführungsgesetz.** 10. Abdruck. 2 M. 50 Pf.

Handelsgesetzbuch nebst **Einführungsgesetz** und **Seerecht.** 8. Abdruck. 1910. 1 M. 80 Pf.

Reichsversicherungsordnung von 1911 (Kranken-, Unfall-, Invaliden- und Hinterbliebenenversicherung). ca 2 M. 50 Pf.

Militärstrafgerichtsordnung nebst **Einführungsgesetz** u. Gesetzen, betr. Dienstvergehen der richterlichen Militärjustizbeamten und unfreiwillige Versetzung derselben usw. mit **Militär-Strafgesetzbuch.***) **2. Aufl.** 1 M. 50 Pf.

*) Ist auch einzeln zu haben. Preis 1 M.

Wechselordnung in der neuesten Fassung mit Anhang: **Wechselprozeß und Ausführungsanweisung.** 1908. 1 M.

Die Preußischen Ausführungsgesetze zum Bürgerlichen Gesetzbuche und Nebengesetze. 5. Aufl. 1 M. 80 Pf.

Reichsfinanzgesetze von 1909 einschließlich der **Reichsstempelgesetze** und des **Erbschaftssteuergesetzes.** 1909. 2 M.

Zuwachssteuergesetz vom 14. Februar 1911. 80 Pf.

Ausführungsbestimmungen zum Zuwachssteuergesetz vom 27. März 1911. 60 Pf.

Versicherungsgesetz für Angestellte vom 20. Dez. 1911. 1 M. 25 Pf.

Strafgesetzbuch. Mit ausführl. Sachregister. 1912. 1 M. 20 Pf.

Struckmann-Koch, Zivilprozeßordnung für das Deutsche Reich nebst den auf den Zivilprozeß bezüglichen Bestimmungen des Gerichtsverfassungsgesetzes und den Einführungsgesetzen. In den neuen Fassungen mit der Novelle von 1910. Kommentar. Herausgegeben unter Mitwirkung von **K. Rasch,** Landgerichtspräsident in Altona, Dr. **P. Koll,** Senatspräsident beim Oberlandesgericht in Cöln, Dr. **Flechtheim,** Rechtsanwalt beim Oberlandesgericht in Cöln. **9., umgearbeitete Auflage.** 1910. Lex.-8°. 24 M., geb. 26 M.

Pinner, Kommentar zum Gesetz **gegen den unlauteren Wettbewerb** vom 7. Juni 1909. **2. Aufl.** Herausgegeben von Justizrat **Albert Pinner** und Rechtsanwalt Dr. **Erich Eyck.** 1910. Gr.-8°. 5 M. 50 Pf., geb. 6 M. 50 Pf.

Deutsches Nahrungsmittelrecht für Juristen, Mediziner, Chemiker und Gewerbetreibende von Dr. **Georg Lebbin,** Nahrungsmittelchemiker und Dr. **Georg Baum,** Rechtsanwalt. 1907. 8°. Zwei Bände. Erster Teil: **Handbuch des Nahrungsmittelrechts.** Von Dr. **Georg Lebbin** und Dr. **Georg Baum.** Preis geb. 8 M. Zweiter Teil: **Amtliche Untersuchungsmethoden für Chemiker.** Zusammengestellt von Dr. **Georg Lebbin.** Preis geb. 8 M.

Kommentar zum Börsengesetz. Im Auftrage des Centralverbandes des Deutschen Bank- und Bankiergewerbes bearbeitet von Dr. **H. Rehm,** Dr. **H. Trumpler, Heinrich Dove,** Dr. **Ernst Neukamp,** Dr. **R. Schmidt-Ernsthausen,** Dr. **James Breit.** Mit Vorwort von Dr. **J. Rießer.** 1909. Gr.-8°. 12 M., geb. 13 M.

Patentgesetz und Gesetz, betr. den **Schutz von Gebrauchsmustern.** Von Justizrat Dr. **A. Seligsohn. 4., neubearbeitete Auflage.** 1909. Gr.-8°. 12 M., geb. in Leinen 13 M.

Die Rechtsverhältnisse der öffentlichen Anleihen. Von Geh. Regierungsrat Dr. **G. S. Freund.** Gr.-8°. 7 M., geb. 8 M.

Die Preußischen Ausführungsgesetze, Verordnungen und ministeriellen Verfügungen zu dem Bürgerlichen Gesetzbuche und den Reichs-Justizgesetzen nebst anderen zugehörigen Gesetzen. Von **L. Busch. 2. Aufl.** von Landrichter **O. Eylau.** 8°. Preis geb. 4 M. 50 Pf.

Preußische Bürgerliche Gesetzsammlung. Sammlung der noch geltenden Landesgesetze privatrechtlichen Inhalts. Herausgegeben von den Gerichtsassessoren **D. Fischer** und Dr. **F. Schroeder.** 8°. 2 Bände Preis geb. in ganz Leinen 20 M.

Erster Band: **Das Allgemeine Landrecht mit den Einführungs-Patenten.** Preis 6 M.

Zweiter Band: **Gesetze von 1773—1902.** Preis 14 M.

Preußisches Baupolizeirecht. Mit Kommentar der Baupolizeiverordnung für die Vororte von Berlin. Vom 28. Mai 1907. Von Gemeindebaurat **Carl Saß.** 8°. Preis 6 M.

Straßen- und Baufluchtliniengesetz. Kommentar für den praktischen Gebrauch mit zeichnerischen Darstellungen von Gemeindebaurat **Carl Saß.** 8°. Preis kartonniert 3 M.

Fluchtliniengesetz. —Das Gesetz, betreffend die **Anlegung** und **Veränderung** von Straßen und Plätzen in Städten und ländlichen Ortschaften vom 2. Juli 1875 von Friedrichs. **6., völlig neu bearbeitete Auflage.** Von Senatspräsident Dr. jur. **Hugo von Strauß und Torney.** In Vorbereitung. S. auch Seite 21 Bd. 50.

Die Invaliden- und Hinterbliebenenversicherung nach der **Reichsversicherungsordnung.** Eine systemat. Zusammenstellung der gesetzl. Bestimmungen von Dr. **Richard Freund,** Vorsitzendem der Landes-Versicherungsanstalt Berlin. 1911. 2 M., geb. 3 M.

Wie leitet man eine Versammlung? Geschäftlicher Handweiser für Vorsitzende. Von einem Mitgliede des deutschen Reichstages und des preußischen Abgeordnetenhauses. **2. Aufl.** 1908. kart. 1 M.

Praktischer Ratgeber für Dienstherrschaften nach dem Preuß. Gesinderecht unter Berücksichtigung der neueren Entscheidungen bearbeitet von **H. Grieben,** Verwaltungsdirektor a. D. und Bürgermeister. 1908. 1 M.

Das Recht der Handlungsgehilfen und Handlungslehrlinge. Von Rechtsanwalt **Hugo Horrwitz. 2. Aufl.** Geb. 3 M.

Die Registratur. Von **Hermann Kollrack. 2. Aufl.** 1906. 8°. **Kart.** 1 M. 40 Pf.

Die Pflichten des Waisenrates. Ein praktischer Leitfaden für Waisenräte und Verwaltungsbeamte. Von **F. Baum,** Geh. Justizrat und Vormundschaftsrichter. 8. **vermehrte und verbesserte Auflage.** 1906. 8°. 60 Pf.

Der Vormund, Gegenvormund, Pfleger und Familienrat. Nach dem Bürgerlichen Gesetzbuch, dem Reichsgesetz über die Angelegenheiten der freiwilligen Gerichtsbarkeit und dem Ausführungsgesetz zum BGB. Ein praktischer Leitfaden. Von **F. Baum,** Geh. Justizrat und Vormundschaftsrichter. 1899. 8°. 50 Pf.

Schlagwort-Register.

R. = Nummer der Sammlung Deutscher **Reichs**gesetze.
P. = Nummer der Sammlung **Preußischer** Gesetze.
S. = Seite.

Schlagwort-Register. (R. = Reichsgesetz, P. = preuß. Gesetz.)

 Nr. 3. III. 1913. 15 000.

FSC
www.fsc.org
MIX
Papier | Fördert gute Waldnutzung
FSC® C083411

Kolibri 360 GmbH
Ferdinand-Jühlke-Straße 7
99095 Erfurt, Deutschland
produktsicherheit@kolibri360.de